广东省哲学社会科学规划项目“强势美元周期下新兴经济体国际资本流动突停风险与我国的应对研究”（GD16CYJ07）
广东省自然科学基金项目“人民币国际化背景下中国跨境资本流动突停风险与应对策略研究”（2017A030313418）

金融改革前沿问题探索

梁　涛　张春生　等著

中国财经出版传媒集团

经济科学出版社
Economic Science Press

图书在版编目（CIP）数据

金融改革前沿问题探索/梁涛等著.—北京：经济科学出版社，2019.7

ISBN 978-7-5218-0627-4

Ⅰ.①金… Ⅱ.①梁… Ⅲ.①金融改革-研究-中国 Ⅳ.①F832.1

中国版本图书馆CIP数据核字（2019）第118548号

责任编辑：白留杰 刘殿和
责任校对：蒋子明
责任印制：李 鹏

金融改革前沿问题探索
梁 涛 张春生 等著
经济科学出版社出版、发行 新华书店经销
社址：北京市海淀区阜成路甲28号 邮编：100142
教材分社电话：010-88191355 发行部电话：010-88191522
网址：www.esp.com.cn
电子邮件：esp@esp.com.cn
天猫网店：经济科学出版社旗舰店
网址：http：//jjkxcbs.tmall.com
北京密兴印刷有限公司印装
710×1000 16开 14.75印张 250000字
2019年7月第1版 2019年7月第1次印刷
ISBN 978-7-5218-0627-4 定价：45.00元
（图书出现印装问题，本社负责调换。电话：010-88191510）
（版权所有 侵权必究 打击盗版 举报热线：010-88191661
QQ：2242791300 营销中心电话：010-88191537
电子邮箱：dbts@esp.com.cn）

前　言

中国2001年加入世界贸易组织后，一直致力于金融领域的改革和开放，不断在重点领域和关键环节实现突破。人民币国际化、资本项目开放和利率市场化是中国金融改革开放的重要举措，在金融改革开放的过程中如何做好相关金融监管，切实做到金融开放与金融监管两手抓两手硬，既加快金融开放，又加强金融监管，防范风险，确保金融安全。在当下，我们觉得对该等问题的思考和研究，既有重要的理论意义，也有迫切的现实意义。本书聚焦人民币国际化与资本项目开放、美元霸权与跨境资本流动监管、利率市场化与金融消费者保护和货币政策工具选择与宏观审慎监管四个前沿领域展开专题研究。

第一部分人民币国际化与资本项目开放，侧重探讨中国在人民币国际化的过程中资本项目开放的条件以及利率市场化、汇率自由化和资本项目的开放次第问题。人民币国际化和资本项目开放同为我国重要金融开放战略，“十二五”规划提出“扩大人民币跨境使用，逐步实现人民币资本项目可兑换”，“十三五”规划提出“有序实现人民币资本项目可兑换，提高可兑换、可自由使用程度，稳步推进人民币国际化，推进人民币资本走出去”，2017年习近平在全国金融工作会议上提出“稳步推进人民币国际化，稳步实现资本项目可兑换”。党的十九大提出的“推动形成全面开放新格局”，构建科学完备的对外开放思想理论体系是习近平新时代中国特色社会主义思想的重要组成部分。本篇先在全球化视角下梳理探讨了人民币资本项目开放的国内争论，理顺了人民币国际化与资本项目开放的关系，从金融市场角度分析人民币资本项目开放条件是否成熟，金融市场不成熟决定了我国不具备资本加快开放的条件。《利率市场化、汇率自由化与资本项目开放的次序：理论、经验与选择》一文梳理国际市场利率、汇率项目开放次序模式，对我国利率市场化、汇率自由化和资本项目开放次序问题展开深入探讨。

第二部分美元霸权与跨境资本流动风险监管，讨论当代国际货币体系、美元霸权对新兴经济体跨境资本流动的影响以及中国应该如何应对跨境资本流动风险的问题。《IMF设计的资本流动管理框架》一文从IMF设计的资本流动管理框架入手探索资本流动管理工具和资本流入流出管理以及资本流动监管四个方面对我国跨境资本流动提出建议。《美元霸权下的“中心—外围”博弈对中国的影响与应对》《强势美元周期下的“二元悖论”与对中国的启示》两篇文章主要探讨美国与新兴经济体博弈形成的“金融国家对贸易国家”的国际分工新格局对新兴经济体跨境资本流动的影响与中国的应对，文章建议中国推动人民币国际化、改变美元在国际货币体系中“一股独大”的局面，遏制美元霸权对外围国家的金融扼制；主动推进“世界加工工厂”向“世界制造工厂”的升级；把跨境资本流动管理纳入宏观审慎管理重点。

第三部分利率市场化改革与金融消费者保护，讨论中国利率市场化的必要性、影响及其对金融消费者的保护问题。《存款利率市场化：金融消费者权益保护视角下的路径选择》一文从金融消费者权益保护视角探讨存款利率市场化改革的必要性；《信贷规划管理下利率市场化改革对企业融资约束的影响》一文研究从企业融资约束视角研究信贷规划管理对利率市场化改革的影响和应对；《金融创新视角的金融消费者权益保护问题研究》一文关注金融机构的结构套利、透明度套利以及对监管的“竞次”博弈等行为对金融消费者权益保护产生的影响。提出在金融创新加速背景下对金融消费者权益保护不足，不仅会损害消费者的个体利益、影响公平交易，而且还会威胁一国金融体系的安全的观点。《中外金融消费者保护水平的比较分析》一文构建价值链的层次分析模型，从立法保护、监管力度、产品服务和消费者满意度四个维度综合评价中国、美国、欧盟以及台湾地区的金融消费者保护水平。实证结果表明，中国金融消费者保护水平较低，立法与监管滞后于金融产品和服务问题突出。当前迫切需要加强金融消费保护立法、设立专门金融消费保护机构以及进一步改进金融业务程序规则。

第四部分货币政策工具选择与宏观审慎监管，探讨社会融资规模、信贷规模对货币政策中介指标的意义以及对影子银行的监管问题。《社会融资规模适合作为货币政策中介目标吗》一文表明，当外在冲击来自商品市场时，社会融资规模作为货币政策中介的效果并不比货币供应量要好，加上其统计范围不精准及不可控制性，社会融资规模并不合适作为货币政策中介指标。《新常态下中国货币政策调控工具的选择》一文从中国货币政策的调控机理出发，剖析信贷规模管理在解决贷款利率市场化时出现流动性泛滥问题的高效性与新常态经济下的局限性，建议在存款利率逐渐市场化进程中，伴随外汇占款减少，以及人民币国际化中国的货币政策调控应该逐渐淡化信贷规模管理。《分业监管模式下影子银行监管问题的进化博弈分析》指出分业监管模式下多个监管机构之间监管合作成本过高是导致监管真空、监管漏洞的主要原因；监管者与影子银行机构之间的进化稳定策略是由对影子银行机构违规处罚以及多个监管机构监管合作成本的动态调整决定的。

本书旨在从全球化视角探讨中国金融改革开放的前沿问题，为中国金融改革开放及其所涉及的金融监管有关问题进行粗浅的理论探讨，期冀对促进中国金融改革全面开放的新格局有所启发，并以此就教于方家。

作者

2019 年 6 月

目　录

第一部分　人民币国际化与资本项目开放

第二部分　美元霸权与跨境资本流动风险监管

第三部分　利率市场化改革与金融消费者保护

第四部分　货币政策工具选择与宏观审慎监管

第一部分
人民币国际化与资本项目开放

人民币国际化与人民币资本项目开放：冲突和问题

张春生

2008 年的国际金融危机暴露了现行国际货币体系下我国金融的脆弱和劣势，人民币从属地位使我国经济金融受制于美元霸权，要根本上摆脱唯有人民币为国际社会广泛使用。基于此目的，2009 年我国开启人民币国际化，并将之与人民币资本项目开放列为两大金融开放战略，“十二五”规划提出“扩大人民币跨境使用，逐步实现人民币资本项目可兑换”，《金融业发展和改革“十二五”规划》提出“稳妥有序推进人民币资本项目可兑换……坚持实需为主、先易后难、强化监测、风险可控原则，推动人民币跨境使用”，“十三五”规划提出“有序实现人民币资本项目可兑换，提高可兑换、可自由使用程度，稳步推进人民币国际化，推进人民币资本走出去”。

一国货币要实现国际化，前提之一是该国资本项目可自由兑换。绝大多数学者从此角度分析两大金融开放战略的关系，认为人民币资本项目开放度不高阻碍了人民币国际化进程，制约了人民币国际化速度与程度，导致人民币国际化进展缓慢，加快资本项目开放有助于推动人民币的国际使用，人民币要达到本该的国际化程度，当务之急是加快资本项目开放速度。

而对于人民币国际化是否影响了人民币资本项目开放？如何影响？则研究甚少。余永定（2011）认为人民币国际化实质是资本项目自由化，有人民币国际化之名却无之实，无资本项目自由化之名却有其实；接着余永定（2014，2015）认为人民币国际化隐含了人民币资本项目开放路径，人民币国际化隐含的开放路径与资本项目开放本该次序可能存在冲突；马骏（2013）认为人民币国际化与人民币资本项目开放有一定的替代性。但他们未分析人民币国际化如何引起人民币资本项目开放？导致哪些子项目的开放？人民币国际化隐含了何种开放路径？与资本项目开放存在哪些次序冲突并如何解决这种冲突？这些问题非常值得研究，处理不好可能影响我国的金融稳定与安全。

一、人民币国际化与人民币资本项目开放的次序冲突

资本项目开放指除少数例外情况下，取消对资本流动的直接和间接限制，取消对资本流动本身及与之相关的汇兑和转移限制（管涛，2001）。外币（主要为储备货币）与本币都为资本，因此资本项目开放指外币资本或本币资本可自由流出入，只要实现一者就可称资本项目开放。非储备货币发行国适用于前者，即资本流出入时本币（外币）可自由兑换成外币（本币），储备货币发行国则适用于后者，本币资本不受限制地自由流出入。货币国际化指一种货币的使用超出国界，在发行国境外使用和持有的现象及过程，即该货币在境外被本国居民和非居民用作标价、计价、结算、投资、价值储藏，该货币除在境内流通外，可用于居民与非居民在经常项目和资本项目下的跨境结算支付，也可用于非居民与非居民在经常项目和资本项目下的跨境结算支付。

由此，资本项目开放与货币国际化的关系可用图1表示，资本项目开放有两种表现形态：资本项目下本外币可自由兑换（即传统意义上的资本项目开放）及本币用于资本项目下的交易支付（资本项目下本币资金可自由流出入）。货币国际化表现为：本币用于居民与非居民在资本项目下的交易支付、本币用于居民与非居民在经常项目下的交易支付、本币用于非居民间在经常项目与资本项目下交易支付。因此本币用于居民与非居民间资本项目下的交易支付既为货币国际化也为资本项目开放，如美国银行向境外提供美元贷款同时体现资本项目开放及美元国际化。很显然，推进本币在资本项目下的交易支付实质为资本项目开放。

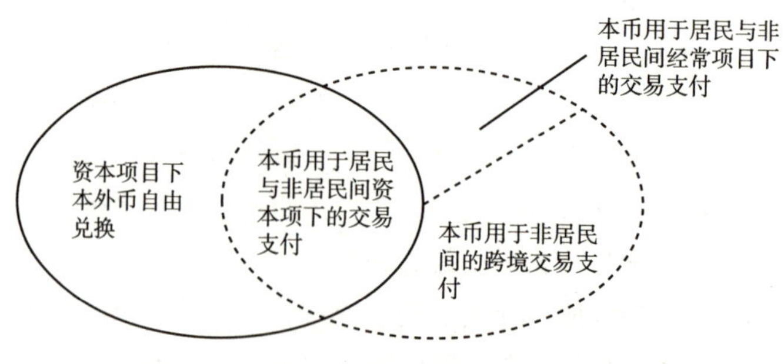

图1　资本项目开放与货币国际化的关系

2009 年我国开启人民币国际化，推动人民币在居民与非居民间、非居民与非居民间的跨境交易支付，至 2016 年底涉及资本项目交易支付的政策有[①]：（1）货币互换协议。2008 年 12 月中韩货币互换后，共与 36 个国家签订 33437 亿元互换规模[②]。（2）跨境贸易人民币结算[③]。2009 年 7 月沪粤（穗、深、莞三市）试点跨境贸易人民币结算，2011 年 7 月结算范围扩大至全国。（3）RQFII。2011 年 12 月中国香港首获 200 亿元额度，至 2016 年底向 11 个国家（地区）累计批准 5284.75 亿元[④]；2016 年 9 月改为备案制，取得证监会资格许可即可通过备案获取不超过资产规模一定比例的投资额度（基础额度），超过基础额度部分报国家外管局批准，境外主权基金、央行及货币当局等机构的投资额度不受资产规模比例限制，实行备案管理。（4）RQDII。2014 年 11 月允许 RQDII 投资境外人民币计价产品，汇出规模以实际募资规模为准，不得超过报送的产品最大发行规模。（5）境外机构参与境内银行间债券市场交易。2010 年 8 月允许境外央行、港澳人民币清算行、境外参加行在核准额度内投资交易；2015 年 6 月允许境外清算行、境外参加行开展债券回购交易，回购资金可调出境外；2015 年 7 月允许货币当局、国际金融组织、主权财富基金开展债券现券、债券回购、债券借贷、债券远期，以及利率互换、远期利率协议等其他经许可的交易，并可自主决定投资规模；2016 年 2 月允许境外机构投资者（商业银行、保险公司、证券公司、基金管理公司及其他资产管理机构等）开展债券现券等经许可的交易，且取消额度限制，累计汇出外汇和人民币资金的比例与累计汇入外汇和人民币资金的比例上下波动不超过 10%[⑤]。（6）人民币境外直接投资。2011 年 1 月允许非金融企业以人民币对外直接投资，境外利润可以人民币汇回境内。（7）外商人民币直接投资。2011 年 10 月允许境外机构以人民币投资境内企业，2013 年 9 月允许以人民币投资境内金融机构，利润分配、减资、转股、清算、先行回收投资等所得人民币资金可汇出境外。（8）银行人民币境外贷款。2009 年 7

① 资料来源于《2016 年人民币国际化报告》、2016 年中国货币政策大事记、国家外汇管理局网站、国家发改委网站。

② 与乌兹别克斯坦、巴西签订的 7 亿元、1900 亿元互换协议已失效。

③ 此为人民币在经常项目下的支付使用，但进出商可通过高报出口、低报进口等方式进行融资，实现资本项目下的支付使用，也可视为资本项目开放的一部分。

④ 资料来源于《国家外汇管理局年报 2016》。

⑤ 首笔汇出可不按上述比例，但汇出外汇或人民币金额不得超过累计汇入外汇或人民币金额的 110%。

月允许境内结算行向境外企业提供人民币贸易融资，2011 年 1 月允许银行向跨境贸易人民币结算试点地区的非金融企业在境外所投企业或项目发放人民币贷款，2011 年 10 月允许银行向境内机构“走出去”过程中的各类境外投资和合作项目，包括但不限于境外直接投资、对外承包工程以及出口买方信贷等提供人民币贷款。(9) 外商投资企业境外人民币借款。2012 年 6 月允许外商投资企业在注册资本按期足额到位后自境外借用人民币资金（外商投资房地产企业除外），向境外股东、集团关联企业和境外金融机构的人民币借款和外汇借款的总规模不得超过投资总额与注册资本的差额。(10) 跨境人民币资金池。2014 年 11 月允许跨国企业集团建立跨境双向人民币资金池，净流入上限 = 资金池应计所有者权益 × 宏观审慎政策系数，净流出暂不设限，2015 年 9 月放松建立双向人民币资金池的资格条件①。(11) 原油期货人民币计价。2015 年 7 月原油期货以人民币计价，境外交易者、境外经纪机构可汇入人民币资金参与交易，人民币资金可汇往境外。(12) 沪/深港通。2014 年 11 月、2016 年 12 月启动沪港通、深港通，沪（深）股通每日额度 130 亿元，沪（深）市流入港股通每日额度均为 105 亿元②。(13) 境内机构境外发行人民币债券（点心债）。2012 年 5 月允许非银行机构赴境外发行人民币债券（之前采取个案审批），2015 年取消外债额度审批，实行备案制，2009 ~ 2016 年香港点心债发行总额 6996.95 亿元③。(14) 境外机构境内发行人民币债券（熊猫债）。2010 年 9 月允许国际开发机构在银行间债券市场发行人民币债券④，2014 年 9 月允许境外非金融企业在银行间债券市场发行人民币债券，2016 年 12 月发行主体扩大为外国政府类机构、国际金融组织、国际开发机构，以及在境外（含香港、澳门和台湾地区）合法注册成立的各类金融机构和非金融企业，2016 年熊猫债发行 1300 多亿元。(15) 内地与香港互发人民

---

① 2014 年允许建立资金池的条件为：境内成员企业上年度营业收入合计金额 ≥ 50 亿元人民币，境外成员企业上年度营业收入合计金额 ≥ 10 亿元人民币；2015 年条件为：境内成员企业上年度营业收入合计金额 ≥ 10 亿元人民币、境外成员企业上年度营业收入合计金额 ≥ 2 亿元人民币。

② 沪港通总额度为 5500 亿元人民币，2016 年 8 月 16 日两地监管部门发布联合公告取消额度限制。深股通（港股通）当日额度余额 = 每日额度 - 买入申报金额 + 卖出成交金额 + 被撤销和被深交所（联交所）拒绝接受的买入申报金额 + 买入成交价低于申报价的差额。

③ 根据 http：//finance. sina. com. cn/roll/2016 - 01 - 29/doc-ifxnzpkx5650164. shtm 的数据加总。2015 年 10 月人民银行在伦敦发行 50 亿元央行票据。

④ 2005 年发布《国际开发机构人民币债券发行管理暂行办法》，2010 年 9 进行了修订。2015 年 9 月央行首次批准国际性商业银行——香港汇丰、香港中银在银行间债券市场发行 10 亿元、100 亿元人民币债券。

币证券投资基金。2015 年 11 月允许内地与香港跨境发行基金，香港基金内地发行募集资金净汇出上限、内地基金香港发行募集资金净汇入上限均为 3000 亿元。（16）境内企业境外人民币放款。2016 年 11 月允许境内企业将人民币贷给予其有股权关系的境外企业，放款上限 = 最近一期经审计的所有者权益 × 宏观审慎调节系数，不得使用个人资金、债务融资向境外放款。（17）境内外银行间人民币借贷。2009 年 7 月港澳人民币清算行可加入全国银行间拆借市场开展同业拆借业务。以上政策导致资本项目开放总结在表 1。

表 1　　人民币国际化下的资本项目开放

人民币国际化政策	引起资本项目开放	流入		流出		流出入是否受限		
		境内交易	境外发行	境内发行	境外交易	较严	较少	不限
RQFII（2011.12）	股票证券	√					√	
沪/深港通（2014.11）	股票证券	√			√	√		
RQFII（2011.12）	债务证券	√					√	
RQDII（2014.11）、QDII（2013.8）[①]	债务证券				√	√		
境外机构以人民币资金参与银行间债券市场交易（2010.8）	债务证券	√						√
境外机构境内发行人民币债券（2010.9）	债务证券			√		√		
境内机构境外发行人民币债券（2012.5）	债务证券		√				√	
RQFII（2011.12）	货币市场工具	√					√	
境外机构以人民币资金参与银行间债券市场交易（2010.8）	货币市场工具	√						√
RQFII（2011.12）	集合投资工具	√					√	
内地与香港互发人民币基金（2015.11）	集合投资工具		√	√		√		
RQFII（2013.3）	衍生品等工具	√					√	
原油期货人民币计价（2015.7）	衍生品等工具	√					√	
境外机构以人民币资金参与银行间债券市场交易（2015.7）	衍生品等工具	√						√
跨境贸易人民币结算（2009.7）	商业信贷	√		√				√
货币互换协议（2009）	金融信贷			√		√		
银行人民币境外贷款（2009）	金融信贷			√		√		
境内外银行间人民币借贷（2009）	金融信贷	√		√			√	
外商投资企业境外人民币借款（2012.6）[②]	金融信贷	√				√		

续表

<table>
<tr><th rowspan="2">人民币国际化政策</th><th rowspan="2">引起资本项目开放</th><th colspan="2">流入</th><th colspan="2">流出</th><th colspan="3">流出入是否受限</th></tr>
<tr><th>境内交易</th><th>境外发行</th><th>境内发行</th><th>境外交易</th><th>较严</th><th>较少</th><th>不限</th></tr>
<tr><td>跨境人民币资金池（2014.11）</td><td rowspan="3">金融信贷</td><td colspan="2">√</td><td colspan="2">√</td><td></td><td></td><td>√</td></tr>
<tr><td>境内企业境外人民币借款（含金融企业，2016.4）</td><td colspan="2">√</td><td colspan="2"></td><td></td><td>√</td><td></td></tr>
<tr><td>境内企业境外人民币放款（2016.11）</td><td colspan="2"></td><td colspan="2">√</td><td>√</td><td></td><td></td></tr>
<tr><td>人民币境外直接投资（2011.1）</td><td rowspan="2">直接投资</td><td colspan="2"></td><td colspan="2">√</td><td></td><td></td><td>√</td></tr>
<tr><td>外商人民币直接投资（2011.10）</td><td colspan="2">√</td><td colspan="2"></td><td></td><td></td><td>√</td></tr>
<tr><td>外商人民币直接投资（2011.10）</td><td>直接投资清盘</td><td colspan="2"></td><td colspan="2">√</td><td></td><td></td><td>√</td></tr>
</table>

注：①2013 年 8 月允许 QDII 将人民币资金汇出入。②2012 年 6 月允许外商投资企业境外人民币借款，2016 年 4 月《中国人民银行关于在全国范围内实施全口径跨境融资宏观审慎管理的通知》允许境内企业自主从境外融入本币债务。

我国资本项目开放采取“先流入后流出；先直接投资后证券投资；先长期投资后短期投资；先机构后个人；先债权类工具后股权类工具和金融衍生产品；先发行市场后交易市场；先开放有真实背景的交易后开放无真实背景的交易”的次序。从政策出台看，人民币国际化路径为：通过进口人民币结算、人民币对外贷款、人民币对外直接投资等渠道让人民币流出境外，再通过出口人民币结算、RQFII、点心债、境外机构投资境内银行间债券市场、外商人民币直接投资等渠道使人民币回流，随着外流与回流规模不断扩大，人民币在跨境贸易和金融交易中承担国际货币职能越来越广泛，用作计价结算、价值贮藏的范围领域、广度深度不断拓展，最终实现人民币国际化目标。

表 1 显示人民币国际化隐含的资本项目开放路径为：（1）先流出后流入。跨境贸易人民币结算、货币互换协议、银行人民币境外贷款、境内外银行间人民币借贷、境外机构境内发行人民币债券等措施先使人民币流出，而后 RQFII、境外机构投资境内银行间债券市场、外商人民币直接投资、境内机构境外发行人民币债券等措施使人民币回流。（2）先短期投资后长期投资。跨境贸易人民币结算、境内外银行间人民币借贷、跨境人民币资金池、境外机构投资境内银行间债券市场等措施使商业信贷、金融信贷、货币市场工具这些短期项目先行开放，境外机构境内发行人民币债券、境内机构境外发行人民币债券、人民币境外直接投资、外商人民币直接投资等长期投资项

目而后开放。（3）先证券投资后直接投资。RQFII、境外机构投资境内银行间债券市场、境外机构境内发行人民币债券等措施先开放了股票证券、债务证券、货币市场工具、集合投资工具市场，直接投资（人民币境外直接投资、外商人民币直接投资）滞后开放。（4）先债权类工具后股权类（金融衍生品）工具。债权类工具（境外机构投资境内银行间债券市场、境外机构境内发行人民币债券、境内机构境外发行人民币债券）放开早于股权类工具放开（沪/深港通），股权类工具开放又早于衍生工具放开（原油期货人民币计价、境外机构参与境内银行间债券市场的衍生品交易）。（5）先交易市场后发行市场。债务证券的交易市场（境外机构投资境内银行间债券市场、RQFII）开放早于发行市场（虽然熊猫债2005年开启，但发行规模很小），股票证券交易市场开放也早于发行市场（发行市场未开放）。（6）先有真实背景交易后无真实背景交易。先推进了跨境贸易人民币结算、银行人民币境外贷款、境内外银行间人民币借贷、人民币境外直接投资、外商人民币直接投资这些有真实背景的交易，而后推进股票证券、债务工具、货币市场、衍生品等无真实背景的交易。（7）先机构后个人，人民币国际化所有政策都针对机构。对照可见，人民币国际化隐含的资本项目开放路径与资本项目开放原则是相悖的，先流出后流入、先短期后长期、先证券投资后直接投资、先交易市场后发行市场与资本项目开放次序原则完全相左。

国际经验表明，先流入后流出、先长期后短期、先直接投资后证券投资三个次序尤为重要，关系一国金融稳定与安全，某一次序颠倒就会大大增加金融危机可能性，先流出后流入可能让资本外逃殆尽（尤其是新兴市场与发展中国家），先短期后长期、先证券投资后直接投资使本币易遭外部攻击①并造成周期性的货币和收支危机，拉美债务危机、东南亚金融危机原因之一就是以上次序的颠倒。人民币国际化隐含的先流出后流入、先短期后长期、先证券投资后直接投资的次序对其本身来说是合理的，先开放流出才使人民币国际化有启动之源，先放开短期项目可加快人民币流出入速度，先放开证券项目可扩大流出入规模与速度，如按先流入后流出，先长期后短期，先直接投资后证券投资的次序则人民币国际化根本不可能推进。人民币国际化隐含的资本项目开放路径与资本项目开放原则相悖，无疑对我国金融稳定产生负面冲击。

---

① 国内经济良好、本币预期升值时境外资本通过短期项目、证券项目大量流入，而国内经济不佳、本币预期贬值时套利资本通过短期项目、证券项目大量外流。

二、人民币资本项目未开放条件下人民币国际化所带来的问题

资本项目开放条件下推进本币国际化，本币流出与本币兑成外币流出产生同样结果（国内资本减少），本币流入与外币兑成本币流入无异（国内资本增加），同样本币国际化的先短期后长期与先允许短期外资自由流出入后允许长期外资自由流出入、本币国际化的先证券投资后直接投资与先允许证券项目外资自由流出入后允许直接投资项目下外资自由流出入没有差异，如此资本项目开放情况下先流出后流入、先短期后长期、先证券投资后直接投资的本币国际化次序对资本项目开放度、资本流出入规模不产生额外影响，也不会带来明显负面冲击。而且，资本项目开放下境内外金融市场高度一体化，境内外利差及可套利空间较小，此情形下本币自由流出入与原外币自由流出入产生的影响没有显著差异，离在岸利差汇差较小且存在时间较短。但资本项目开放下的外币资本流出入与本币国际化下的本币资本流出入对对外资产、对外负债的币种结构产生不同影响，资本项目开放下外资流出入会减少/增加外汇资产，但本币资本流出入不影响外汇资产，本币资本代替外币资本流入不增加外汇资产，本币资本代替外币资本流出不减少外汇资产。

人民币国际化是在人民币资本项目未完全开放及利率汇率未完全市场化情形下推进的，所导致问题比资本项目开放情形下的本币国际化更复杂。

（一）致使人民币资本项目实际开放

由图1可知，资本项目开放与本币国际化具有替代性，如禁止某个项目下本币兑外汇的资本流出，但允许本币流出，则可将本币汇至离岸市场再兑成外币从而绕开管制，这与开放该流出项目产生同样效果，允许本币自由流出入会导致未开放项目的部分开放、部分开放项目更大程度开放，人民币国际化隐含的先流出后流入、先短期后长期、先证券投资后直接投资的路径会导致流出项目、短期项目、证券项目事实上的更大开放。人民币资本项目开放情况见表2，对照表1、表2可得：（1）RQFII、沪/深港通扩大股票二级市场开放。（2）RQFII、境外机构投资境内银行间债券市场扩大债券二级市场开放，境外机构境内发行人民币债券扩大债券一级市场开放，境内机构境外发行人民币债券增加了资本流入。（3）RQFII、境外机构投资境内银行间债券市场扩大了货币市场工具二级市场开放。（4）中国内地与中国香港互发人

民币证券投资基金开放了集合投资工具一级市场。（5）RQFII、原油期货人民币计价、境外机构投资境内银行间债券市场的衍生品扩大了衍生品交易市场开放。（6）货币互换协议、银行向境外提供人民币贷款扩大了资本外流，境内外银行间人民币借贷扩大了资本内外流动速度。如前推论，人民币国际化扩大了流出项目、证券项目（含衍生品）、短期项目的开放度。

表 2　　人民币资本项目开放情况

资本项目	相关开放政策	流入		流出		受限程度		
		境内交易	境外发行	境内发行	境外交易	较严	较少	不限
股票证券	境内公司境外发行股票		√			√		
	QFII	√				√		
	商业银行代客境外理财、保险资金境外投资、QDII				√	√		
债务证券	境内机构境外发行外币债券		√				√	
	国际开发机构境内发行人民币债券购汇汇出境外			√		√		
	QFII	√				√		
	商业银行代客境外理财、保险资金境外投资、信托公司受托境外理财、QDII				√	√		
货币市场工具	商业银行代客境外理财、保险资金境外投资、信托公司受托境外理财、QDII				√	√		
	QFII	√				√		
集合投资工具	商业银行代客境外理财、保险资金境外投资、信托公司受托境外理财、QDII				√	√		
	QFII	√				√		
衍生品等工具①	境外交易者和经纪机构从事境内特定品种期货交易	√				√		
	QFII 参与股指期货套期保值交易	√				√		
	国有企业参与境外期货套期保值业务				√	√		
商业信贷	境内外企业提供商业信用	√		√				√
金融信贷	境内企业境外借款（含金融企业）	√					√	
	外债转贷款	√				√		
	跨国公司外汇资金集中运营	√		√		√		
	境内企业境外放款			√		√		

续表

<table>
<tr><th rowspan="2">资本项目</th><th rowspan="2">相关开放政策</th><th colspan="2">流入</th><th colspan="2">流出</th><th colspan="3">受限程度</th></tr>
<tr><th>境内交易</th><th>境外发行</th><th>境内发行</th><th>境外交易</th><th>较严</th><th>较少</th><th>不限</th></tr>
<tr><td rowspan="2">直接投资</td><td>外商直接投资</td><td colspan="2">√</td><td colspan="2"></td><td></td><td></td><td>√</td></tr>
<tr><td>境外直接投资</td><td colspan="2"></td><td colspan="2">√</td><td></td><td></td><td>√</td></tr>
<tr><td>直接投资清盘</td><td>外商直接投资</td><td colspan="2"></td><td colspan="2">√</td><td></td><td></td><td>√</td></tr>
</table>

注：①2015 年 9 月允许境外央行（货币当局）和其他官方储备管理机构、国际金融组织、主权财富基金进入银行间外汇市场，开展包括即期、远期、掉期和期权在内的各品种外汇交易。该表与表 1 相对应，表 1 无关的项目未列示（如个人资本转移），查自国家外汇管理局现行有效外汇管理主要法规目录（截至 2016 年 12 月 31 日）、证监会、商务部、银监会网站。截至 2016 年 12 月 31 日 QFII、QDII 批准额度 873.09 亿美元、899.93 亿美元。

（二）引起离在岸市场间套汇

资本项目开放情形下推进本币国际化，纵使离在岸市场存在汇差，本外币资金自由流动可迅速消除汇差，汇差小，汇差可持时间也很短，但资本项目未实现开放则情形不同。2010 年 8 月香港离岸人民币市场（CNH）建立，CNH 完全市场化，而在岸人民币市场（CNY）受央行强烈干预，价格形成机制不同使得两市汇率存在差异，同时在岸市场本外币资金不能自由流动以快速消除汇差，这为有贸易背景及无贸易背景跨境交易提供了持续套汇机会。

境内外进出口商根据离在岸汇差选择结算货币以套汇。（1）CNH > CNY 时（如 CNH = 1∶6.5，CNY = 1∶6.6），如以美元计价，国内出口商更愿意收美元，可在境内换成更多人民币，国内进口商则愿意付人民币，较少人民币就让国外出口商换到合同美元；如以人民币计价，国外出口商更愿意收人民币，可在港换到更多美元，国外进口商则愿意付美元，较少美元就让国内出口商换到合同人民币。（2）CNH < CNY 时，如以美元计价，国内进口商于境内购汇对外支付，可节省成本；国外进口商则愿意付人民币，较少人民币就让国内出口商换到合同美元；如以人民币计价，国外进口商在港将美元换成人民币对内支付，可节省成本；而国内进口商愿意付美元，较少美元就让国外出口商在港换到合同人民币。前一情形下更多美元流入、更多人民币流出（即人民币流入较少），跨境贸易人民币结算支付/收入比例 >1，后一情形下更多美元流出、更多人民币流入（即人民币流出较少），跨境贸易人民币结算支付/收入比例 <1，这即人民币跨境贸易结算“跛足化”现象（见表3）。

表3　　　　离在岸汇差与结算货币选择

	以美元计价	以人民币计价	结果
CNH > CNY	国内进口商付出较少人民币，国外出口商在港可换到合同额美元；国外进口商付美元，国内出口商境内可换到更多人民币	国内进口商付人民币，国外出口商在港可换到更多美元；国外进口商付出较少美元，国内出口商境内可换到合同额人民币	美元流入人民币流出
CNH < CNY	国内进口商境内购汇对外支付；国外进口商付出较少人民币，国内出口商境内可换到合同额美元	国内进口商付出较少美元，国外出口商在港可换到合同额人民币；国外进口商在港购人民币对内支付	美元流出人民币流入

境内外贸易关联公司、往来银行、跨境企业可内外合作从事无贸易背景的纯套汇交易。CNH > CNY 时，境外投机者汇入美元，境内投机者将之换成人民币汇出，境外投机者再将人民币换成美元，兑换所得美元减去汇入美元即为境外投机者收益；相反，境内投机者将人民币汇出，境外投机者将之换成美元再汇入，境内投机者再将美元换成人民币，兑换所得人民币减汇出人民币即为境内投机者收益（见图2）。CNH < CNY 时，境外投机者将人民币汇入，境内投机者将之换成美元后汇出，境外投机者再将美元换成人民币，兑换所得人民币减汇入人民币为境外投机者收益；相反，境内投机者汇出美元，境外投机者将之换成人民币后汇入，境内投机者再将人民币换成美元，兑换所得美元减汇出美元即为境内投机者收益（见图3）。即 CNH > CNY 时美元流入、人民币流出，投机性人民币流出/投机性人民币流入 >1，CNH < CNY 时美元流出、人民币流入，投机性人民币流出/投机性人民币流入 <1。

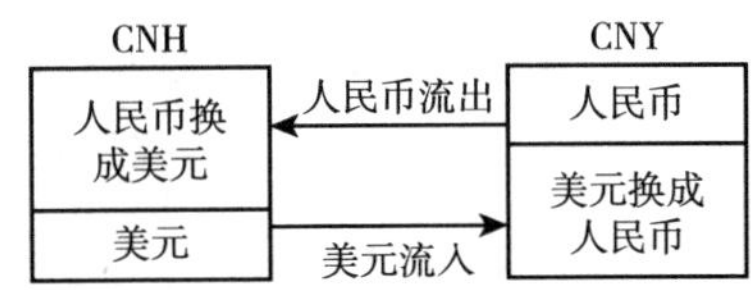

图2　CNH > CNY 时的套汇资本流动

图4显示，离在岸汇差与跨境贸易人民币结算付收比虽非完全同向变化，但很多时期两者的确同向运动（两者相关系数0.2878），表4显示离在岸汇

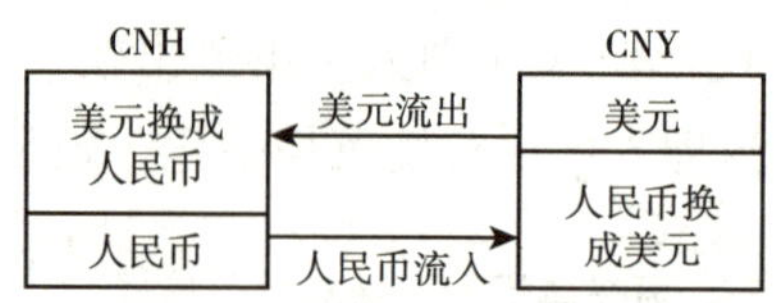

图 3　CNH < CNY 时的套汇资本流动

差影响跨境贸易人民币结算付收比变动，可见套汇机会确实影响了跨境贸易结算货币选择。离在岸汇差与银行代客涉外人民币付收比虽也呈一定同向性（两者相关系数 0.205），但离在岸汇差不是银行代客涉外人民币付收比变动的原因，一方面银行代客涉外人民币收付除跨境贸易项目外，还包括人民币直接投资、证券投资等项目引起的收支，另外 CNH > CNY 时，在岸利率 > 离岸利率导致的人民币内流可能抵销 CNH > CNY 所引起的人民币外流（同样，CNH < CNY 时，在岸利率 < 离岸利率导致的人民币外流可能抵销 CNH < CNY 所引起的人民币内流，下节分析），从而导致离在岸汇差对银行代客涉外人民币付收比影响不显著。

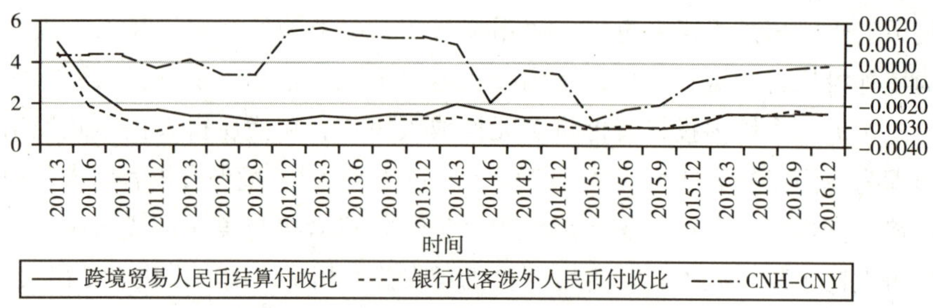

图 4　离在岸汇率差与人民币付收比

资料来源：Wind 资讯、香港金融管理局，付收比 = 人民币流出/人民币流入，付收比显示在左轴，汇差显示在右轴。

注：数据为季度值。

表 4　　　离在岸汇差与人民币付收比因果关系

原假设	F 统计量	概率	检验结果
离在岸汇差不引起跨境贸易人民币结算付收比变动	5.9369	0.0243	拒绝
离在岸汇差不引起银行代客涉外人民币付收比变动	0.0005	0.9818	接受

（三）导致离在岸市场套利

香港金融市场高度国际化，利率非常接近国际水平，而在岸利率未完全市场化且本外币不能自由流出入，离在岸利率长时间保持差距，存在持续的套利空间。

在岸利率 > 离岸利率时，有以下套利途径：（1）将手持人民币在港投资人民币资产（也可汇入内地投资），套利收益率 = 在岸资产收益率 - 离岸人民币利率。（2）在港借入人民币再汇入内地投资（或在港购买人民币资产，如点心债），套利收益率 = 在岸资产收益率 - 离岸人民币借入利率。（3）在港借入美元并兑换成人民币，将人民币汇入境内投资（或在港购买人民币产品），同时在离岸远期市场卖出人民币（买入美元），投资期满所得美元 - （美元借款 + 利息）即为套利收益，只要利差（在岸利率 - 离岸美元利率）> 贴水率（离岸人民币远期汇率 - 离岸人民币即期汇率）则稳赚不赔，长期以来人民币存在升值压力，远期升水而非贴水使套利成无风险套利（收益率 = 利差 + 升水率）[①]。可见，在岸利率 > 离岸利率时人民币从离岸市场流入在岸市场，在岸利率 < 离岸利率时人民币由在岸市场流向离岸市场。

银行对跨境贸易人民币结算与人民币直接投资需进行真实性审核，套利资金一般仅便于在证券项目、商业信用、金融信贷等项下流出入，但图 5 显示，人民币对外直接投资与人民币外商直接投资实收付额波动非常大[②]，有时甚至为负，有理由认为对外直接投资与外商直接投资也成为套汇套利的一种渠道（Garber，2011）。由此将跨境贸易人民币结算以外的人民币流出入视

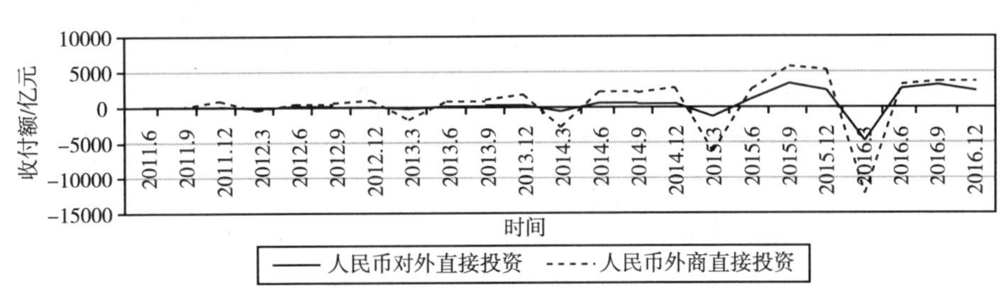

图 5 人民币对外直接投资与人民币外商直接投资

资料来源：根据 Wind 资讯数据整理而成。

---

① 第三种套利方式烦琐，通过资本项目将美元汇入，兑换成人民币投资，并在远期市场卖出人民币，这种方式更普遍且时间更长。

② 人民币对外直接投资实付额 = 对外投资额 - 投资回收额，为正表示人民币流出，为负表示人民币流入（即对外投资回收更多）；人民币外商直接投资实收额 = 外商直接投资 - 投资回收，为正表示人民币流入，为负表示人民币流出（外商投资回撤更多）。

为投机性流出入①，即考察资本项目下人民币流入（银行代客涉外实收额 - 跨境贸易人民币结算实收额）、人民币流出（银行代客涉外实付额 - 跨境贸易人民币结算实付额）是否受在离岸利差的影响②。

以 1 年期 SHIBOR - 1 年期香港离岸人民币隐含收益率作为在离岸利差。表 5 显示，在离岸利差影响资本项目人民币流入，也影响人民币流出，但不影响人民币流入出差额（流入 - 流出，因流入 > 流出），即在岸利率 > 离岸利率时人民币流入，在岸利率 < 离岸利率时人民币流出。离在岸汇差影响资本项目人民币流出、人民币流入和人民币流入出差额，即 CNH > CNY 时人民币流出，CNH < CNY 时人民币流入。离在岸汇差与在离岸利差相关系数为 0.2675，离在岸汇差影响着在离岸利差③，而在离岸利差不影响离在岸汇差，此可解释离在岸汇差与在离岸利差同时影响人民币流出入的现象：CNH > CNY 时，吸引人民币流出，但 CNH > CNY 引起在岸利率 > 离岸利率，这吸引人民币流入；相反 CNH < CNY 时，吸引人民币流入，但 CNH < CNY 引起在岸利率 < 离岸利率，这吸引人民币外流。离在岸汇差影响在离岸利差及资本项目下人民币流入出差额，可看出资本项目下人民币流出入主要受汇差主导，离在岸汇差影响大于在离岸利差的影响，套汇动机大于套利动机。

表 5　　利差、汇差对资本项目下人民币流动的影响

原假设	F 统计量	概率	检验结果
在离岸利差不引起资本项目人民币流入变动	6.1476	0.0255	拒绝
在离岸利差不引起资本项目人民币流出变动	6.4167	0.0230	拒绝
在离岸利差不引起资本项目人民币流入出差额变动	0.6948	0.4176	接受
离在岸汇差不引起资本项目人民币流入变动	7.3958	0.0158	拒绝
离在岸汇差不引起资本项目人民币流出变动	4.2760	0.0564	拒绝
离在岸汇差不引起资本项目人民币流入出差额变动	12.4977	0.0026	拒绝
离在岸汇差不引起在离岸利差的变动	3.9982	0.0640	拒绝
在离岸利差不引起离在岸汇差的变动	0.3748	0.5496	接受

注：2012 年第二季度 ~2016 年第四季度的季度数据。

---

① 前述表明，跨境贸易人民币结算某种程度上也成为投机渠道。

② 资本项目下人民币流入为负表示流出大于流入，为净流出；资本项目下人民币流出为负表示流入大于流出，为净流入。

③ CNH > CNY 时，一美元在内地换成人民币所获利息高于在港换成人民币所获利息，另外，由于离岸汇率由市场供求及预期决定，CNH > CNY 使得远期 CNH 高于即期 CNH；CNH < CNY 时作用相反。

（四）外汇流出入比例异常波动

资本项目开放情形下，对外支付需将本币兑成储备货币，非居民对内支付时收到储备货币，如本币代替储备货币用以对外支付则减少外汇耗费，相对提高了外汇资产增速，同时本币代替储备货币用以对内支付则减少了外汇供给，相对提高了外汇储备耗速。如本币流出入规模接近，则本币替代储备货币所减少的外汇需求与减少的外汇供给相近，外汇流出/外汇流入比例不会偏离本来轨道；若本币流出 > 本币流入，则本币替代储备货币产生的外汇需求减少 > 外汇供给减少，外汇增长加速，外汇流出/外汇流入比例下降；若本币流出 < 本币流入，则本币替代储备货币产生的外汇需求减少 < 外汇供给减少，外汇耗费加速，外汇流出/外汇流入比例上升。由此，本币付收比与外汇付收比应呈反向关系，跨境贸易人民币结算付收比、银行代客涉外人民币付收比与银行代客涉外美元付收比相关系数为 -0.562、-0.45，印证上述推论（见图6）。

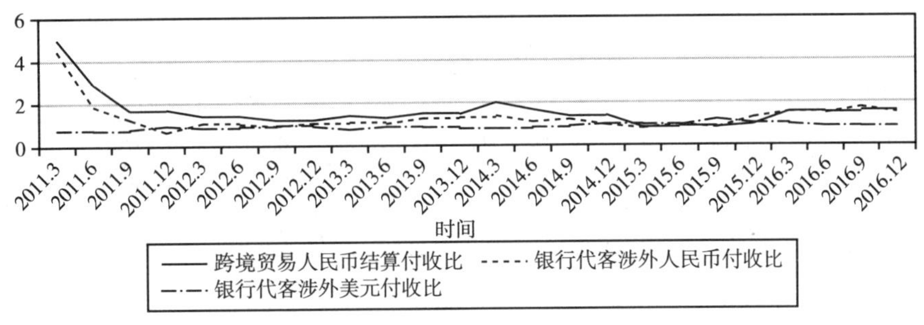

图6　人民币结算与外汇收付

资料来源：根据 Wind 资讯数据整理而成。

跨境贸易人民币结算付收比引起银行代客涉外美元付收比的变动，但银行代客涉外人民币付收比与银行代客涉外美元付收比没有因果关系。原因可能是跨境贸易结算货币选择的投机因素相对较少，更主要原因应是跨境贸易结算具有刚性，人民币结算与美元结算具有高度替代性，采用人民币结算则放弃美元结算，采用美元结算则放弃人民币结算。而银行代客涉外人民币付收所包含的证券投资、商业信贷、金融信贷带有很浓的投机性和套利性，这种人民币流动并不具有刚性，而是衍生性的，这导致银行代客涉外人民币付收比与银行代客涉外美元付收比不具显著关系。

但跨境贸易人民币结算付收比、银行代客涉外人民币付收比不引起银行结售汇差额、外汇储备的变动，导致银行结售汇差额、外汇储备变动的原因是离在岸汇差（见表6）。银行代客涉外美元收付款指境内非银行居民机构和个人（非银行部门）通过境内银行与非居民机构和个人之间发生的收付款，包括非银行部门与非居民之间通过境内银行发生的跨境收付款，以及非银行部门与非居民之间通过境内银行发生的境内收付款，美元收款是否结汇取决于外汇政策、汇率预期等，美元付款是否购汇取决于自身的外汇余额、汇率预期、人民币结算等，外汇储备变动是非银行部门（机构及个人）与银行结售汇交易、银行与央行外汇交易的结果，因此银行代客涉外美元付收比并不必然引起银行结售汇差额、外汇储备的变动。

表6　　　　人民币结算付收比带来的结果

原假设	F统计量	概率	检验结果
跨境贸易人民币付收比不引起银行代客涉外美元付收比变化	3.0125	0.0980	拒绝
银行代客涉外人民币付收比不引起银行代客涉外美元付收比变化	1.7516	0.2006	接受
跨境贸易人民币付收比不引起银行结售汇差额变化	0.8778	0.3600	接受
银行代客涉外人民币付收比不引起银行结售汇差额变化	0.7416	0.3994	接受
跨境贸易人民币付收比不引起外汇储备变动	0.0695	0.7947	接受
银行代客涉外人民币付收比不引起外汇储备变动	0.0001	0.9979	接受
离在岸汇差不引起银行结售汇差额变化	3.0708	0.0950	拒绝
离在岸汇差不引起外汇储备变动	7.6035	0.0122	拒绝

三、建议

人民币国际化隐含的先流出后流入、先短期后长期、先证券项目先直接投资的开放路径违背资本项目开放次序，人民币资本项目未开放下的人民币国际化导致资本项目事实上的更为开放、离在岸大规模套利套汇、外汇流出入比例异常波动，扩大了投机管道及境外对境内的冲击，不仅有损在岸福利，且增加了在岸风险。当前美元正处加息期，国内房地产泡沫、银行坏账风险不断凸显，资本外流形势严峻，做好人民币国际化与人民币资本项目开放的协同匹配以降低外部冲击，特别是防范假借人民币国际化将资本非法转移境外，很有必要性。

（一）理性看待人民币国际化收益

货币国际化可降低汇率风险、减少交易成本、获取铸币税、提升国际地位等，当局正是着眼于这些益处而大力推动人民币国际化，但实际上人民币国际化收益却无法具体量化，无法度量人民币国际化已带来多少收益，McCauley（2015）、Cooper（2015）① 认为美元特权收益其实非常小，且并非直接衍生自美元国际化地位，而是来自美国巨大经济体量和金融市场，国际货币发行国并未有太多特殊收益。国际化货币作为公共产品，发行国在提供币值稳定的流动性同时，要承担资本大规模流出入、投机套利、货币政策效率受限等成本，近年来离在岸套汇套利导致福利损失、离岸汇率对在岸溢出导致汇率震荡等成本是显而易见的，如此不应仅盯住如镜中花的可能收益，而忽视当下的福利损失及给国内经济带来的负面效应。此外，货币国际化是市场自然选择结果，非政府强推所能及，更非建立在投机套利基础上（香港人民币存款受离在岸汇差主导），人民币国际化既要积极更需稳妥，顺应市场需求适时推进，但不应作为政府预定目标。

（二）提高人民币国际化与人民币资本项目的匹配协同度

人民币国际化政策与人民币资本项目开放政策不协同匹配，已造成资本项目事实名义开放度超过现有法规。建议梳理人民币国际化与人民币资本项目开放现行政策，对于导致资本项目开放的人民币国际化政策，如符合开放次序则应修改规章开放相应子项目，如不符合开放次序则应调整人民币国际化政策；对于扩大人民币国际化的资本项目开放政策，则应出台相应的人民币国际化政策，使两者协同统一、避免相互脱节，尽可能降低套汇套利空间。此外，从确保国内经济金融稳定角度出发，人民币国际化应服从于人民币资本项目开放，依据开放次序原则并基于国内外环境适时推进人民币资本项目开放，并依之确定人民币国际化政策，尽可能在人民币资本项目开放框架内推进人民币国际化，以降低人民币国际化过快带来的宏观经济与金融风险。

（三）尽快发展完善金融市场

货币国际化条件为：政治和军事实力、经济规模、金融实力、金融市场

---

① Cooper，The future of internationalizing the Chinese currency，2016“CF40-PIIE 中美经济学家学术交流会”交流论文集。

发达程度、网络外部性等（Frankel，2006），资本项目开放条件为：稳定且能提供足够灵活性的宏观经济和金融环境、金融市场具备吸收流入资本的能力、金融机构具备应对资本流动反复无常的能力、高标准的治理和信息披露、金融部门高监管标准和有效的监管框架、一贯的稳健政策（IMF，2013），两者成功都取决于一国金融市场发达程度。不论货币国际化还是资本项目开放，其结果都要承受资本大规模流出入，要缓解资本流出入的负面冲击，则需要兼具广度深度的金融市场进行减震与缓冲，并通过利率汇率弹性调节资本流出入规模。当前我国外汇市场、股票市场、债券市场、货币市场、衍生品市场的成熟程度还不允许完全开放股票证券、债务证券、集合投资工具等除直接投资以外的项目（张春生，2017），同时也制约了人民币国际化进程，不论要加快人民币资本项目开放还是人民币国际化，发展完善金融市场是无法绕开的障碍。根据金融市场发展次序理论，目前除继续发展完善股市、长期债券市场外，更应大力发展货币市场、外汇市场并完善国债收益率曲线，增强各层次市场的协调性与联动性。

参考文献

[1] 余永定：《应暂停出台人民币国际化新政策》，《第一财经日报》，2011 年 12 月 15 日。

[2] 余永定：《人民币贸易结算与短期资本跨境流动》，《上海交通大学学报》（哲学社会科学版），2014 年第 3 期，第 6~7 页。

[3] 余永定：《人民币国际化应服从资本项目自由化进程》，《新金融》，2015 年第 9 期，第 14~16 页。

[4] 马骏：《资本项目开放的次序与人民币跨境流动》，《国际融资》，2013 年第 3 期，第 49~53 页。

[5] 管涛：《资本项目可兑换的定义》，《经济社会体制比较》，2001 年第 1 期，第 13~18 页。

[6] Garber, What currently drives CNH market equilibrium, the Council on foreign relation & China development research foundation workshop on internationalization of renminbi, Beijing, 2011. 10.

[7] McCauley, Does the US dollar confer an exorbitant privilege, Journal of International Money and Finance, 57 (2015): 1-14.

[8] Frankel Jeffey, No single currency regime is right fro all countries or at all times, NBER Working Paper Series 7338, September 1999.

[9] IMF, Guidance note for the liberalization and management of capital flows, Approved by Siddharth Tiwari, April 25, 2013.

[10] 张春生:《我国资本项目的开放条件成熟了吗——基于金融市场的分析》,《经济学家》, 2017 年第 1 期, 第 88 ~96 页。

人民币资本项目开放：国内观点争论

张春生　蒋　海

一、引言

从国际经验看，一国实现经常项目可兑换后，一般在7～10年完成资本项目开放。1996年12月1日我国实现经常项目可兑换后稳步推进资本项目开放，但国内经济金融配套改革不到位及两次金融危机阻止了我国资本项目开放步伐，很多人还为此庆幸，开放步伐缓慢使我国免遭两次金融危机的激烈冲击，保持了国内经济基本稳定。进入“十二五”以来，政策层不断释放将加快推进资本项目开放的积极信号，《十二五规划纲要》《金融业发展和改革“十二五”规划》、党的十八大报告都提出：推进利率、汇率市场化改革，逐步实现人民币资本项目可兑换；2013年5月国务院常务会议明确“稳步推出利率汇率市场化改革措施，提出人民币资本项目可兑换的操作方案”，十八届三中全会进一步提出“完善人民币汇率市场化形成机制，加快推进利率市场化……加快实现人民币资本项目可兑换”。中央文件如此密集提及资本项目，显示资本项目开放的紧迫性与重要性，同时也表明资本项目开放将步入加速期。

以上体现了政策当局的观点。2012年2月、4月中国人民银行调查统计司课题组发表《我国加快资本账户开放的条件基本成熟》《协调推进利率、汇率改革和资本账户开放》两份报告认为，当前是推进资本项目开放的宝贵机遇期，应抓住当前有利时机加快推进资本项目开放，利率市场化、汇率自由化与资本项目开放为循序渐进、协调配合、相互促进的关系，三者改革措施应成熟一项、推进一项，并制定了短期、中期与长期的路线图与时间表。

但存在很多与政策当局不同的意见与观点。上述报告出来后，国内曾组织政策界、学术界、金融界人士对资本项目开放进行专门研讨[①]，其他相关学者也纷纷发表观点，其中有些观点与政策界意见并非一致甚至相左。全面梳理这些观点，厘清各种观点背后的原因与逻辑，有助于凝聚共识，更准确判断当前是否应加快推进资本项目开放，安排好资本项目开放与利率汇率改革的次序，并制定好资本项目开放的路线图。基于此，本文对 2012 年以来国内相关观点作一个概述，观点异同主要围绕三个依次递进主题：当前是否应加快推进资本项目开放、资本项目开放与利率汇率改革的次序、资本项目开放的路线图与时间表。

二、当前是否应加快推进资本项目开放

中央系列文件提出要加快推进资本项目开放，实际隐含了一个前提，即当前为推进资本项目开放的有利时机，具备加快推进开放的条件与必要性，只有时机与条件成熟，加快推进才较安全，不致导致类似南美债务危机、东南亚金融危机，否则可能给国内宏观经济带来极大不稳定，埋下危机隐患。因此，首先要厘清资本项目开放条件与时机是否成熟、是否有加快推进的必要性。

认为应加快资本项目开放的研究者，如中国人民银行调查统计司课题组（2012a）、彭文生（2012）、黄益平（2012）、谢平（2013）、李伏安（2013）等主要从以下角度论证[②]。（1）开放条件已具备。目前我国宏观经济稳健、金融资产质量优良、财政状况良好、金融监管系统完善、经常项目盈余、巨额外汇储备、外债比例很低，满足资本项目开放应具备的宏观经济稳定、金融监管完善、外汇储备充足、金融机构稳健这四个基本条件，很多国家（如泰国、秘鲁、哥伦比亚）开放资本项目时，其条件远不及我国，特别是我国拥有全球 1/3 的巨额国际储备[③]，足以应对可能风险。（2）资本管制效率不断下降。规避资本管制的金融工具很多，如贸易品和服务价格转移、境外设立公司对倒、境内外货币互换、全球第三方支付网络、境外买卖国内资产等，

① 中国金融 40 人论坛曾于 2012 年组织过“资本账户开放的时间表与路线图”“汇率、利率市场化与资本项目可兑换”“如何对待资本账户开放”专题研讨会。

② 彭文生（2012）、黄益平（2012）、李伏安（2013）的观点，见陈元、钱颖一主编：《资本账户开放：战略、时机与路线图》。

③ 截至 2014 年 6 月底，我国外汇储备余额为 4 万亿美元，占世界所有外汇储备的 1/3。

在开放经常项目及部分开放资本项目的情形下，非法资金可方便地混入已开放项目“名正言顺”流出入，管制漏洞越来越多，管制效果不断下降，管制措施无法遏制资本内外流动。而且监管部门也难以统计监测这些非正常流动资金，影响对形势正确判断与政策出台，放开管制使这些“暗流”变为“明渠”，便利监管部门统计分析并做好应对措施。（3）当前为资本项目开放的战略机遇期。2008～2009 年金融危机重创西方金融机构和企业，西方企业估值较低，开放资本项目有利于我国企业“走出去”，而且我国产能过剩问题突出，劳动密集型产业竞争力不断下降，企业确实有“走出去”的现实需要；开放资本项目有利于并购国外企业，获取国外技术、市场和资源，同时有利于我国经济结构调整，有助于将部分低附加值的产能转移到劳动力更具比较优势的国家和地区，以提升我国产业整体附加值水平；从更高层面来说，资本项目开放有利于我国的对外战略布局。（4）有助于人民币国际化。2009 年开展试点以来人民币跨境结算业务迅猛增长，但受制于非自由兑换，人民币国际化停留在较低层面，人民币要真正成为国际计价、结算、投资、储备货币，离不开资本项目开放的配合与支持，只有实现了自由可兑换，人民币才可能被国际社会广泛接受。2011 年 1 月美、法曾提议人民币加入 SDR，这对提高人民币国际地位意义重大，但由于资本项目未实现开放，中国选择放弃。（5）开放风险基本可控。当前人民币单边强烈升值预期已减弱，升贬值预期出现分化，人民币汇率接近均衡水平，套汇空间已变窄，开放资本项目不至于导致资本大规模流入；同时我国经济部门资产负债表健康，资产负债大都以人民币计价，货币错配程度较低，银行业不良资产率低、资本充足率高、盈利丰厚，热钱流入、资本外逃、国内金融稳定等问题都在可控范围内。（6）倒逼国内改革及提高货币政策独立性。目前国内一些改革措施（如要素价格）不到位，资本项目开放可给这些领域改革提供外在动力，倒逼这些领域加快改革步伐；长期以来外汇管理“宽进严出”造成基础货币被动投放，削弱了货币政策独立性，推进资本项目开放（鼓励企业“走出去”、藏汇于民）有利于提高货币政策独立，降低资产价格泡沫与通胀压力①。基于以上角度考虑，中国人民银行调查统计司课题组等（2012）认为加快资本账户开

---

① 除从以上角度外，谢平（2013）认为本币完全可兑换是人民应有权利；彭文生（2012）认为，资本管制效力及现行机制可持续性不断降低、全球化环境中中国经济的崛起，这两个根本因素使资本项目未来几年进一步开放不可避免，中国经济规模、发展阶段及人口结构决定了资本项目开放不可避免，甚至有一定紧迫性。

放条件基本成熟，开放有诸多收益且开放风险可控，因此应积极、谨慎推进资本账户开放。以上只停留在定性推断层面，王曦、陈中飞（2015）以 probit 模型实证 88 个国家（地区）资本项目开放的一般经验，发现我国资本项目实际开放程度远落后于国际经验规律下所应达到的水平，从而证明我国加快推进开放资本项目的条件已成熟。

针对上述观点，余永定（2013，2014）、张斌（2012）、张明（2012，2013）等认为，中国资本项目开放趋势虽不可逆转，但当前并非开放的宝贵机遇期，应当审慎推进，其分析角度为：（1）从外部环境分析。欧债危机尚未结束，发达国家都推行的量化宽松政策造成全球流动性泛滥，热钱大规模流入新兴市场国家，但未来几年美国经济可能会强劲反弹，美联储可能在 2014 年底或 2015 年初加息，由此可能导致大规模资本外流，而加剧人民币贬值预期，这对人民币汇率及国内宏观经济稳定是一个考验，中国经济面临危险外部环境。（2）从内部环境分析。中国经济面临趋势增长率下降，人口老龄化、产能过剩等问题，随着潜在增长率放缓，未来几年中国企业面临去杠杆化冲击，地方政府债务风险也可能加剧，商业银行不良贷款率可能会显著上升，由此导致金融市场脆弱性不断累积及国内居民、企业信心下降，将资金移至海外的动机增强；同时利率、汇率等各种要素价格依然存在扭曲，特别是利率、汇率未实现市场化，资本项目开放等于提供了无风险套利、套汇机会，容易导致短期国际资本大进大出，如此当前并非资本账户开放战略机遇期。（3）适度管制的必要性。当前资本管制存在一些漏洞，管制效力有所下降，但资本管制依然大致有效，在岸与离岸人民币市场之间存在显著息差与汇差，同时在岸与离岸市场的抵补利率平价存在显著偏差，说明跨境套利面临着较大交易成本，这说明资本管制没有完全失效。资本管制维护了人民币汇率及宏观经济基本稳定，影响了资本流入数量、形式和结构，降低了币种错配和期限错配程度，资本管制依然是维护我国金融安全的最后一道屏障。王元龙（2013）也认为，内外形势表明当前并非加快资本项目可兑换的良机；卢锋（2013）认为在某些领域确有必要加大资本项目开放程度，但受汇率趋势性升值、受结构性利差、受资金流入流出不对称、受主要发达国家货币放水、受金融体系内部关系尚未理顺条件制约等多方面因素制约，在推进速度与上应以审慎稳健为宜。

余永定、张斌、张明还质疑人民币国际化，认为人民币国际化是一种变相的资本项目开放，加剧了套利、套汇的短期资金流动。人民币跨境结算方便境内人民币流至香港，离岸人民币回流通道建立（通道越来越宽）方便离岸人民币流入境内，人民币形成了两种汇率：在岸汇率（CNY）与离岸汇率（CNH），CNY 高于 CNH 时，境外资金（在香港兑换成人民币）流入境内套取汇差、利差，当 CNH 高于 CNY 时，境内人民币以跨境贸易结算方式流至获取汇差，加剧了短期资本流动，央行对此类短期资金实际上给予了大量补贴。

林毅夫（2013）则明确反对资本项目开放，他认为资本项目开放并非经济增长的决定因素，一个国家长期经济增长源于技术创新、产业升级、基础设施和制度安排不断完善，发展中国家只要按照要素禀赋结构决定的比较优势来发展经济，即使资本相对短缺也能积累足够资本来推动经济快速发展，而不必非得依赖外部融资，“二战”以来从低收入发展为高收入的国家，在进入高收入行列之前都没有开放资本项目；资本项目开放后，国内银行与企业的国际融资、短期证券资本流动都会带来国内宏观经济不稳定；当前国内很多扭曲没消除，存在不少结构性问题，发达国家经济疲软，会继续采取宽松的货币政策，资本项目开放必然会引起资本大进大出，因此资本项目开放时机根本不合适。

三、资本项目开放与利率汇率改革的次序

利率、汇率与资本项目开放互相影响。资本项目开放度影响资本流出入规模而影响利率、汇率水平，利差、汇差也影响资本流动规模而影响资本项目实际开放度，同时利率、汇率通过利率平价机制也互相影响（影响程度受制于资本项目开放度），由此资本项目开放涉及与利率汇率改革次序问题①。金融自由化国际实践表明，资本项目开放需安排好次序（资本项目开放与其他改革之间的次序、资本项目内部各子项目开放的次序），次序失当易导致内外失衡甚至引发金融危机，如南美债务危机、东南亚金融危机。如果利率汇率市场化改革已完成，利率汇率已具有充分弹性，推进资本项目开放则水到渠成，非常符合 Mckinnon（1991）所倡导的渐进主义。目前利率市场化、汇率自由化还处于进行中，如此资本项目开放就面临必须安排好三者次序问

① 张春生考察了各国安排资本项目开放与利率汇率改革的次序问题，详见其工作论文《利率市场化、汇率自由化与资本项目开放的次序：理论、实践与启示》。

题，这关系到资本项目成功开放及我国经济安全。对于三者次序，有协调推进观、先内后外观、汇率先行观三种意见。

中国人民银行调查统计司课题组（2012b），盛松成（2013）[①] 认为，不可能三角理论、利率平价理论均存在局限性——没有充分考虑大国情形、对市场非完全有效、没有考虑经济中大量存在的中间状态，以其为理论基础得出的“先内后外”改革次序（资本项目开放之前应完成利率市场化与汇率自由化）具有内在缺陷；国际实践表明利率、汇率改革和资本项目开放并没有固定的先后顺序，美国采取“先外后内”次序模式，日韩尽管遵循“先内后外”次序，但日本结局是“失去的二十年”，韩国未能幸免1997年亚洲金融危机；资本项目开放与利率市场化、汇率自由化并非简单先后关系，而是循序渐进、相互促进、协调推进的关系，资本项目开放无须等到利率、汇率改革完成后才以推进，而应协调推进利率汇率改革和资本项目开放，成熟一项，推进一项。

针对政策当局提出的协调推进观，很多研究者仍坚持先内后外模式，利率汇率改革应先于资本项目开放。在利率、汇率缺乏弹性情况下，利差、升值预期易导致资本持续大规模流入，造成国内通胀、资产泡沫、实际汇率升值，一旦情况逆转则易导致资本持续流出，利率汇率僵化降低了经济体系灵活性与柔韧性，易遭受外部冲击且抗震性降低。基于此，黄益平（2012），汪涛（2013）[②]，余永定（2014）等认为，资本项目开放需考虑金融机构改革是否到位和国内是否存在严重市场价格扭曲，应该在国内金融改革取得重大进展、金融体系更加健全之后进行，目前重点应推进国内结构性改革和金融改革，即深化银行体系改革、深化资本市场改革、进一步推进利率市场化、增加汇率弹性，当前资本项目开放应审慎进行，在国内金融扭曲没有解决的情况下，推进资本项目开放的后果是危机风险；陈晓莉（2014）认为影子银行体系发展倒逼利率市场化改革，离岸与在岸市场套利倒逼汇率制度改革，人民币国际化倒逼资本账户开放，目前利率市场化改革是最紧迫且困难最大，外汇制度改革是相对最容易推进，从配套措施的完善程度和紧迫性看，应先推进利率市场化和汇率自由化改革，资本账户特别是短期资本流动的开放要作为最后一步。魏尚进（2013）[③]进一步提出，应首先开展国内金融改革（包括解决银行内部治理与外部监管问题），然后推动汇率改革和利率改革，相

---

①②③ 参见陈元、钱颖一主编：《资本账户开放：战略、时机与路线图》，社会科学文献出版社2014年版。

对推迟资本项目开放和人民币进一步国际化，其中国有控股企业进一步改革、资源价格改革成功与否影响利率改革能否达到预期效应。连平（2013）[①] 认为利率、汇率改革难以完全、准确同步进行，为避免相互掣肘，可保持一定资本项目管制的同时推进利率汇率市场化改革，但资本项目开放并非要等到利率汇率市场化完成之后再推进，可以选择那些对利率汇率冲击较小的项目与利率汇率市场化同时推进。

鲁政委（2014a，2014b）详细解读了 IMF（2013）关于资本项目开放和管理的最新指南，资本项目开放首要条件为稳定且能提供足够灵活性的宏观经济和金融环境，其特别强调灵活汇率机制，其次才为充足外汇储备、较低且平稳的通胀水平、可控的内外债水平，灵活汇率机制为资本项目开放的核心条件；资本项目开放过程中遭受金融危机的经济体，其双边汇率均缺乏弹性，俄罗斯、泰国、墨西哥、马来西亚在资本项目开放前年化波动率平均仅 2.6%，不断开放的资本项目对应不断降低的汇率弹性，才是 1997 年亚洲金融危机的真正导火索；因此，资本项目开放前或开放中应不断增加汇率波动弹性，简单扩大汇率波幅并非增强汇率弹性有效途径，而是要提高人民币中间价的日波动性。张斌（2012）基于各项对外金融政策改革对国际投资头寸表的影响分析，认为人民币汇率形成机制改革位于各项金融改革政策的最优先位置，与此同时还应推动外汇储备管理体系改革、资本流出管理改革和推进海外直接投资，人民币国际化与资本流入管理改革应该在上述改革基础上推进。

四、资本项目开放的路线图与时间表

确定要加快推进资本项目开放且安排好与利率汇率改革次序后，接下来就是实施如何开放，中国人民银行调查统计司课题组（2012a）设计了资本项目各子项目开放的次序，被认为政策层所制定的人民币资本项目开放路线图与时间表。对于是否应制定资本项目开放路线图与时间表、资本项目开放具体路线与时间表，相关者所持观点也不尽相同。

（一）是否应制定路线图与时间表

郭建伟（2013）认为应制定并公布资本项目开放的具体路线图和时间

---

① 参见陈元，钱颖一主编：《资本账户开放：战略、时机与路线图》，社会科学文献出版社 2014 年版。

表；黄海洲、周诚君（2013）也认为应制定并公布路线图与时间表，并明确2015年末实现可兑换；丁志杰（2012）认为政府内部可制定时间表和路线图（无须对外公布），但与公众沟通时要让公众知道改革必要性和可行性；袁力（2013）认为应制定路线图，但不需设定时间表，资本项目开放因需而动。

相反，李伏安（2012）认为无须制定路线图和时间表，但向外界表明资本项目开放是目标追求，而且在条件允许时加快推进①；张明（2013），余永定（2013）也认为不应设定时间表，只需表明资本项目开放的大致方向即可，这样可灵活把握开放节奏，而不受事先承诺时点的掣肘。

（二）资本项目开放的路线图与时间表

中国人民银行调查统计司课题组（2012a）设定的路线图与时间表为：短期内（1～3年）放松有真实交易背景的直接投资管制；中期内（3～5年）放松有真实贸易背景的商业信贷管制；长期内（5～10年）先开放流入后开放流出，依次审慎开放不动产、股票及债券交易，逐步以价格型管理替代数量管制，择机开放个人资本交易、与资本交易无关的金融机构信贷、货币市场工具、集合投资类证券、担保保证等融资便利、衍生工具等子项目，与资本交易无关的外汇兑换交易自由化应放在最后，投资机性很强的短期外债项目可以长期不开放。

李波（2012），黄志强（2013，2014）也设计了较详细的路线图。李波（2012）设计的路线图为：资本市场与国际接轨、提高个人资本项目可兑换程度、进一步减少行政审批、建立宏观审慎框架下的风险调控机制、清理和修改相关法律法规②，预计3～5年内完成资本项目开放。黄志强（2014）设计的路线图为③：一是推动资本市场双向开放，包括进一步扩大QDII和QFII主体资格，增加投资额度；建立境内外股市的互通机制；进一步深化外汇管理改革。二是提高跨境资本和金融交易可兑换程度，先放松有真实交易和贸易背景的直接投资管制和商业信贷管制，接着依次开放股票债券和不动产市场；然后审慎择机开放个人资本交易、与资本交易无关的金融机构信贷、货币市场工具、集合投资类证券、担保保证等融资便利、衍生工具等资本账户

---

① 郭建伟（2013）、丁志杰（2012）、袁力（2013）、李伏安（2012）的观点，见《资本账户开放：战略、时机与路线图》，社会科学文献出版社2014年版，第299～303页。

② 详细内容见 http://www.cf40.org.cn/plus/view.php?aid=6948。

③ 2013年设计的路线图融入到2014年设计的路线图。

子项，与资本交易无关的外汇兑换交易自由化放在最后，投机性很强的短期外债项目可长期不开放。三是建立健全对外债务宏观审慎管理体系、金融跨境交易监控体系、短期投机性跨境资本流动特别是金融衍生品交易监测管理体系。

连平（2013）的路线图：一是加快对外直接投资开放步伐，二是进一步放松外国资本进入领域限制，进一步扩大金融、旅游、文化等行业的对外开放，三是尝试开放自然人对外金融投资。黄海洲，周诚君（2013）认为近期应加快推进跨境贸易结算及资本市场跨境投资领域改革，中期可全面推进外债、资本市场领域的对外开放。金中夏（2013）认为短期目标为实现中性和平衡的资本项目管理，纠正直接和资产组合投资项下的非对称管理，改善资本流出结构，允许非金融机构特别是民营企业和个人的资本通过直接投资和资产组合投资渠道输出，进一步目标是对资本项目管理采取中性无歧视原则①。王曦，陈中飞（2015）认为优先开放 FDI 流出入、集合投资流出入、股票投资流入，次后开放股票投资流出、信贷流出入、最后开放债券投资流出入、货币市场工具投资流出入。

五、评述

对于是否应资本项目开放，研究者们并没有根本性分歧，其出发点都是基于维护经济金融安全考虑，也都认同资本项目开放是必然要求与必然趋势，只不过在推进速度上意见有所不同。当前我国宏观经济良好、金融体系稳健、外汇储备充足，满足资本项目开放条件；资本管制效率不断下降，境内外资金可灵活规避管制措施，资本项目开放具有很大必要性；资本项目开放有利于“走出去”、人民币国际化、增强货币政策独立性、提高金融机构风险管理能力等，开放资本项目具有很高收益；至于各种可能风险，可通过托宾税、无偿准备要求、最低期限要求等宏观审慎政策加以控制，可规避不可控风险。综合判断，当前确实应加快推进资本项目开放，至于两大障碍——利率与汇率灵活性不高，则可在开放过程中进一步推动两者的市场化改革。

有些研究者认为，当前汇率机制不灵活、金融机构风险管理水平不高，不宜加快推进资本项目开放，否则极有可能导致金融危机。此观点存在两个

① 详见《中国资本账户开放与国际收支动态平衡》，《国际经济评论》，2013 年第 3 期。

认识误区：一是认为资本项目开放一夜完成，众所周知资本项目开放是一个渐进、有序、控制节奏的过程，政策当局可以根据国内外经济形势控制好节奏与速度，汇率机制、风险管理问题可以在资本项目开放过程逐步完善，资本项目开放可以促进这些条件的成熟；二是认为资本项目开放为完全开放，实践中达到一定开放程度就可认为实现可兑换，资本项目开放是一个弹性区间，并非毫无保留全盘开放。在资本项目 11 项中，如一国开放信贷工具交易，且开放项目在 6 项以上，则可视为基本实现资本项目开放，2007 年金融危机后对短期外债征税、对非居民存在的准备金要求、特定时期的临时性资本管制均得到 IMF 的某种程度认可，资本项目开放标准进一步放宽。

理论上，资本项目开放排序论分为渐进主义、激进主义、综合主义，三者对利率汇率改革与资本项目开放次序持不同观点，渐进主义认为三者次序为利率市场化→汇率自由化→资本项目开放，如 Mckinnon（1991）、Chapple（1990）、Williamson 和 Mahar（1998）等；激进主义认为可同时对三者进行快速改革，不并拘泥于三者先后次序，资本项目开放可与利率汇率改革同时完成甚至前于利率汇率改革，如 Lal（1987）、Roland（1990）、Quirk（1994）；而综合主义则认为资本项目开放应嵌入到结构性改革和宏观经济政策的整体设计中，应与利率汇率改革协调配合、互相促进，如 Johnston（1997）、Bakker 和 Chapple（2002）、Ishii 和 Habermeier（2002）等。三种观点强调重点不同，渐进主义强调三者完成时间应有先后次序，即三者应按为利率市场化→汇率自由化→资本项目开放的顺序完成，而激进主义、综合主义强调三者推进过程，激进主义强调三者推进速度与同步性，综合观则强调三者推进的协调配合性。利率市场化、汇率自由化、资本项目开放三者既需考虑推进的同步协调性，又要考虑三者完成的先后安排，而不能仅强调某一侧面。

先内后外模式只强调利率汇率改革完成应先于资本项目开放，而协调推进模式则只强调三者推进协调配合性，很显然这两者都有失偏颇。资本项目开放需与合适的宏观经济政策、汇率政策以及强化金融体系的政策相协调，而在完成时间上，则利率汇率市场化改革完成最好早于资本项目开放，两种模式的结合才有助于资本项目开放成功及国内经济金融安全。我国采用的正是协调推进模式，利率汇率改革与资本项目开放都始于 90 年代中期，改革中三者相互配合、相互协调、相互促进，今后应继续协调、渐进推进三者改革，对于三者完成时间，则最好安排利率市场化完成在先、汇率自由化完成在中、资本项目开放完成在后。即推进过程中应采用综合主义，而在完成时间上则采取渐进主义。

目前所设计的路线国与时间表，是基于“先流入后流出、先长期后短期、先直接后间接、先机构后个人”原则制定的，但只关注了资本项目开放的路线图。资本项目开放是一个复杂系统工作，资本项目开放路线图要与利率市场化路线图、汇率自由化路线相结合，这样资本项目开放才能与利率汇率改革配合协调，这样才能达到上述的协调推进模式。在此试设计利率市场化、汇率自由化改革路线图与时间表。

1. 利率市场化（1~3 年）。2013 年 12 月已推出同业存单利率市场化，接下来：扩大存款利率上浮幅度（由 20% 增加到更大幅度）；推出 CDs（可先对单位发售，再对个人发售），然后择机依次放开长期定期存款利率、短期定期存款利率、活期存款利率。建立存款保险制度及存款类金融机构破产退出机制；发展债券市场，形成完整国债收益率曲线，并完善 Shibor 形成机制；推出利率期货、利率期权、债券期权、利率互权期权等风险对冲工具。

2. 汇率自由化（1~5 年）。短期安排（1~3 年内）：增加交易主体，允许非银行金融机构（证券、保险、信托、货币经纪公司）、直接从事国际业务但有避险需求的机构和企业①申请成为银行间外汇市场会员；丰富交易产品，增加人民币对德国马克、法郎、加拿大元、瑞士法郎等的直接交易②，增加外汇交易类型③，开发外汇期货等衍生产品；调整银行外汇头寸管理，逐步增加外汇头寸额度，并过渡到本外币综合头寸正负区间管理，允许出现负头寸；逐步扩大中间价波动幅度，当日中间价与上一交易日中间价波幅可由当前的 0.5% 以内逐步放宽到 1% 以内；扩大人民币对非美元货币的日波幅，放宽零售外汇市场的价差管理；改革实需原则，对于有真实国际交易背景的机构和企业，取消逐笔对应的规定，扩大其参与外汇交易的自主性，可根据其业务规模核定年度外汇交易额度。

中期安排（3~5 年内）：进一步放宽会员资格，增加非金融企业会员数

---

① 2005 年 12 月出台《非金融企业和非银行金融机构申请银行间即期外汇市场会员资格实施细则（暂行）》，允许非金融企业申请成为即期外汇市场会员，但目前只有重庆力帆实业（集团）进出口有限公司、中国中化集团公司 2 家公司获准，此外中石油、中远等 10 家公司的财务公司为即期会员。

② 目前人民币可与美元、日元、澳元、新西兰元、新加坡元、林吉特、卢布、英镑、欧元等直接交易。

③ 目前市场上有即期、远期、外汇掉期、货币掉期、外汇期权。

量，允许不直接从事国际业务但有避险需求的机构和企业参与外汇市场交易，甚至允许个人通过会员参与银行间外汇市场的集合竞价交易；逐步提高报价信息透明度，包括参与的一级做市商所报价格及其所占权重，中间价定价机制更多与前一交易日收盘价挂钩，可尝试将加权形成的中间价作为当日开盘价；一篮子货币从日常管理调节指标转向监测指标，适当时候宣布取消参考一篮子货币进行调节，直接宣布实行有管理浮动汇率制度；扩大人民币对美元交易价格波动幅度，取消人民币对非美元货币的日波幅管理，取消零售外汇市场的价差管理；通过比例管理或限额管理，允许金融企业、非金融企业从事一定限度的投机交易。

2012 年以来我国明显加快资本项目开放步伐，2012 年增加 QDII 与 QFII 额度，简化 QDII、QFII 审批程序，2013 年批准更多海外机构参与银行间债券市场（10 家），2014 年 11 月建立 RDQII 机制、启动“沪港通”，等等。与此同时，利率市场化、汇率自由化也在加速推进中。2012 年 6 月 8 日起存贷款利率可分别上浮、下浮为基准利率的 1.1 倍、0.8 倍；7 月 6 日起贷款利率可下浮为基准利率的 0.7 倍；2013 年 7 月 20 日起贷款利率下浮为基准利率 0.7 倍的下限取消，取消票据贴现利率管制，农村信用社贷款利率不再设立上限；2013 年 12 月同业存单利率市场化；2014 年 11 月 22 日起存款利率上限为基准利率的 1.2 倍。2012 年 4 月银行间即期外汇市场人民币兑美元波幅由 5‰扩大至 1%，银行对客户美元现汇最高卖出价与最低买入价差幅度由当日中间价的 1% 扩大至 2%；2014 年 3 月银行间即期外汇市场人民币兑美元波幅由 1% 扩大至 2%，银行对客户美元现汇最高卖出价与最低买入价之差幅度由当日中间价的 2% 扩大至 3%。可见，我国的资本项目开放并非作为孤立目标，而是嵌入到了结构性改革和宏观经济政策的整体设计中，与利率市场化、汇率自由化等改革相互配合推进，其实这就是央行所称的协调推进模式。

参考文献

[1] Bakker & Chapple, Advanced country experiences with capital account liberalization, IMF Occasional Paper No. 214, September 26, 2002.

[2] Chapple, A sequence of errors? Some notes on the sequencing of liberalization in developing countries, UNCTAD Discussion Papers, No. 31, 1990.

[3] Ishii & Habermeier, Capital account liberalization and financial sector

stability, IMF Occasional Paper No. 211, April 12, 2002.

[4] Johnston, Sequencing capital account liberalization and financial sector reform, IMF Paper on Policy Analysis and Assessment, PPAA/98/8, July 1998.

[5] Lal, The political economy of economic liberalization, The World Bank Economic Review, vol. 1, No. 2: 273 -299, 1987.

[6] Mckinnon, The order of economic liberalization: financial control in the transition to a market economy, Baltimore: Johns Hopkins University Press, 1991.

[7] Quirk, Capital account convertibility: a new model for developing countries, Working Paper 1994, WP/94/81, IMF.

[8] Roland, The political economy of sequencing tactics in the transition period, Discussion paper, No. 9008, Brussels, 1990.

[9] Willamson & Mahar, A survey of financial liberalization, Essays in International Finance, No. 211, November 1998.

[10] 陈晓莉、胡金焱:《再论中国金融自由化的次序》,《南开学报》,2014年第5期,第58~65页。

[11] 陈元、钱颖一:《资本账户开放战略、时机与路线图》,北京:社会科学文献出版社2014年版。

[12] 管涛:《资本项目可兑换进程中的挑战及应对》,《中国外汇》,2012年第9期,第26~29页。

[13] 黄海洲、周诚君:《新形势下对外开放战略布局》,中国金融四十人论坛内部重大课题,2013年5月。

[14] 黄志强:《深化人民币资本项目可兑换改革》,《中国金融》,2013年第18期,第30~32页。

[15] 黄志强:《加快实现人民币资本项目可兑换的现实意义与基本思路》,《新视野》,2014年第3期,第77~80页。

[16] 金中夏:《中国资本账户开放与国际收支动态平衡》,《国际经济评论》,2013年第3期,第57~64页。

[17] 李波:《资本项目可兑换的几个问题》,2012年12月9日在CF40"双周圆桌"第71期内部研讨会上的主题演讲。

[18] 卢锋:《金融改革优先序:人民币可兑换视角探讨》,《中国市场》,2013年第33期,第32~40页。

[19] 鲁政委:《鲁莽与无知下的资本账户开放》,《兴业银行研究报告》,

2014 年 8 月 17 日。

[20] 鲁政委：《资本项目开放的次序重要吗》，《兴业银行研究报告》，2014 年 9 月 2 日。

[21] 彭文生：《审视资本账户开放》，《财经》，2012 年（增）1 期。

[22] 王元龙：《人民币资本项目可兑换相关问题的探讨》，《经济研究参考》，2013 年第 49 期，第 19 ~ 28 页。

[23] 王曦，陈中飞：《我国资本账户加速开放的条件基本成熟了吗?》，《国际金融研究》，2015 年第 1 期，第 70 ~ 82 页。

[24] 谢平，邹传伟：《中国金融改革思路：2013 – 2020》，北京：中国金融出版社，2013。

[25] 余永定：《中国应慎对资本账户开放》，《金融时报》（中文版），2013 年 6 月 4 日。

[26] 余永定：《资本项目自由化：理论和实践》，《金融市场研究》，2014 年第 2 期，第 4 ~ 14 页。

[27] 张春生：《利率市场化、汇率自由化与资本项目开放的次序：理论、实践与启示》，2014 年工作论文。

[28] 张明：《资本账户开放仍应谨慎从事》，《中国金融四十人论坛工作论文》，2012 年 3 月 15 日。

[29] 张明：《加快资本账户开放的八大迷思》，《中国金融四十人论坛工作论文》，2013 年 5 月 29 日。

[30] 张斌：《金融开放的内容与次序》，《中国金融四十人论坛工作论文》，2012 年 5 月 5 日。

[31] 中国人民银行调查统计司课题组：《我国加快资本账户开放的条件基本成熟》，中国人民银行网站，2012 年。

[32] 中国人民银行调查统计司课题组：《协调推进利率、汇率改革和资本账户开放》，中国人民银行网站，2013 年。

我国资本项目开放条件成熟了吗？

——从金融市场分析

张春生　梁　涛　蒋　海

引言

国际经验表明，一国实现经常项目可兑换后一般在 7 ~ 10 年内完成资本项目开放。我国于 1996 年 12 月 1 日实现经常项目可兑换，但资本项目开放目标迟迟未提上实质日程，“十二五”情况为之一变，高层文件密集提出加快资本项目开放、释放尽快实现开放的积极信号，《中华人民共和国国民经济和社会发展第十二个五年规划纲要》《金融业发展和改革“十二五”规划》党的十八大报告都提出“逐步实现人民币资本项目可兑换”，2013 年 5 月国务院常务会议要求“提出人民币资本项目可兑换的操作方案”，十八届三中全会明确提出“加快实现人民币资本项目可兑换”，2015 年 3 月周小川甚至提出力争年内实现资本项目开放[①]。“十二五”期间我国资本项目开放明显提速，出台政策 20 项，QFII、QDII 额度由 197. 2 亿美元、683. 6 亿美元增至 811 亿美元、1236. 5 亿美元且启动了 RQFII（额度为 4336. 3 亿元人民币[②]）。

我国是否已具备开放条件？是否应加快开放？国内存在激烈争论。2012 年 2 月中国人民银行调查统计司课题组研究报告《我国加快资本账户开放的条件基本成熟》认为，当前是资本项目开放的宝贵机遇期，应抓住有利时机加快推进，并制定了具体开放路径与时间表。此报告引发激烈争论[③]，支持

---

① 2015 年 3 月 22 日周小川在 2015 中国发展高层论坛提出。黄海洲（2013），丁志杰（2013）也认为 2015 年末可实现人民币资本项目可兑换，详见《资本账户开放：战略、时机与路线图》。

② 资料来源于外汇管理局历年年报。很多政策先试点后全面推广，政策出台 2 次，此处计 1 项。

③ 2012 年 3 月 25 日，中国金融 40 人论坛举行了“资本账户开放的时间表与路线图”内部研讨会。

和反对者兼而有之，谢平（2013）、金中厦（2013）等认为开放条件基本成熟，王曦（2015）认为我国开放度远低于国际经验规律下所应达到的水平，加快开放的条件已成熟，余永定（2014）等认为条件并未成熟，当前并非开放的战略机遇期，林毅夫（2013）则明确反对资本项目开放。

也许对开放条件已成熟的判断无充分把握或存在严重分歧等原因①，“十二五”并未实现预定开放目标，《“十三五”规划纲要》继续提出“有序实现人民币资本项目可兑换”。准确评估资本项目开放条件是否成熟，不仅影响开放速度与开放实现时间，更影响本国经济金融安全，因评判失误而过早过快开放资本项目引发危机的国际教训非常之多。我国资本项目开放条件是否成熟？需要谨慎地判断。

一、金融市场与资本项目开放

资本项目开放应具备何种条件，有很多种提法。Reserve Bank of India（1997）认为开放条件为坚实财政基础、低通胀、充足外汇储备、强健并具弹性的金融系统、经常项目赤字在合理限度；IMF（1998）召开的资本项目自由化有序路径研讨会提出开放条件为：健全的宏观经济政策框架（特别是与货币和财政政策相协调的汇率制度）、强健的金融体系（包括强化监督和审慎监管，涵盖资本充足率、贷款标准、资产估价等）、独立且具权威的中央银行、及时准确全面的信息披露（央行储备和远期交易等信息）；Schneider（2001）认为开放前应达到如下要求：通胀率降至发达国家普遍水平、控制财政赤字、外汇储备充足、可忍受的经常项目赤字、稳定与竞争性的汇率体制、发展间接货币政策工具。开放条件一般总结为：宏观经济稳定、金融监管完善、外汇储备充足、金融机构稳健，国内学者正是与之对照，以寻找赞成或反对加快开放的证据，赞成加快开放者认为我国宏观经济稳健、金融资产质量优良、财政状况良好、金融监管完善、经常项目盈余、巨额外汇储备，满足开放的基本条件，反对加快开放者认为当前存在经济下行压力大、利率汇率僵化、债务总额/GDP

① 也可能是2015年6月股灾带来的警醒，或者人民币纳入SDR的目标已实现。

升至历史最高水平、银行资产堪忧等问题，不具备开放的条件①。

IMF（2013）发布《资本流动自由化与管理指南》，认为开放条件为：稳定且能提供足够灵活性的宏观经济和金融环境、金融市场具备吸收流入资本的能力、金融机构具备应对资本流动反复无常的能力、高标准的治理和信息披露、金融部门高监管标准和有效的监管框架、一贯的稳健政策。与以往不同，IMF 此处特别强调金融市场的冲击吸纳能力，金融市场吸纳外部冲击的能力体现在金融市场的广度和深度，如此金融市场成熟状况是一国资本项目开放的先决条件，对开放度有决定性影响。以往提法更多强调宏观经济稳定因素，但 GDP 增长、通胀率、财政状况、汇率预期等只是资本流入或外逃的诱因，资本流动冲击最后都着力于金融市场（及实体经济），金融市场是直接冲击面与冲击承受网，只有兼具广度与深度的金融市场才可承受资本大规模流出入的冲击，否则资本项目开放将导致金融市场与实体经济的剧烈波动。以图 1 说明（外汇市场为金融市场的组成部分）。

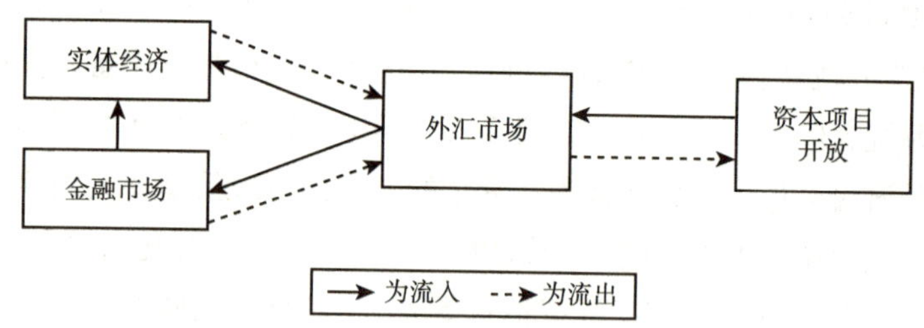

图 1　资本项目开放后的资本流向

（1）资本流入情形。流入资本首先在外汇市场兑换成本币，如外汇市场完善，则对汇率冲击较小，否则可能大幅升值②；然后流入金融市场和实体经济，如金融市场发达，则金融资产价格涨幅较小，且可滞留更多资金于金融市场，减少对实体经济的冲击，相反则导致金融资产价格高涨，更多资金流向实体经济，引起经济过热。因此，金融市场发达情形下，汇率涨幅较小，

---

① Lardy 和 Douglass（2011）认为开放条件为：健康的银行体系、相对发达的金融市场、均衡的汇率。资本项目开放可否成功取决于外部环境与国内条件，赞成者与反对者从这两方面寻找证据，赞成者认为外部环境有利（西方企业估值较低等）及国内条件具备，反对者认为外部环境险峻（国际资本流动波动增大）及国内条件不成熟。国际环境非本国可控，因此开放条件只针对国内因素。

② 央行可买入外汇维持汇率不升值，但冲销干预受制于国内金融市场深度，深度不够则无法吸收冲销债券的大量增加且会引起冲销成本上升，且冲销干预维持的国内外收益差会强化汇率单边升值预期，导致更大规模的资本流入，因此可持续。

高通胀、经济过热的可能性减小，降低了宏观经济风险，同时金融资产价格涨幅较小，并减小了房地产市场泡沫压力，降低了金融稳定风险。

（2）资本流出情形。实体资产流动性较差，资本主要从金融市场外流，如金融市场发达，则资产价格下跌、汇率贬值的幅度较小，有助于维持资产负债表健康并保持投资者信心；如金融市场不发达，会引起资产价格与本币汇率大幅下跌，而可能引发更大规模资本外逃。可见，资本流出入过程中，金融市场发挥着减震器与缓冲器的功能，发达的金融市场可有效降低资本流动对本国宏观经济与金融稳定的负面冲击，避免出现大起大落，提高了本国经济的柔韧性与稳定性。

将金融市场、资本项目细化，则资本子项目下的资本流入与相应子金融市场相对应（以流入为例，发展中国家首要任务是实现流入开放，见图2）①。

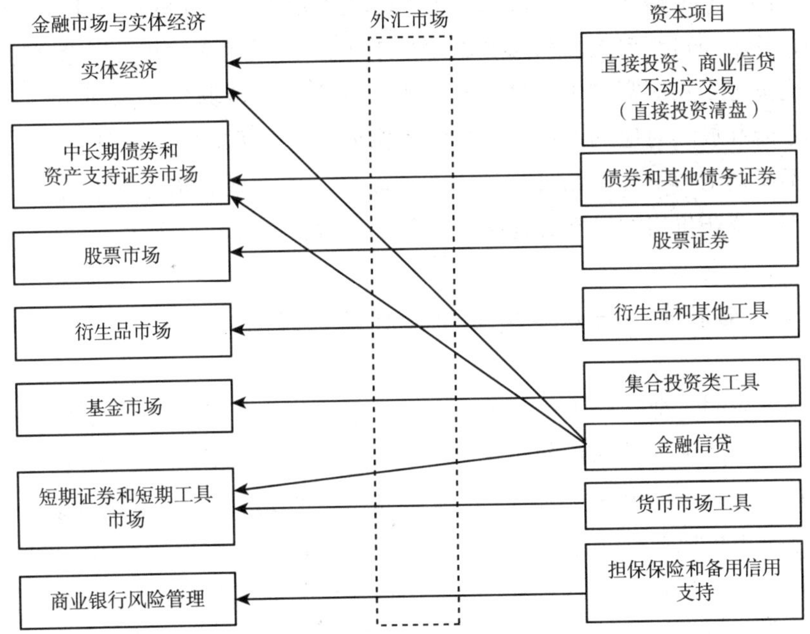

图2　资本项目开放的资金流入与相应金融市场对应

图2显示，直接投资、商业信贷、不动产交易项下的资本流入实体经济，

① 资本项目共包含13类：资本市场证券（股票、债券）、货币市场工具、集合投资证券、衍生品与其他工具、商业信贷、金融信贷、担保保险和备用信用支持、直接投资、直接投资清盘、不动产交易、个人资本交易、商业银行和其他信贷机构、机构投资者，每类项目包含范围见AREAER，在此未列举后两个项目。货币市场工具指期限不超过一年的短期证券和短期工具，包括存单、汇票、短期国库券、短期政府债券、银行承兑汇票、商业票据、银行间存款、回购协议。

股票证券项下的资本进入股票市场，债券和其他债务证券项下的资本进入中长期债券（资产支持证券）市场，集合投资类工具项的资本进入基金市场，货币市场工具项下的资本进入短期证券和短期工具市场，金融信贷项下的资本进入短期证券和短期工具市场、中长期债券市场和实体经济，衍生品和其他工具项下的资本进入衍生品市场①。毫无疑问，各金融市场可承受的资本流入规模取决于其本身的成熟程度，市场越发达，可承受的流入规模越大，该市场产品价格波动越小，相反则可承受的流入规模越小，且易导致价格暴涨，也即股票市场、中长期债券市场、短期证券和短期工具市场、基金市场、衍生品市场的广度与深度决定了其可承受股票证券、债券和其他债务证券、货币市场工具、集合投资类工具、衍生品和其他工具、金融信贷项下的资本流入规模，外汇市场成熟度甚至一定程度上决定了可承受的资本流入总规模。可见，各子项目开放度与相应金融市场的广度和深度密切相关，金融子市场成熟度决定了相应资本子项目的开放水平，金融子市场只有达到相当发达程度，才能开放其对应的资本子项目，才能承受相应子项目下的资本流入冲击，市场不成熟情形下开放相对应的资本子项目，流入规模超过其承载力，将导致该市场资产价格的异常波动并可能危及整体金融体系安全。

二、金融市场与资本项目开放后果：国际对比

以上表明，金融市场完备情形下，资本项目开放对国内金融经济冲击较小，本国经济更具柔韧性与稳定性，相反则对国内金融经济产生较大冲击，易导致金融震荡甚至酿发危机，以发达国家与非发达国家为对比对象。

金融市场成熟度通常以广度、深度加以衡量。广度指市场参与者的类型复杂程度，一个有广度的金融市场上存在多样化的中介机构和市场并能提供广泛的服务与工具，一般用市场规模/GDP 衡量；深度指金融市场可承受大的交易量但不会导致市价剧烈波动的能力，一般用成交量/市值比率（周转率）衡量，一个有深度的市场必须拥有相当的市值规模。表 1 以 2014 年数据比较发达国家与非发达国家金融市场成熟差异，受统计数据所限，金融市场无法细分如图 2，表 1 所列发达国家都实现了资本项目开放，有些非发达国家虽未实现开放，但也有相当大的开放度。

① 个人资本转移项下的资本流动较小，国内直接投资清盘放开为资本流出，在此省略。

表 1　　2014 年发达国家与非发达国家金融市场成熟度比较　　单位：%

国家	企业债券余额/GDP	政府债券余额/GDP	股票市场			外汇市场日均交易额/GDP	衍生市场日均交易额/GDP
			市值/GDP	周转率	交易值/GDP		
美国	103.9	89.05	151.8	148	78.8	7.58	3.77
英国	37.8	89.5	196.3	76.9	224.7	100.5	49.69
日本	56.83	178.41	95.3	110.7	105.4	7.62	1.368
法国	26.5	73.34	73.7	56	41.3	6.76	7.2
德国	15.95	49.45	44.9	73	32.8	2.96	2.706
意大利	25.51	96.52	27.5	350	96.1	1.11	1.127
加拿大	30.79	59.81	117.5	64.1	75.4	3.53	1.849
澳大利亚	53.42	38.75	88.6	54.6	48.4	11.62	4.232
韩国	66.87	34.08	85.9	105.8	91	3.64	0.6
荷兰	26.54	47.72	89.5	60.5	54.2	12.99	3.32
平均值	44.44	75.66	97.1	109.96	84.81	15.83	7.586
阿根廷	9.91	9.94	11	5.9	0.6	0.22	0.0003
智利	36.64	14.22	90.1	11.6	10.5	4.32	0.048
南非	18.58	38.96	266.9	26.3	70.2	5.72	2.893
巴西	30.36	51.42	34.9	76.3	26.7	0.7	0.143
哥伦比亚	0.5	21.88	38.8	11.7	4.5	0.88	0.032
印度尼西亚	2.31	11.11	47.4	21.5	10.2	0.55	0.002
马来西亚	54.3	46.05	135.8	31.1	42.2	3.43	0.045
墨西哥	16.28	29.7	37	26.7	9.9	2.54	0.189
菲律宾	0.35	30.02	91.9	16.1	14.8	1.37	0.015
俄罗斯	5.76	3.52	19	41.4	7.9	2.72	0.01
泰国	45.11	25.87	106.5	72.2	76.8	3.04	0.183
土耳其	2.44	22.37	27.5	168.2	46.3	3.31	0.015
印度	2.11	12.37	76.3	46.9	35.8	1.68	0.174
波兰	11.28	26.59	31	34.2	10.6	1.44	0.11
平均值	16.85	24.57	72.44	42.15	26.21	2.28	0.276

资料来源：股票市场数据来自世界银行网站；外汇市场、衍生产品市场数据 BIS，BIS 每 3 年统计一次，此处为 2013 年数据，外汇市场为即期、远期、掉期、互换、期权及其他产品的柜台交易数据并经内部调整避免重复计算，衍生市场仅为利率衍生产品数据（目前未有其他产品数据）；债券市场数据来自 BIS，政府债券指政府在国内发行的债券，公司债券指本国企业（金融企业 + 非金融企业）发行的本币债券，未包含国外企业发行的本币债券。大量国外企业与政府在美国、英国、日本等国发行债券，这些债券在发行地交易，因此这些国际货币发行国的债券规模被低估，但不影响本文分析。印度企业债与政府债数据来自亚洲开发银行网站。

注：市值/GDP 指国内上市企业的市值，未包含国外上市企业的市值，此处低估了美英两国股市市值/GDP 比例。

表1显示，不论比较整体还是比较个体，发达国家金融市场的广度与深度都远高于非发达国家，发达国家企业债券余额/GDP平均比例、政府债券余额/GDP平均比例、外汇市场日均交易额/GDP平均比例、衍生产品市场日均交易额/GDP平均比例分别高于非发达国家27.59%、51.09%、13.55%、7.31%，股市市值/GDP比例、周转率、交易价值/GDP分别高出24.6%、67.8%、58.6%。

图2显示，非FDI流入首先冲击外汇市场，穿过股市、债市等金融市场后再进入实体经济，FDI流入则先冲击外汇市场，再冲击实体经济，因此资本流入对金融市场的冲击是第一性的，先冲击金融市场后再影响实体经济。当前，金融市场不稳定已成危机爆发的导火索，很多国家实体经济平稳，但往往因汇率、银行等问题导致资本大规模撤离而引发金融危机，如东南亚金融危机，因此金融稳定风险是资本项目开放应考虑的首要问题，资本项目开放并非一定引发危机，但若金融资产价格频繁剧烈动荡，将导致实体经济动荡不稳，无疑得不偿失。表1显示非发达国家的外汇市场、股票市场、债券市场的广度与深度均低于发达国家，可推论非发达国家的汇率、股价指数、债券指数的波动要高于发达国家，因无法获得所有债券指数，在此列示汇率与股价波动情况（见表2）。

表2　　2013~2015年各国股市与汇市波动情况　　单位：%

国家	股市波动			汇率波动		
	2013年	2014年	2015年	2013年	2014年	2015年
美国	20.5	5.4	-6.4	—	—	—
英国	12	-2	-5	1.5	-5	-3.7
日本	52.4	9.7	9.3	-16.8	-13.2	0
法国	15	1	9	4	-11.1	-6.2
德国	22.8	4.3	10	4	-11.1	-6.2
意大利	13.5	0	14.6	4	-11.1	-6.2
加拿大	8.6	7.6	-11.8	-7.4	-8	-15
澳大利亚	13.3	0	-1.3	-14.5	-8	-10.1
韩国	-1	-3	1.8	-1	-4	-6
荷兰	13.7	5.2	4.6	4	-11.1	-6.2
平均波动	17.28	3.82	7.38	6.36	8.07	6.62
阿根廷	82.62	61.2	34.7	-24.5	-23.5	-34.20

续表

国家	股市波动			汇率波动		
	2013 年	2014 年	2015 年	2013 年	2014 年	2015 年
智利	-14.9	4.2	-4.4	-8.4	-13.6	-14.2
南非	14.3	10.3	14.3	-19.3	-8.5	-25.4
巴西	-17.7	-1	-10.6	-13.6	-9.6	-32
哥伦比亚	-12	-6	-22.3	-24	-19.5	-8.2
印度尼西亚	-1.7	20.8	-12.4	-20.54	-1.6	-9.3
马来西亚	11.5	-5	-3.4	-6.6	-6.3	-18.5
墨西哥	-3.6	2.2	2	-10.8	-10.8	-14.7
菲律宾	0	20.1	-4	-7.6	-0.7	-5.2
俄罗斯	-8.5	-43	0	-7.1	-41.9	-22.8
泰国	-7.7	21.7	-13.2	-6.5	-0.5	-8.7
土耳其	-14.9	30	-16.1	-17.1	-6.3	-19.4
印度	8.1	30.1	-5.1	-11.5	-2.2	-4.5
波兰	6.6	0	-9.6	1.9	-13.2	-8.7
平均波动	14.58	18.26	10.86	12.82	11.30	16.13

资料来源：作者根据相关资料整理。

注：年汇率波动 =（最后交易日汇率 - 首日汇率）/首日汇率，年股价波动 =（最后交易日股价指数 - 首日股价指数）/首日股价指数；德法意荷四国为欧元区成员，与欧元汇率固定，四国波动等于欧元/美元汇率的波动，目前已找不到欧元区货币兑美元的数据；平均波动为绝对值的平均值。

表 2 显示，2013 ~ 2015 年发达国家股价、汇率的波动均低于非发达国家，2014 年、2015 年非发达国家股市波动高于发达国家 14.44%、3.48%，2013 ~ 2015 年非发达国家汇率波动高于发达国家 6.46%、3.23%、9.51%。从股市个体看，2013 年美国、日本、德国股市波幅较大，但 2014 ~ 2015 年震动较小，2013 ~ 2015 年阿根廷、印度尼西亚、巴西、俄罗斯、土耳其、印度波动非常大，2015 非发达国家股市普遍下跌，而发达国家中仅有 4 个国家股市下跌；从汇率个体看，发达国家中日本①、澳大利亚的汇率贬幅较大，非发达国家中阿根廷、智利、南非、巴西、哥伦比亚、印度尼西亚、墨西哥、俄罗斯、土耳其汇率遭遇大幅贬值，2013 ~ 2015 年发达国家汇率也普遍下跌但跌幅较小，而非发达国家货币则是普遍暴跌。这印证了之前的推断。

影响股价、汇率波动的因素非常多，如经济表现、货币政策、投机、资

① 日元贬值是安倍经济学的三支箭之一。

本流出入规模等，非发达国家股市、汇市波动高于发达国家不能完全归咎于金融市场不完善，但无疑与之有重要关联，资本项目开放显然放大了市场波动，增加了危机可能性①。非发达国家股市、汇市波动远高于发达国家，特别是2015年股市下跌及整个期间汇率普遍性暴跌，意味着金融市场不成熟下开放资本项目易引发金融危机，非发达国家开放风险远高于发达国家，应推行有管理可兑换。

三、我国资本项目开放条件成熟分析

从基本面看（增长率、物价、外汇储备、财政状况），我国完全具备资本项目开放的条件，但仅凭基本面判断显然不充分。近年我国金融市场取得长足发展，债券市场、股票市场、基金市场的规模不断扩大，货币市场、外汇市场、衍生品市场的交易量不断增大（见表3），但是否足以应对资本项目开放可能带来的冲击？下面依次分析。

从外汇市场看。表3与表1统计口径不一致，但就是将互换、期权计入，我国外汇日交易额/GDP比例也远低于发达国家，甚至远低于非发达国家。长期以来，我国央行强烈干预外汇市场以保持汇率稳定，这不仅导致货币被动发行、冲销成本不断上升等问题，同时也导致外汇市场发育缓慢。当前如任由资本自由流出入，将使外汇市场与宏观经济陷入两难境地，如不加干预，浅的外汇市场无法承受资本流出入的巨大冲击，汇率将出现暴涨暴跌，强化干预虽可维持汇率基本稳定，但将被动持有更大规模外汇储备（储备流失）及更大规模冲销干预（货币紧缩），这两种情形都不利于外汇市场发展与宏观稳定。适度的资本管制与外汇干预是当前最佳选择，既有助于宏观稳定，又有利于外汇市场的发育。

从股票市场看。2014年我国股市规模跃居全球第二，流通市值/GDP比例接近发达国家水平，但周转率、成交额/GDP比例远高于其他国家且极度不稳定，股市投机严重且估值过高。在当前近似封闭状态下，股市就不断暴涨暴跌，如开放股票证券项目，任由资本雄厚且具成熟操作技巧的国外机构进入，无异于火上浇油，将导致股市更大不稳定。事实上，QFII存在显著羊群效应，投机性比较严重，对股市同涨同跌没有显著改善作用（刘成彦，2007；

---

① 金融市场欠发达内在地决定了其波动性高于发达金融市场，纵使在封闭情形下也如此。

表 3　2005～2015 年我国金融市场发展状况

单位：%

年份	债券市场				股票市场			货币市场日交易额/GDP	基金市值/GDP	外汇市场日交易额/GDP	金融衍生品市场日交易额/GDP
	余额/GDP	发行额/GDP	成交额/GDP	周转率	流通市值/GDP	周转率	成交额/GDP				
2005	39.19	23.56	32.97	11.36	5.68	97.6	16.9	0.5308	2.5045		0.0004
2006	42.08	26.91	46.69	8.35	11.39	101.2	41.23	0.7118	3.9032		0.0019
2007	45.7	30.13	58.52	12.41	34.44	140.8	170.43	1.0306	12.1238		0.0033
2008	47.75	22.86	117.61	124.74	14.15	219.5	83.6	1.1336	6.0727		0.0118
2009	50.81	25.46	136.78	101.22	43.33	219.2	153.54	1.3668	7.4552		0.0132
2010	49.66	23.56	156.49	102.16	46.75	205	132.1	1.4836	6.0627		0.4291
2011	45.49	16	131.48	93.04	33.71	195.6	86.17	1.4958	4.4796	0.16957	0.3899
2012	48.48	14.7	140.99	94.03	33.62	136	58.22	1.9582	5.3041	0.15529	0.6012
2013	50.26	14.99	72.83	21.04	33.53	194.9	78.64	2.1372	9.7499	0.16227	1.0168
2014	54.79	18.52	67.02	21.15	49.01	199.2	115.28	2.6053	13.8797	0.1533	1.0678
2015	72.08	24.86	126.69	20.47	61.76	480.3	349.95	4.5695	12.4089	0.15457	2.5875

资料来源：根据《中国金融年鉴》《中国证券期货统计年鉴》深沪证券交易所网站数据整理而成。

注：债券余额、成交额、发行额所包含国债、央行票据、金融债券、企业债、短期融资券、超短期融资券、中期票据、中小企业集合票据、非公开定向债券融资工具、资产支持票据、公司债、可转债、可分离债及交易所备案的中小企业私募债，成交额指现券交易额，周转率仅指交易所上市交易的债券周转率 = 成交量/平均托管额；货币市场交易量指银行间拆借市场、债券回购（银行间 + 交易所）、票据贴现、大额存单的加总（未有短期证券的现券成交数据）；基金市值指公募基金市值；外汇交易指银行对客户的即期、远期、外汇和货币掉期交易量，2011 年以前的数据未公布；金融衍生品包括外汇期权、股指期货、国债期货、债券远期、利率互换、远期利率协议、利率衍生产品。

饶育蕾，2013；程天笑，2014）。

从债券市场看。我国债市规模已居全球第三，余额/GDP 比例高于非发达国家，但远低于发达国家（表 1 中美英日几国债市规模被低估）且成交额/GDP 比例、发行额/GDP 比例、周转率波动明显，有些年份成交额/GDP 比例、周转率非常低，债券市场流动性低、交易不活跃，很多债券被持有至到期。如开放债券和其他债务证券项目，在成交额/GDP 比例、周转率高的年份，资本流出入对债券价格影响相对较小，但在成交额/GDP 比例、周转率低的年份，大规模资本流出入将引起债券价格大跌大涨，而可能导致利率剧烈波动并进而波及其他金融市场。

从货币市场看。货币市场日交易额已大为增长，日交易额/GDP 比例由 2005 年的 0.53% 大幅提高到 2015 年的 4.57%，但离发达国家水平尚有差距，2011 ~2015 年英国货币市场日交易额/GDP 比例为 7.65%、8.84%、8.12%、7.29%、6.05%①。货币市场对基础性利率形成、货币政策传导具有非常重要影响，如开放货币市场工具项目任由资本流出入，一方面影响基础利率水平，易使基础利率出现暴涨暴跌情形，危及金融市场与宏观经济的稳定，更严重的是，外汇市场非正常情况下境外投机者可在货币市场取得大量人民币，这为投机者做空人民币提供了极为便利条件。2014 年以来投机者利用在离岸市场获得的人民币，对人民币汇率不断发起立体攻击，已给在岸汇率稳定造成极大困扰，如果货币市场工具放开，更增加了攻击可能性与攻击强度。

从衍生品市场看。表 1 与表 3 的统计口径不一致，表 1 数据仅为利率衍生产品，表 3 数据包括外汇期权、股指期货、国债期货、债券远期、利率互换、远期利率协议、利率衍生品，美、英、法、德、澳、荷、南非七国仅利率衍生品成交额/GDP 比例就高于我国全口径成交额比例。目前股市、债市等基础产品市场开放条件尚不具备，就更勿论衍生品市场，如衍生品市场对外开放，国外对冲基金可同时在基础产品市场与衍生品市场进行恶意买空卖空，这将造成汇率、股指、利率等极度不稳定，导致更大金融动荡与风险，2015 年股指期货恶意卖空导致股价暴跌就是惨痛教训。

股市、债市、货币市场不适合对外开放，决定了集合投资类工具及金融信贷项目不适合对外开放。

---

① 根据英格兰银行网站 The money market liaison committee sterling money market survey survey results，2016H1 的数据计算得出。

因此，从金融市场成熟度与冲击承受力看，我国尚不具备资本项目全面开放的条件，只能说某些项目具备进一步开放的条件（2015 年直接投资实现完全可兑换）。流入方面：股票证券、债券和其他债务证券（现债与回购）、集合投资类工具、货币市场工具这四个项目可进一步提高 QFII、RQFII 额度①，并允许更多境外机构进入银行间债券市场（2015 年 12 月 31 日境外机构持有债券比重约为 1.72%，国债和政策性银行债占其持有量的 82.13%）②；金融信贷项下，2016 年 4 月实行全口径跨境融资宏观审慎管理③，国内企业与金融机构可限额内自主开展本外跨境融资（根据 IMF 观点，外汇相关的宏观审慎政策也为资本流动管理工具）；衍生产品和其他工具项目在风险可控情形下可逐步增加境外机构会员④。流出方面：适当增加 QFII 额度，2014 年以来资本流出已给人民币汇率带来持续贬值压力，应放缓其他项目的开放步伐。

四、举措

金融市场不成熟制约了我国资本项目开放进程，要实现人民币资本项目开放，除继续保持良好的基本面外，完善金融市场也是必须之举。

Karacadag 和 Sundararajan（2003）提出金融市场发展次序理论，认为各市场相互影响、相互依存，一个市场缺乏深度将导致另一市场缺乏深度，市场发展有其内在的演进逻辑与路径，应按货币市场→外汇市场→短期国债市场→长期国债市场→公司债券和股票市场→资产支持证券与衍生品市场的次序发展，此次序使金融市场呈金字塔型，具有更高稳定性及运行效率。该次序实质上也决定了资本子项目的开放次序⑤。

显然，我国金融市场未按该次序发展，为多圈钱优先培育股市与长期债

---

① 截至 2016 年 9 月 29 日，累计批准 RQFII 额度 5113.38 亿元人民币、QFII 额度 817.38 亿美元、QDII 额度 899.93 亿美元。

② 境外央行、国际金融组织、主权财富基金备案后可自主决定银行间债券市场的投资规模，取消额度限制并简化管理流程，2016 年 5 月 27 日进入具体实施。

③ 2016 年 4 月发布《中国人民银行关于在全国范围内实施全口径跨境融资宏观审慎管理的通知》。

④ 2015 年 11 月批准首批境外央行、主权财富基金和国际金融机构（共 11 家）注册进入银行间外汇市场，其可选择即期、远期、掉期、货币掉期和期权中的一个或多个品种进行交易。

⑤ 详见原文，其开放次序是先短期后长期，违背国际共识。

市，忽视了货币市场、外汇市场及短期国债市场的发展，基础性市场发展不足导致了市场分割严重并缺乏协调性与联动性，同时也制约了短期资本项目开放（股市、债市开放度高于货币市场、金融信贷）。因此，从弥补金融市场短板及进一步推进资本项目开放看，当前亟待发展货币市场和外汇市场并完善国债收益率曲线。

1. 货币市场。（1）短期债券市场：扩大短期债券发行量，放宽国内投资者进入银行间债券市场的限制[①]，在风险可控情况下允许更多境外机构参与交易[②]；（2）拆借市场：进一步扩大成员范围，适当放宽非金融机构（包括外资金融机构）进入、建立信用评估制度、放宽额度限制并加大抵押担保拆借比重、建立完善的经纪人制度等；（3）同业存单市场：扩大发行主体范围，逐步由市场利率定价自律机制观察成员扩大到观察成员机构，并推动存单二级市场发展，扩大交易量；（4）票据市场：放宽市场准入标准（签发企业准入标准、票面金额及主体限额），规范融资性票据市场的主体结构及其职能（票据签发企业、票据投资机构、信用担保机构、票据经纪），优先发展电子票据，尝试建立做市商制度等。

2. 外汇市场。增加市场交易主体，增加国内非银行金融机构（证券、保险）和企业、境外机构[③]成为外汇市场会员；丰富交易品种，增加人民币对外币的直接交易，增加外汇交易产品，开发外汇期货等衍生产品；进一步扩大中间价波幅，将波幅增至2%以上；改革银行外汇头寸管理，不断增加外汇头寸额度，并过渡到本外币综合头寸正负区间管理；进一步完善人民币汇率市场化形成机制，提高当日开盘价与前日收盘价的连续性[④]等。

3. 完善国债收益率曲线。2014 年 11 月 2 日起开始编制关键期限国债收益率曲线（1 年、3 年、5 年、7 年、10 年），2015 年 11 月 27 日公布 3 个月、6 个月国债收益率，并将关键期限国债收益率曲线改为中国国债收益率曲

---

① 2015 年 11 月 28 日发布《关于部分合格机构投资者进入银行间债券市场有关工作的通知》，2015 年还批准 5 家私募基金进入。

② 2015 年末有 106 家人民币业务清算行、境外参加银行参与银行间债券回购业务，50 家境外央行或货币当局、主权财富基金等境外机构投资者参与债券现券、债券回购、债券借贷、利率互换。

③ 2015 年 11 月准许境外央行类机构（境外央行、货币当局）和其他官方储备管理机构、国际金融组织、主权财富基金参与银行间外汇市场。

④ 2015 年 8 月 11 日完善人民币兑美元汇率中间价报价机制，做市商参考上日收盘价并考虑外汇供求及国际主要货币汇率变化，再报当日开盘价。

线①，但目前曲线还不完整，作用极为有效，其定价基准作用未得到有效发挥。应增加短期限和超长期限国债的发行数量和发行频率，提高短端和长端国债市场的活跃度，使国债收益率曲线更完整；鼓励商业银行以国债收益率曲线为基准进行存贷款定价及内部转移定价，鼓励债券发行人以其为基准发行浮动利率债券，使国债收益率曲线得到更广泛运用并逐步成为金融产品的定价基础。

参考文献

[1] 中国人民银行调查统计司课题组：《我国加快资本账户开放的条件基本成熟》，中国人民银行网站，2012 年。

[2] 谢平，邹传伟：《中国金融改革思路：2013 - 2020》，中国金融出版社 2013 年版。

[3] 金中夏：《中国资本账户开放与国际收支动态平衡》，《国际经济评论》，2013 年第 3 期，第 57 ~ 64 页。

[4] 王曦：《我国资本账户加速开放的条件基本成熟了吗》，《国际金融研究》，2015 年第 1 期，第 70 ~ 82 页。

[5] 余永定：《寻求资本项目开放的共识》，《国际金融研究》，2014 年第 7 期，第 3 ~ 6 页。

[6] 林毅夫：《我为什么不支持资本账户完全开放》，陈元、钱颖一主编，《资本账户开放战略、时机与路线图》，北京：社会科学文献出版社 2014 年版，第 80 ~ 89 页。

[7] Reserve Bank of India, Report of the Committee on Capital Account Convertibility, 1997.

[8] IMF, Seminar discusses the orderly path to capital account liberalization, IMF Survey, Vol. 27, No. 6, March 23, 1998.

[9] SCHNEIDER, Issues in capital account convertibility in developing countries, Developing Policy Review, 2001, 19 (1): 31 - 82.

[10] IMF, Guidance note for the liberalization and management of capital flows, Approved by Siddharth Tiwari, April 25.

① 2016 年 10 月 28 日财政部首次公布 30 年期国债收益率。

[11] 刘成彦:《QFII 也存在羊群行为吗》,《金融研究》, 2007 年第 10 期, 第 111 ~122 页。

[12] 饶育蕾:《QFII 持股对我国股市股价同步性的影响研究》,《管理工程学报》, 2013 年第 2 期, 第 202 ~208 页。

[13] 程天笑:《QFII 与境内机构投资者羊群行为的实证研究》,《管理科学》, 2014 年第 7 期, 第 110 ~122 页。

[14] KARACADAG & SUNDARARAJAN, Managing risks in financial market development: the role of sequencing, IMF Working Paper, WP/03/116, June 2003.

利率市场化、汇率自由化与资本项目开放的次序：理论、经验与选择

张春生　蒋　海

一、引言

20 世纪 90 年代中期我国启动利率汇率改革，以提高两者调节功能并借此增强经济体系灵活性与柔韧性。利率市场化于 1996 年拉开序幕，2004 年实现货币市场、资本市场、贴现市场、外币存贷市场的利率市场化，存贷款利率实现半市场化，经 2012 ~2014 年四次放松，贷款利率已实现市场化，存款利率受 1.2 倍上限限制。1994 年 1 月实行以市场供求为基础的、单一的、有管理的浮动汇率制，2005 年 7 月改进人民币汇率形成机制，实行以市场供求为基础、参考一篮子货币进行调节的管理浮动汇率制，2010 年 6 月进一步推进汇率形成机制改革，坚持以市场供求为基础、参考一篮子货币进行调节，并增强人民币汇率弹性，2012 ~2014 年两次扩大波幅，目前汇率已具较高自由化。

在利率汇率改革的同时，资本项目开放也按照“统筹规划、循序渐进、先易后难、留有余地”分阶段、有选择地逐步推进。2001 年入世后资本管制不断放松，2002 ~2009 年改革措施达 42 项，减少 FDI 进入限制、引入 QFII（QDII、RQFII）制度、提高居民购汇额度、放松对外投资管制、改革强制结汇制等，2012 年后进一步加快了资本项目开放速度。根据 IMF 的分类标准（七大类 43 项），2013 年已实现部分可兑换 17 项，基本可兑换 8 项，完全可兑换 5 项①。

① 郭树清（2012）认为，资本项目 40 个子项中，2012 年已实现可兑换 16 个，基本可兑换 17 个，部分可兑换 7 个，没有不可兑换项目。IMF 亚太部副主任 Markus Rodlauer 在 2013 年 6 月 29 日的陆家嘴论坛上表示，中国的资本项目开放度已与巴西相当，可认为是“半开放”。

经过20年改革，三者外围战已基本（或部分）结束，下一步将进入攻坚战。《“十二五”规划纲要》《金融业发展和改革“十二五”规划》、党的十八大报告都提出：推进利率和汇率市场化改革，逐步实现人民币资本项目可兑换；2013年5月国务院常务会议明确“稳步推出利率汇率市场化改革措施，提出人民币资本项目可兑换的操作方案”，十八届三中全会也提出“完善人民币汇率市场化形成机制，加快推进利率市场化……加快实现人民币资本项目可兑换”。中央文件如此频繁提及三者，说明三者改革重要性与紧迫性，同时也表明三者改革将步入加速期。

众所周知，利率、汇率与资本项目开放三者互相影响，资本项目开放度影响资本流动规模而影响利率、汇率水平，同时利差、汇差影响资本流动规模而影响资本项目（实际）开放度，利率、汇率通过利率平价机制也互相影响（影响程度受制于资本项目开放度），如此资本项目开放与利率汇率改革涉及一个重要问题——次序安排。金融自由化国际经验表明，资本项目开放需要做好次序安排（资本项目开放与其他改革的次序、资本项目内部各子项目开放的次序），次序失当易导致内外失衡甚至引发金融危机。利率市场化、汇率自由化与资本项目开放为当前三大金融改革核心，如何安排好三者改革次序、节奏与路径，是一个亟待解决的现实问题，也关系到资本项目开放成功与我国经济安全。

本文首先梳理利率市场化、汇率自由化与资本项目开放次序的理论观点，接着考察典型国家三者改革的次序及后果，在此基础上提出我国利率汇率改革及资本项目开放的次序，并草拟三者路线图。

二、利率市场化、汇率自由化与资本项目开放的次序：排序论观点

20世纪70年代中期南锥体国家率先开启金融自由化之路，此后金融自由化浪潮席卷全球，诸多国家纷纷推动金融自由化改革，放松资本项目管制，但最终结果大相径庭，发达国家大都取得成功，资本项目开放促进了经济发展与金融深化，但发展中国家却往往以爆发危机收场，有的甚至倒退回资本管制状态。经济学家认为失败原因很大程度归咎于改革排序不当与推进速度过快所致，宏观改革措施与资本项目开放次序不当、金融部门改革次序不当、资本项目各子项目开放次序不当都可能导致资本项目开放失败，其中很多正是因为资本项目开放与利率汇率改革次序失当引发国内经济紊乱而导致危机

爆发。资本项目开放排序论分为渐进观、激进观与综合观，它们对利率市场化、汇率自由化与资本项目开放的次序持不同观点。

（一）渐进观

渐进观认为，资本项目开放是国内经济金融自由化的对外延伸，发展中国家与转型国家在推进资本项目开放之前，应在财政、货币、贸易、银行等领域进行广泛市场化改革，只有在（基本）完成以上先导性改革并满足一定条件后方可推进，资本项目开放应放在自由化改革的后期或最后阶段。先导性改革过程中，一项改革以之前改革为基础，并为之后改革创造条件，各项改革环环相扣，因此这些改革应按一定次序渐进推行，才能为最后阶段的资本项目开放奠定基础。不依先后次序推进、不待基本条件满足，过早过快开放资本项目将不可避免引发种种问题。

Mckinnon（1982）、Edwards（1984）认为发展中国家应按宏观经济稳定→国内金融自由化→贸易自由化→资本项目开放的次序推进经济改革，此后渐进主义者以之为框架，对其加以修正或细化，提出了多种渐进路径，但观点基本一致：资本项目开放应放在改革最后阶段，在此之前应进行金融体系与汇率制度改革。Smith 和 Spooner（1990）认为经济改革次序为解除重要生产要素的进口管制→汇率贬值至竞争力水平→为重要基础设施建设提供足够外汇→改革国内金融市场与要素市场→农业部门自由化→解除工业品价格管制→贸易自由化，最后为资本项目开放。Chapple（1990）认为经济改革次序为：约束财政、稳定货币，取得宏观经济稳定→国内金融自由化改革，取消利率管制→汇率与贸易自由化→资本项目自由化。Mckinnon（1991）认为，应先平衡中央财政，消除财政赤字，稳定物价；然后开放国内资本市场，国内贸易与国内金融自由化；接着进行汇率自由化改革；最后是资本项目自由兑换，经常项目可兑换应早于资本项目开放。Funke（1993）认为应先进行财政与货币政策改革，稳定宏观经济，并同时推行贸易自由化；之后进行国内金融市场改革，发展中国家应取消利率上限，转型国家当务之急则是清理银行资产负债表、消除不当激励机制等；资本项目开放应在国内金融自由化完成后才可推进；私有化则从经济改革一开始就应推行。Williamson 和 Mahar（1998）认为应先稳定宏观经济环境、推进实体部门改革、建立谨慎监管框架，待以上完成后再放松国内金融管制，进行利率市场化改革、消除信贷管制、提高竞争以防止利率过高及信用分配，资本项目开放应放在最后阶段。

可见，渐进观认为应先完成利率市场化，然后推进汇率自由化，最后才是开放资本项目。

（二）激进观

激进观主要从政治经济学角度（political economy approach）考虑改革次序。自由化改革面临以下问题：（1）利益集团阻挠，如渐进推进，利益集团可能会联合起来，改革阻力会越来越大甚至无法推行下去。（2）政府可信度不高，如渐进推行，公众会质疑政府改革决心与公信力而消极应对改革措施，改革可能拖延很久，达不到预期目标甚至流产。（3）经济体系各部分相互影响、相互依存，渐进改革只变革其中一部分，其余部分保留原样，这种碎片式改革会导致更严重扭曲。因此，综合性的稳定与自由化改革不必拘泥于渐进次序，排后的改革措施可提前推行，甚至所有改革措施在一开始就可全面、迅速地推进。提前开放资本项目对政府产生很强纪律约束，并成为更广泛领域改革的催化剂，推动产品市场、金融市场等领域尽早完成市场化改革。

如此，部分学者认为在自由化改革早期或中期就可开放资本项目，如 Lal（1987）认为发展中国家改革次序为：降低财政赤字、消除国内金融市场扭曲→取消汇兑限制、推动汇率自由浮动，同时宣布商品市场分阶段改革方案→分阶段实施商品市场自由化。Roland（1990）认为转型国家改革次序为：进行体制改革，计划体制向市场经济转变→私有化改革，同时开展国内金融自由化改革及资本项目开放→财政与货币稳定、价格自由化、贸易自由化→最后阶段完成国内金融自由化、资本项目开放及贸易自由化。Dornbusch（1991）认为转型国家改革次序为：进行体制改革，计划体制向市场经济转变→财政与货币稳定，降低财政赤字→私有化改革，启动资本项目开放、汇率自由浮动→消除价格管制，实现价格自由化→国内金融市场自由化改革，资本项目开放从第三阶段持续到第五阶段。

激进观点认为，资本项目开放与其他改革措施在一开始就应全面推行。休克疗法支持者 Sachs（1994）认为，转型国家一开始就应推行价格放松与稳定政策，实行货币可兑换，同时迅速开放经常项目，并放松国内产品市场的其他管制措施，私有化也应改革伊始就加以推进（但最好采取渐进式）。Quirk（1994）分析七国资本项目开放历程后认为资本管制可以迅速解除，而不必过多考虑排序问题，旨在提高利率汇率弹性的外汇改革及国内货币和信贷市场的改革，作为整体改革的一部分，可与其他改革措施一同迅速推进。

激进观认为不必过于考虑次序问题，资本项目开放可与利率市场化、汇率自由化同时推进，甚至可早于利率市场化、汇率自由化。

（三）综合观

不论渐进式还是激进式都有成败的例子，这说明渐进与激进并非根本所在，最关键的是资本项目开放与相关改革的协调配合程度。鉴于此，亚洲金融危机后形成的综合观认为，资本项目开放不应视为孤立目标，也不应视为经济改革终极目标，而应作为广泛经济改革的一个组成部分，即作为实现宏观经济与结构性改革所采取的同步推行的、整体的、综合性措施的一个组成部分，资本项目开放应嵌入到结构性改革和宏观经济政策的整体设计中，与合适的宏观经济政策、汇率政策以及强健金融体系的政策相协调，且与这些经济政策保持步调合拍，内外部门改革协调对于资本项目开放至关重要。

Johnston（1997）认为，证券资本流动自由化要同国内金融部门自由化改革相协调，如利率自由化、发展间接货币调控市场、改革外汇市场、健全银行体系、发展国内证券市场等，而外国直接投资自由化应同旨在强化实体部门和出口潜力的改革相协调，如消除贸易壁垒、汇率调整至竞争力水平、投资制度改革、放松经常项目外汇管制等。Johnston（1998）提出资本项目开放为金融部门自由化的一部分，开放过程中金融部门改革具有非常紧迫性，首要的是建立适当的监管框架（包括建立法律体系、有效的规制与监管、健全银行体系），同时随着资本项目开放度提高要选择合适的货币政策目标、发展间接货币政策工具、提高汇率灵活性，并利用差别准备金率来影响资本流入结构。Bakker 和 Chapple（2002）认为资本项目开放成功主要依赖于配套的宏观经济政策及国内改革，即需配之以具有可持续性和灵活性的财政政策、弹性汇率体制、灵活的国内产品市场与劳动力市场、间接货币管制体系以及审慎监管等，才能降低由此导致的不稳定性。Ishii 和 Habermeier（2002）制定了政策配合的分步实施方案，提出资本项目开放的三个阶段及各阶段金融部门改革内容及相关领域配套改革措施。概之，综合观认为资本项目开放应取得利率市场化、汇率自由化的协调配合，应根据利率汇率市场化程度适时推进，三者没有绝对的先后次序。

分析可知，三者强调重点不同。渐进观强调三者完成时间要有先后次序，即应利率市场化→汇率自由化→资本项目开放，而激进观、综合观则强调三者推进过程，其中激进观强调三者推进速度与同步性，而综合观强调三者推进的协调配合性。三者改革既要考虑推进的同步与协调性，又要考虑完成的先后次序，只强调某一方面显然未全面概括其过程的复杂性。

三、利率市场化、汇率自由化与资本项目开放的次序：国际考察

可从利率市场化、汇率自由化与资本项目开放三者完成时间先后及推进过程两个角度考察各国所采取次序模式。

（一）从完成时间考察

考察典型国家利率市场化、汇率自由化及资本项目开放完成时间先后，大致可分为四种模式：利率市场化→资本项目开放→汇率自由化模式、利率市场化→汇率自由化→资本项目开放模式、汇率自由化先行模式、资本项目开放→汇率自由化→利率自由化模式，见表1～表4。

表1　　利率市场化→资本项目开放→汇率自由化模式

国家	利率市场化	汇率自由化	资本项目开放	是否平稳
土耳其	1980年放开管制，1982年恢复管制，1984～1988年重新放开管制	2000年1月改为爬行钉住一篮子货币，之前为固定汇率制	80年代开始推进，1991年6月实现资本项目开放	1994年、2000年货币危机
马来西亚	1971～1978年存款利率市场化，1978～1981年贷款利率市场化	1997年前为管理浮动（实际钉住美元），1998年9月实行固定汇率制，2005年7月改为管理浮动	70年代～1996年放松资本管制，具很高开放度，亚洲金融危机期间加强短期资本管制，1999年1月～2002年12月进一步放松管制，实现资本项目开放	1997年金融危机
泰国	1989年取消1年期以上定期存款利率上限，1992年1月、6月取消储蓄存款与贷款利率上限	1984～1997年钉住一篮子货币，1997年6月实行管理浮动	1990～1994年开放资本项目，资本流入完全开放，流出有所限制。亚洲金融危机期间加强了管制，之后又有所放松	1997年金融危机
瑞典	1978年放松存款利率上限，1980年、1985年取消债券利率、贷款利率上限	1992年11月实行自由浮动	资本项目开放始于70年代，1986年加速推进，1989年实现资本项目开放	1992年银行危机与货币危机

续表

国家	利率市场化	汇率自由化	资本项目开放	是否平稳
阿根廷	1975 年取消储蓄存款以外的利率限制，1976 年 9 月放宽储蓄存款利率限制，1977 年 6 月取消所有利率管制	1975 年由固定汇率转为爬行钉住，1981 年双重汇率制 ~ 1991 年货币局制度，2002 年 1 月实行管理浮动	80 年代实行严格资本管制。1989 ~ 1995 年实现资本项目开放，2001 年金融危机后加强了管制	1970 年以来共发生 9 次货币危机
菲律宾	1980 ~ 1983 年完成利率市场化	1973 年实行管理浮动（实际钉住美元），1997 年 2 月实行自由浮动	1981 年取消外汇管制，1983 年重新实施外汇管制，1992 年再度取消外汇管制，1994 年放宽外资银行进入限制	1981 年、1983 ~ 1984 年银行危机，1997 年金融危机
南非	1980 年取消存款利率管制和银行信贷额度管理	2000 年实行自由浮动	1994 年推进资本项目开放，1999 年 70% 外汇管制已被取消，2010 年不可兑换子项 5 个①	1985 年国际收支危机与银行危机
智利（1974 ~ 1984）	1974 年放宽利率上限，1975 年 10 月取消利率上限	1982 年 9 月实行爬行钉住，之前为固定汇率制	1974 年开启资本项目开放，1977 ~ 1981 年加快开放节奏，1980 年取消银行外资头寸限制导致大量资本流入	1982 年银行危机
新加坡	1975 年一次性放开利率管制	1981 年实行管理浮动（BBC 汇率制）	1978 年已取消所有资本项目管制	
芬兰	1975 年建立隔夜存款和贷款便利，1988 年所有贷款利率浮动	1992 年 9 月实行自由浮动	1980 年开放远期外汇市场，1991 年取消所有资本管制	1991 ~ 1993 年银行危机

资料来源：作者根据相关资料整理。

注：①在 71 个子项中，不可兑换 5 个，部分可兑换 19 个，基本可兑换 23 个，可兑换 20 个，4 个子项开放与否不明确。②2008 年 10 月外国投资商在雅加达证券交易所拥有资产余额 405.47 万亿盾（455 亿美元），外资控制印度尼西亚证交所 64.1% 的资产，而国内投资者仅拥有印度尼西亚股市资产 35.9%。

表2　　利率市场化→汇率自由化→资本项目开放模式

国家	利率市场化	汇率自由化	资本项目开放	是否平稳
巴西	1975年“一夜到位”完成利率市场化	1994～1999年爬行钉住美元，1999年实行自由浮动	1987年3月允许外国机构投资者进入证券市场，1991年进一步放松直接投资和国际信贷，2005年资本项目完全开放	1982年债务危机、1999年货币危机
墨西哥	1988年取消银行发行承兑汇票利率上限，1989年允许银行自行决定存贷款利率	1982～1994年钉住美元，1994年12月实行自由浮动	1989～1994年快速推进开放，1994～1998年加强管制，1999年后放松管制，证券投资与短期资本完全放开	1982年债务危机，1994年货币危机
印度尼西亚	1983年一次性放开所有存贷款利率	1994～1996年汇率较灵活，1997年7月波幅由8%→12%，8月14日实行自由浮动。2001年9月改为管理浮动	1967年开始吸收FDI，1987年允许外商证券投资①，1989年取消银行境外借款限制（1991年12月重新管制），2010年6月限制短期资本流动	1990～1991年银行支付危机，1997年亚洲金融危机

资料来源：作者根据相关资料整理。

注：①2008年10月外国投资商在雅加达证券交易所拥有资产余额405.47万亿盾（455亿美元），外资控制印度尼西亚证交所64.1%的资产，而国内投资者仅拥有印度尼西亚股市资产35.9%。

表3　　汇率自由化先行模式

国家（地区）	利率市场化	汇率自由化	资本项目开放	是否平稳
日本	1979年引入CDs，1985年定期存款利率自由化，1994年活期存款利率自由化	1973年实行自由浮动	1979年放松资本流入管制，1985年左右放松流出管制，1998年开放金融跨境交易	
法国	1965年4月取消6年以上定期存款利率上限，1985年12月允许银行发行自由利率CDs，取消贷款贴息，实现利率市场化	1973年实行自由浮动	1983年开始推进货币可兑换，1984～1985年逐渐放松直接投资管制，1990年取消所有外汇管制	1981～1982法郎危机，1992～1993年欧洲货币体系危机
英国	1971年9月废止银行间和贴现机构间存贷款利率协定，1981年8月取消公布最低贷款利率，1986年取消抵押贷款利率指导	1973年实行自由浮动	1958年恢复英镑可兑换，1961～1979年多次加强或放松管制；1979年1～10月迅速实现资本项目开放	1967年汇率危机，1976年、1992年英镑危机

续表

国家(地区)	利率市场化	汇率自由化	资本项目开放	是否平稳
中国香港	1994年10取消7天以上定期存款利率上限，1995年11月取消7天定期存款利率上限，2001年7月取消储蓄及往来存款利率限制	1974~1983年自由浮动，1983年10月实行联系汇率制	1973年取消外汇管制，1978年取消外资银行限制，1982年、1983年取消外币、港元存款利息税	

资料来源：作者根据相关资料整理。

表4　资本项目开放→汇率自由化→利率自由化模式

国家	利率市场化	汇率自由化	资本项目开放	是否平稳
美国	1982年废除Q条例，5月准许存款机构引入短期货币市场存款账户①并放松3.5年以上定期存款利率管制；1986年取消储蓄账户利率上限，利率全面市场化	1973年实行浮动汇率制，但干预较多。1978年接受IMF修订后的相关条款实行自由浮动制	1974年取消利息平衡税，废除包括自愿指导原则②在内的资本管制措施	

资料来源：作者根据相关资料整理。

注：①91天期限，7500美元以下。②1965年美联储要求国内金融机构自愿限制境外贷款和投资。

从表1看，采取利率市场化→资本项目开放→汇率自由化模式的国家非常多，但此模式风险极大，除新加坡外，采用此模式的国家在开放过程中（或开放后）都发生过危机，这些国家在爆发危机后才意识到汇率僵化的严重后果，改而实行更为弹性的汇率制度（如智利、泰国、瑞典等）。表2显示，实践中很少国家采取渐进观所倡导的利率市场化→汇率自由化→资本项目开放模式。墨西哥、印度尼西亚、巴西实行浮动汇率制以前，虽然未实现资本项目可兑换，但已有很高开放程度，实际上采取了利率市场化→资本项目开放→汇率自由化模式，危机爆发后才改为浮动汇率制。值得注意的是，改为浮动汇率制后（即改为利率市场化→汇率自由化→资本项目开放模式）三国未再爆发危机。

日本、法国、英国、中国香港采取汇率自由化先行模式，其中日、法采取汇率自由化→利率市场化→资本项目开放模式，中国香港于同时完成汇率自由化与资本项目开放后推进利率市场化，英国则采取汇率自由化→资本项目开放→利率市场化模式，其中法、英都曾遭受多次危机（见表3）。美国是唯一采取资本项目开放→汇率自由化→利率市场化化模式的国家，1974年实现资本项目开放，1978 年改为自由汇率制，1986 年才完成利率市场化（见表 4）。

由上可见，发达经济体一般采用模式 3 与模式 4，而发展中国家与转型国家一般多采取模式 1 与模式 2，尤其以模式 1 居多，两者相较无疑模式 2 更安全。

（二）从推进历程考察

从利率市场化、汇率自由化与资本项目开放推进的同步性与速度来看，可分为同时迅速推进模式与同时渐进推进模式，见表 5 和表 6。

表 5　　利率市场化、汇率自由化与资本项目开放同时迅速推进模式

国家	利率市场化	汇率自由化	资本项目开放	是否平稳
俄罗斯	1992 年 1 月一次性放开商业银行利率，1995 年基本完成利率市场化	1992 年 7 月 ~ 1994 年底实行自由浮动，1995 年初 ~ 1998 年 8 月设立汇率走廊限制汇率波幅，1998 年 9 月 ~ 2001 年 6 月加强外汇管制，2001 年 6 月实行自由浮动	1992 年实现经常项目可兑换，2004 年实施新货币调控法，极大推动资本项目开放；2006 年 7 月 1 日宣布实现资本项目开放	1995 年银行危机，1997 ~ 1998 年金融危机，2004 年银行危机
波兰	1990 ~ 1991 年迅速放松利率管制	1990 ~ 2000 年从钉住美元到钉住一篮子货币，再爬行钉住一篮子货币，然后到爬行钉住 + 浮动区间，2000 年实现自由浮动	1990 年允许非居民在境内交易本外汇，允许居民出国换汇，1995 年实现经常项目及大部分资本项目的可兑换，2002 年实现资本项目开放	
新西兰	1984 年 7 月废除利率管制	1985 年实行浮动汇率制	1984 年 11 ~ 12 月废除了绝大部分资本管制	1984 年外汇危机
巴拉圭	1990 年废除存贷款利率上限	1989 年实行统一的、有管理的浮动汇率制	1989 ~ 1994 年资本项目已相当程度自由化	1995 年银行危机

资料来源：作者根据相关资料整理。

中东欧转型国家往往采用休克疗法式的改革模式，利率汇率改革与资本项目开放同时迅速推进，表 5 显示，除波兰外，俄罗斯、新西兰、巴拉圭在自由化过程中都爆发了危机。印度、中国台湾、智利（1985 ~ 1996 年）、澳大利亚、韩国采取三者同时渐进模式，韩国于 1997 年爆发金融危机（见表 6），

表6　　利率市场化、汇率自由化与资本项目开放同时渐进推进模式

国家（地区）	利率市场化	汇率自由化	资本项目开放	是否平稳
印度	1988年放开贷款利率上限，2011年放开居民和非居民储蓄存款利率上限，实现利率市场化	1992年3月实行双重汇率制，1993年3月实行管理浮动	1991年开始推进资本项目开放，目前资本流入与流出具有很高自由度	1991年国际收支危机
中国台湾	1975年贷款利率浮动，开始利率市场化，1989年7月取消利率管制①	1978～1989年实行管理浮动，1989年4月实行自由浮动②	1983～2001年放宽外资进入证券市场；1991年起分段调高外汇指定银行的外债额度；1992年逐步放宽短期资本流动限制，提高汇出入额度	
智利（1985～1996）	1985年央行公布30天存款指导利率，1987年取消30天存款指导利率，制定90天指数化票据利率，央行短期票据通过即期拍卖出售。1995年央行调整指数化流动信贷额度利率	比索逐步贬值，波幅±0.5%→±5%，1992年爬行钉住美元改为爬行钉住一篮子货币，波幅5%→±10%→±12.5%，1998年6月缩小为+3%与－2.5%，1999年2月实行自由浮动	1985年开始放松资本流入管制，允许非居民购买部分债务工具；1990年为应付大规模资本流入，取消资本流出限制，限制短期资本流入，1993～1996年放松了资本流出管制	
澳大利亚	1973年取消大额存款利率管制，1981～1985年相继取消金融机构存贷款利率管制	1974～1976年盯住一篮子货币，1976～1983年改为爬行盯住；1983年实行自由浮动	1977年取消海外借款的无息存款准备金制度，1985年废除绝大多数限制措施并放松直接投资流入限制	
韩国（1985～1997）③	1991年放松短期存贷款利率和3年以上定期存款利率，1994年取消1～2年存款利率管制，1995年活期存款以外利率均放开，1997年利率完全市场化	1980～1990年盯住一篮子货币，1990年实行市场平均汇率制，波幅由±0.4%（1990）－2.25%（1995年），1997年12月自由浮动	1989～1997年加快放松资本流出入，1992年允许非居民有限进入股市、增加居民境外发行证券种类。1997年12月后加快开放步伐，2007年实现资本项目开放	1997年金融危机

资料来源：作者根据相关资料整理。

注：①实践中利率并未完全自由化，如银行不能对大小额存款支付不同利率，公债发行为面额加上固定利息，市场缺乏中长期利率指标。②但对小额（3万美元以下）结汇汇率进行限制，1990年12月取消"小额结汇议定汇率制度"，买卖汇率由各银行自行确定，台湾汇率自由化基本实现。③1981～1988年第一次利率市场化改革，引起利率急剧上升，政府通过"指导"对利率重新管制。

印度在1991年国际收支危机后全面启动三者改革，20多年改革进程中未发生严重危机，成为资本项目成功开放的典范。两种模式相比较，显然模式6更可取。

由上可见，在利率汇率改革与资本项目开放过程中，最好采取同时渐进模式，对于三者完成先后次序，则最好利率市场化完成在先，汇率自由化完成居中，资本项目开放完成最后。

四、中国的选择

2012年初人民银行发表两份研究报告①，认为我国加快资本项目开放的条件基本成熟，并应协调推进利率汇率改革和资本项目开放。加快资本项目开放实际内含三个递进主题："资本项目开放时机是否成熟""资本项目开放与利率市场化、汇率自由化的次序""资本项目开放与利率汇率改革的路线路"，只有时机成熟，才谈得上抓住当前有利时机，进而确定三者次序并制定路线路（人民币资本项目可兑换的操作方案）。如果时机不成熟，谈论次序问题则为时过早，更勿谈操作方案。

（一）人民币资本项目开放的时机

当前我国宏观经济稳健、金融资产质量优良、财政状况良好、金融监管完善、经常项目盈余、巨额外汇储备，满足资本项目开放基本条件：宏观经济稳定、金融监管完善、外汇储备充足、金融机构稳健。

资本项目开放具有很大必要性。我国企业正在"走出去"，很多企业全球投资、全球生产、全球销售（今后可能全球融资），这需要资本项目开放的支持，资本项目开放有利于国外并购，获取国外技术、市场与资源，同时我国人口结构不断成熟，所积累的巨额储蓄需要全球配置，分散"全部鸡蛋"投资国内的风险。目前资本管制长期基本失效，短期部分失效并明显减弱（黄益平，2010），继续维持资本管制效果有限；由于较严格资本管制，资金混入已开放项目"名正言顺"流出入，监管部门难以统计监测，影响形势正确判断与政策出台；此外人民币国际化也需要资本项目开放的支持，否

① 《我国加快资本账户开放的条件基本成熟》与《协调推进利率、汇率改革和资本账户开放》，见人民银行网站。

则人民币国际化难以更深入推进。

当前是资本项目开放的有利时机。人民币汇率已接近均衡水平，单边升值预期大幅减弱，升贬值预期分化明显，资本项目开放应不会导致大规模资本流入，导致国内经济泡沫化；欧洲前景依然较暗淡，资本项目开放有利于国内企业对外投资、获取资源，提高我国参与全球资源配置的能力和效率，实施对外开放战略布局。资本项目开放会面临热钱流入、资本外逃、金融稳定等问题，对于前者，可引入无息准备金、托宾税等价格型管制工具以及宏观审慎政策以应对；至于资本外逃，就是严格管制也无法遏止，而对于合法境外投资，则正是当前所鼓励的“走出去”；对于后者，可在开放过程中不断健全监管、提高金融机构风险管理水平。

有观点认为当前利率汇率机制不灵活、金融机构风险管理水平不高，不宜加快推进资本项目开放。此观点存在两个误区：一是认为资本项目开放一夜完成，资本项目开放其实是一个渐进有序、节奏可控的过程，汇率机制、风险管理等问题可以在开放过程逐步完善；二是认为资本项目开放为完全开放，实践中达到一定程度就可认为实现了可兑换①，并非毫无保留全盘开放。

（二）人民币资本项目开放的次序

大都认为人民币资本项目开放之前应完成利率市场化与汇率自由化（如雷达，2008；陈晓莉，2014），即应采取“先内后外”模式。对于三者具体次序，何慧刚（2008）认为应利率市场化→资本项目开放→汇率自由化，曹勇（2004）认为应利率市场化→汇率自由化→资本项目开放，李晓杰（2013）、鲁政委（2014a，2014b）等认为应先取得汇率自由化。

我国利率汇率改革与资本项目开放于20世纪90年代中同期开始推进，政策当局视内外条件渐进推进这三项改革，三者相互协调、互相促进、渐次共进，改革是一个循序渐进、协调配合的过程。可见，我们采取了与印度、澳大利亚、韩国、智利（1985～1996年），以及中国台湾地区类似的同时渐进模式，这其实就是综合观所提倡的模式，也即人民银行所提“协调推进”模式，事实证明协调推进三者改革是成功的，抵御了两次金融危机并保持国内宏观经济基本稳定。今后应继续根据条件成熟状况协调渐进推进三者改革，

① 在资本项目11项中，如一国开放信贷工具交易，且开放项目在6项以上，则可视为基本实现资本项目开放；2007年金融危机后对短期外债征税、对非居民存在的准备金要求、特定时期的临时性资本管制均得到IMF的某种程度认可，资本项目开放标准进一步放宽。

改革过程中采取同时渐进模式，完成时间上则选择利率市场化→汇率自由化→资本项目开放模式。

一直以来学者们对是否应采取“先内后外”模式争论不休，原因在于未识辨其适用于推进阶段还是完成阶段，“先内后外”模式的理论基础（不可能三角、利率平价）虽有局限性，但该模型对于完成阶段还是最佳选择。

（三）改革路线图

1. 利率市场化（1～3年）。2013年12月央行推出同业存单，存单利率市场化。接下来，扩大存款利率上浮幅度（由20%增加到更大幅度）；推出CDs（先对单位发售，后对个人发售），然后择机依次放开长期存款利率、短期存款利率、活期存款利率。建立存款保险制度及存款类金融机构破产退出机制；发展债券市场，形成完整国债收益率曲线，并完善Shibor形成机制；推出利率期货、利率期权、债券期权、利率互权期权等风险对冲工具。

2. 汇率自由化（1～5年）。目前人民币单边升值预期已大幅减弱，升贬值预期分化明显，为汇率形成机制改革的好时机，央行应退出常态性干预，稳步推进中间价形成机制改革，增强双向浮动弹性。

短期安排（1～3年内）：增加交易主体，允许非银行金融机构（证券、保险、信托、货币经纪公司）、直接从事国际业务有避险需求的机构和企业[①]申请成为银行间外汇市场会员；丰富交易产品，增加人民币对德国马克、法郎、加拿大元、瑞士法郎等的直接交易[②]，增加外汇交易类型[③]，开发外汇期货等衍生产品；改革银行外汇头寸管理，逐步增加外汇头寸额度，并过渡到本外币综合头寸正负区间管理，允许出现负头寸；逐步扩大中间价波动幅度，当日与上交易日中间价波幅由当前0.5%以内逐步放宽到1%以内；扩大人民币对非美元货币的日波幅，放宽零售外汇市场的价差管理；改革实需原则，

---

① 2005年12月出台《非金融企业和非银行金融机构申请银行间即期外汇市场会员资格实施细则（暂行）》，允许非金融企业申请成为即期外汇市场会员，目前有重庆力帆实业（集团）进出口有限公司、中国中化集团公司2家公司获准。

② 目前人民币可与美元、日元、澳元、新西兰元、新加坡元、林吉特、卢布、英镑、欧元等直接交易。

③ 目前市场上有即期、远期、外汇掉期、货币掉期、外汇期权。

对于有真实国际交易背景的机构和企业，取消逐笔对应的规定，可根据其业务规模核定年度外汇交易额度。

中期安排（3～5年内）：进一步放宽会员资格，允许不直接从事国际业务但有避险需求的机构和企业参与外汇市场交易；逐步提高报价信息透明度（尝试公布一级做市商报价及其所占权重），中间价确定更多与上交易日收盘价挂钩，尝试将加权形成的中间价作为当日开盘价；参考一篮子货币从日常管理调节指标转向监测指标，适时取消参考一篮子货币进行调节，实行有管理浮动汇率制；扩大人民币对美元交易日波幅，取消人民币对非美元货币的日波幅管理，取消零售外汇市场的价差管理；通过比例管理或限额管理，允许金融企业与非金融企业从事一定限度的投机交易。

3. 资本项目开放（1～10年）。资本项目开放路线图实际就是安排各子项目的开放次序。根据“先流入后流出、先长期后短期、先直接后间接、先机构后个人”原则，预期收益越高的项目越早开放（如企业对外投资），风险越大的项目越晚开放（如短期外债），开放过程中保留一些特别措施。

短期安排（1～3年）：提高投资便利，放松有真实交易背景的直接投资管制，实现直接投资、直接投资清盘的可兑换，通过产业政策等约束外商直接投资的规模与投向。增加QDII、QFII、RQFII的额度，建立RQDII、QDII2投资制度，放宽境内企业境外发行人民币证券，提高非居民境内发行人民币债券的规模，试点非居民境内发行人民币股票，允许更多非居民参与国内银行间债券市场；逐步放松商业信贷管制。

中期安排（3～5年）：实现商业信贷项目可兑换；提高非居民投资境内证券的便利程度，放松居民投资境外证券的管制；有限度放松金融机构信贷，允许境内银行向非居民发放人民币与外汇贷款，放宽居民向外借款限制；逐步放松担保、保证和备用融资便利。

长期安排（5～10年）：按照“先一级市场后二级市场”“先非居民国内交易后居民国外交易”原则，实现境内外证券交易自由化，以价格型管制替代数量型管制；建立严密的宏观审慎监管机制约束商业银行行为，实现金融信贷项目自由化，以及担保、保险和备用信用支持项目的自由化，至此我国实现资本项目基本可兑换。

更长时期安排（10～15年）：对于个人资本交易、货币市场工具、集体投资类证券，可视国内金融市场发展状况择机开放，而不动产交易、衍生工具、短期外债项目等投机性强的项目可长期不开放或部分开放。

参考文献

[1] Mckinnon, The order of economic liberalization: lessons from Chile and Argentina, Carnegie-Rochester Conference Series on Public Policy, Vol 17, Amsterdam, 1982, pp. 159 – 186.

[2] Edwards, The order of liberalization of the external sector in developing countries, Princeton Essays in International Finance, No. 156, Princeton: Princeton University Press, 1984.

[3] Smith & Spooner, The sequencing of structural adjustment policy instruments in the agricultural sector, University of Glasgow, Center for development studies occasional paper No. 6, 1990.

[4] Chapple, A sequence of errors? Some notes on the sequencing of liberalization in developing countries, UNCTAD Discussion Papers, No. 31, 1990.

[5] Mckinnon, The order of economic liberalization: financial control in the transition to a market economy, Baltimore: Johns Hopkins University Press, 1991.

[6] Funke, Timing and sequencing of reforms: competing views and role of credibility, Kyklos, Wiley Blackwell, 1993, 46 (3): 337 – 62.

[7] Willamson & Mahar, A survey of financial liberalization, Essays in International Finance, No. 211, November 1998.

[8] Lal, The political economy of economic liberalization, The World Bank Economic Review, 1987, 1 (2): 273 – 299.

[9] Roland, The political economy of sequencing tactics in the transition period, Discussion paper, No. 9008, Brussels, 1990.

[10] Dornbusch, Strategies and priority for reform, in The Transition to a Market Economy edited by Paul Marer & Salvatore Zecchini, Paris, 1991, pp. 169 – 183.

[11] Sachs, Understanding shock therapy, Social Market Foundation Occasional Paper, No. 7, 1994.

[12] Quirk, Capital account convertibility: a new model for developing countries, Working Paper 1994, WP/94/81, IMF.

[13] Johnston & Darber, Sequencing capital account liberalization: lessons

from the experiences in Chile, Indonesia, Korea, and Thailand, IMF Working Paper, WP/97/157, 1997.

[14] Johnston, Sequencing capital account liberalization and financial sector reform, IMF Paper on Policy Analysis and Assessment, PPAA/98/8, July 1998.

[15] Bakker & Chapple, Advanced country experiences with capital account liberalization, IMF Occasional Paper No. 214, September 26, 2002.

[16] Ishii & Habermeier, Capital account liberalization and financial sector stability, IMF Occasional Paper No. 211, April 12, 2002.

[17] 黄益平：《中国资本项目管制有效性分析》，中国金融四十人论坛网站。

[18] 雷达：《中国资本账户开放响度的测算》，《经济理论与经济管理》，2008 年第 5 期，第 5～13 页。

[19] 陈晓莉、胡金焱：《再论中国金融自由化的次序》，《南开学报》，2014 年第 5 期，第 58～65 页。

[20] 何慧刚：《人民币利率——汇率联动协调机制的实证分析和对策研究》，《国际金融研究》，2008 年第 5 期，第 51～57 页。

[21] 曹勇：《与资本项目开放有关的几个问题的再思考》，《金融研究》，2004 年第 4 期，第 118～122 页。

[22] 李晓杰：《协调推进中国利率、汇率与资本账户开放改革理论及 SVAR 实证研究》，《宏观经济研究》，2013 年第 3 期，第 24～31 页。

[23] 鲁政委：《鲁莽与无知下的资本账户开放》，《兴业银行研究报告》，2014 年 8 月 17 日。

[24] 鲁政委：《资本项目开放的次序重要吗》，《兴业银行研究报告》，2014 年 9 月 2 日。

第二部分
美元霸权与跨境资本流动风险监管

IMF设计的资本流动管理框架

张春生

一、前言

2003~2010年新兴市场与发展中国家经历了资本流入“大起—大落—大起”过程，2007年流入达历史最高位15369亿美元，雷曼兄弟倒闭引发2008年底~2009年初大规模外流，2008年、2009年流入锐减为7686亿美元、5674亿美元，随着危机趋于稳定及发达国家量化宽松政策实施，2009年3月起新一轮流入开始席卷新兴市场与发展中国家，2010年流入规模猛增至12009亿美元①。为应对资本大规模流出入给宏观经济与金融稳定带来的挑战，除广泛实行管制国家外（如中国、印度），很多资本项目已开放或已很大程度开放的国家在此期间也采取或强化形式不一的资本管制（见表1），以抑制过度流入或流出。

表1　2008年以来部分国家（地区）采取的资本管制措施

国家或地区	流入管制	国家或地区	流出管制
巴西	实施流入税、提高无息准备金率、对境外借款与境外发行征收2%税①	冰岛	管制克朗与外币间的交易、克朗资产未到期之前不得转换为外币
秘鲁	提高无息准备金率、实施资本利得税、提高央行票据购买手续费	拉脱维亚	存款提取限制

① 2008年资本流出5790亿元。以上数据来自于world economic outlook，April 2014。

续表

国家或地区	流入管制	国家或地区	流出管制
韩国	重新实施预扣税（原有资本利得税）	乌克兰	限制定期存款提前支取、禁止提前偿还外币借款、限制衍生产品交易、限制非居民从事本币交易、限定对外付款时间、非居民投资汇出兑换管制（本币收益兑换成外汇有5天等待期）
印度尼西亚	实施最低停留期、提高无息准备金率		
泰国	重新实施预扣税		
哥伦比亚	提高无息准备金、FDI最低停留期限		
中国台湾	禁止境外投资者开立定期存款账户		

注：①流入税是针对国内固定收益工具、股票基金、衍生产品的保证金，2%税率针对国内企业境外借贷及境外发行不足1年期的债务工具。

对此情形，IMF不得不反思以往一味鼓吹资本项目自由化的做法，并重新考虑资本管制合理性与正当性。IMF自身研究表明：流入管制可降低流入规模，增加本国货币政策自主空间，并改善流入资本的类型与期限结构，降低资产负债表错配风险与脆弱性，流入管制国在金融危机期间具有较高的经济弹性，产出下降幅度较小。而且IMF对资本管制的态度也事实上发生转变，2007年秋《世界经济展望》与《全球金融稳定报告》都反对使用资本管制，但2010年春《全球金融稳定报告》则鼓励资本接受国以宏观经济与审慎政策应对资本流入，“如这些政策不足以应对且资本流入是暂时性的，则资本管制可作为补充工具”，金融危机期间IMF还推荐或批准了冰岛、拉脱维亚、乌克兰的资本流出管制。

另一方面，国际资本流动规模与波动性日益增大，各国间的联动性与政策溢出不断加强，但国际社会未就资本流动建立一套“交通规则”，资本流动管理失序影响了国际货币体系稳定，导致危机频发，也使得IMF与成员国进行政策评估与磋商、提供政策建议与技术支持时缺乏一致的操作依据，而引起成员国对IMF行为一致性、公平性的质疑。在此背景下，建立一个对资本管制正确定位的综合、灵活、兼顾的资本流动管理规则，显然有利于维护国际货币体系稳定，也有利于维护IMF自身在国际金融事务中的主导地位。

2010年以来IMF董事会讨论通过了一系列政策文件（policy paper），2012年底、2013年4月发布制度观点（institutional view）与指南文件（guidance note），至此形成一个完整的资本流动管理框架，对资本流动管理工具及其运用、资本流动监管、资本项目自由化等都进行了设计，了解此框架为当前正面临的资本流出管理提供借鉴参考。

二、资本流动管理工具

资本管制带有贬义性质并影响一国投资环境，20 世纪 90 年代资本管制国甚至会遭受国际信用降级。为避免资本管制的污名，IMF 创造了一个新的名词——资本流动管理工具（capital flow management measures，CFMs）①，指为抑制资本流动而采取的各种措施，包括行政手段、税收、审慎政策等，具体包括：(1) 针对跨境资本交易的管理工具（residency-based CFMs），指影响跨境金融活动的各种措施（如税收、行政管制），这些措施对不同居住地（境内/境外交易）采取歧视态度，这即通常所说的资本管制②。(2) 其他资本流动管理工具，这类工具非针对跨境资本交易，但其目的也是为影响资本流动，包括一些审慎政策（如外币借款限制、本外币存款差别准备率），其针对对象为不同币种。还包括针对非金融部门的工具（如最低停留期限、对某类投资征税）。

某项措施是否归入资本流动管理工具应看其设计目的是否为抑制资本流动，即是否排斥跨境资本交易（及/或相关支付与转移）、是否只针对跨境资本交易（及/或相关支付与转移）。如某项措施设计目的不是为了抑制资本流动，则不归入资本流动管理工具。非资本流动管理工具（non-CFMs）不排斥跨境资本交易（但可能排斥不同币种），如审慎政策（如资本充足率、担保品贷放率③、外币敞口限制、外币抵押贷款限制）设计目的不是为抑制资本流动，而是为保证金融机构的弹性与稳健，从此角度来说审慎政策不为资本流动管理工具。宏观经济政策、结构性及其他政策也可能直接或间接影响资本流动，但其目的并非为限制资本流动，因此不归入资本流动管理工具。

除了考虑设计目的外，判断某项措施是否为资本流动管理工具，还要考虑其实施背景及该国实际情况（如当时是否有大规模资本流出入），某些政策设计本身可能是中性的，并不是为了限制资本流动，但在资本大规模流出入情形下实施或强化，则变为资本流动管理工具，宏观审慎政策（macro pru-

---

① 也有称为资本项目管制（capital account regulations）、资本管理技术（capital management techniques）（Ocampo et al.，2008）。

② 资本管制缺乏一个普遍接受的定义，泛指一国政府、央行或其他管理机构限制外国资本流出入本国所采取的各种措施，包括税收、关税、法律禁止、数量限制等手段及市场力量。资本管制在这里的范围更窄。

③ LTV 比率，又为贷款价值比率。

dential measures，MPMs）就如此，在某些情况下宏观审慎政策与资本流动管理工具是交叉的，尽管两者设计目标不同①。如资本流动引起了金融部门风险，降低金融风险的措施既为宏观审慎政策又为资本流动管理工具。当资本流入银行体系引起国内信贷扩张、资产价格上涨，限制金融机构借款能力（如对外币负债征税或实施准备金要求、外汇敞口限制）可减少资本流入、抑制国内信贷扩张与资产价格上涨、降低流动性与汇率风险，这种既降低系统性金融风险又抑制资本流入的宏观审慎政策则应归为资本流动管理工具②。

宏观审慎政策可分为与外汇相关的宏观审慎政策（FX-related prudential measures）与其他宏观审慎政策两类。与外汇相关的宏观审慎政策指对不同货币标价交易区别对待的宏观审慎政策，这类政策主要运用于银行机构，如银行外汇敞口限制、外汇资产投资限制、外汇贷款限制、本外币负债差别准备率等。其他宏观审慎政策一般用以降低系统性风险，而非针对交易方居住地（residency-based）或标价货币（currency-based），如LTV比例、国内信贷增长限制、资产分类与拨备管理、部门贷款集中度、动态贷款损失准备、逆周期资本要求等。资本流动管理工具与宏观审慎政策的关系见图1。

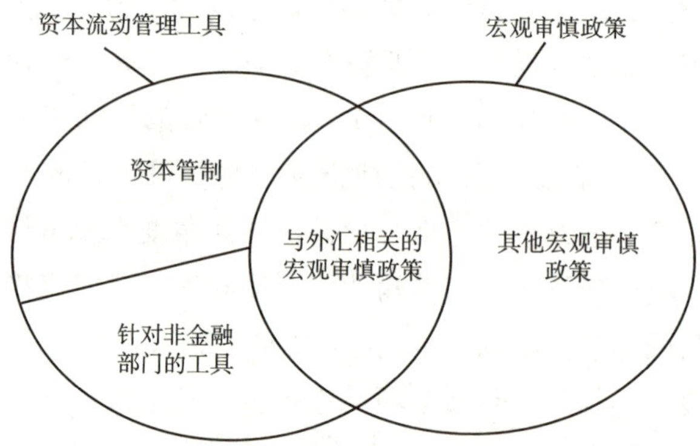

图1　资本流动管理工具与宏观审慎工具的关系

---

① 两者设计目的不同：资本流动管理工具目标是控制资本流动规模或影响资本结构，而宏观审慎政策具目的是降低系统性金融风险、维护系统稳定，而不管风险源于国内或跨境，对某类资本流入征税为资本流动管理工具，其对金融风险产生间接影响，对系统重要性金融机构征收资本附加费或逆周期拨备要求为宏观审慎政策，其对资本流动产生间接影响。

② IMF（2015b）专门列举这类兼为宏观审慎工具与资本流动管理工具的措施，有银行外汇衍生交易额/银行资本的比例限制、银行吸收非居民短期负债/银行资本的比例限制、对不足一年的银行非存款外汇负债征税、对非居民购买住宅物业征收更高的印花税、银行与非居民开展外汇掉期和远期交易的准备金要求、国内银行从非居民取得备用信贷和承诺款项的准备金要求等。

三、资本流入管理

大规模资本流入会超出本国宏观经济政策调整能力与金融市场吸收能力，引起宏观经济与金融市场的震动，导致汇率快速升值（降低出口部门竞争力）、信贷扩张（经济过热）、资产价格泡沫、资产负债表脆弱性积累，随之而来的可能是流入突然中止或灾难性外逃。抑制资本流入（或改变流入结构）有助于增加政策操作空间、提高金融体系稳定。

结构性改革（提高金融市场的广度与深度、增强制度能力、强化金融监管）可提高本国吸收与运用资本的能力，降低流入风险与危害，但需较长时间才可实现。面对突如其来的资本涌入，可选工具主要有宏观经济政策、宏观审慎政策及资本流动管理工具，它们各自承担任务指派且选用上有先后次序，宏观经济政策应对流入导致的宏观经济风险，宏观审慎政策应对流入导致的金融风险，如不足以应对，则资本流动管理工具作为补充（见图2）。

宏观经济问题指资本流入引起汇率升值、通货膨胀、经济过热等问题，原因是流入规模过大。金融稳定问题指资本流入引起的信贷膨胀、资产价格上升，及由此给部门资产负债表脆弱性和单个系统重要性资产价格上涨（如房地产市场）造成的威胁，原因除资本流入规模外，还与流入结构有关。资产负债表脆弱性包括银行与非金融企业的脆弱性（企业、家庭）、外部负债结构风险（如长期资产过度依赖短期融资）、未对冲货币敞口、向未对冲借款人发放外币贷款带来的信贷风险，资本流入导致金融与非金融部门都面临金融稳定风险。宏观经济问题与金融稳定问题相互影响。

（一）宏观经济政策调整

大规模资本流入时，可采取汇率政策、储备政策、货币与财政政策以应对（见图2）。

汇率升值：第一步看汇率是否有升值空间，如本币被低估[①]，则应让名义汇率升值，如果汇率已高估（或接近均衡水平）或考虑到升值对出口竞争

① 以 IMF 的 CGER 方法估计汇率失调，CGER 包括宏观经济均衡法、简化均衡实际汇率法、外部可持续法，如果汇率失调的平均估计高于0，则认为汇率不低估。

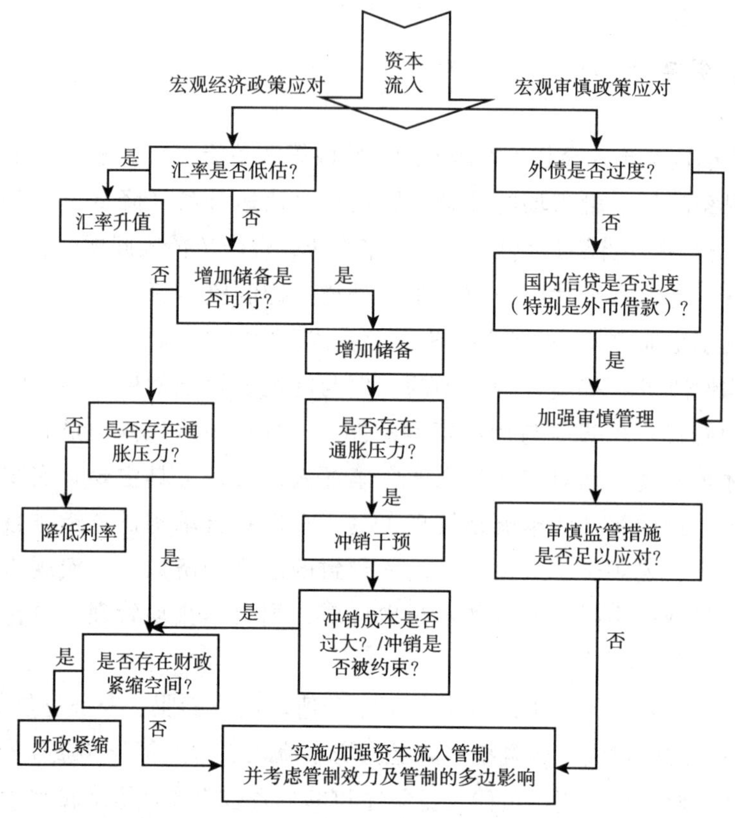

图 2　通过宏观经济政策与审慎政策应对资本流入

资料来源：引自 "Capital inflows: the role of controls" pp. 7。

力的影响，则需实施更具前瞻性的政策。

储备积累：第二步看外汇储备水平是否充足①（从预防性角度），积累更多外汇储蓄是否有可行性，如储备水平未达到充足水平，则资本流入提供了增加外汇储备的机会。

冲销干预：第三步看是否存在通胀担忧，如果存在通胀担忧，则通过公开市场操作冲销增发的基础货币，提高存款准备率或直接紧缩国内信贷。但冲销干预受制于本国金融市场深度（深度不够则无法吸收冲销债券的大量增加）且会引起冲销成本上升，冲销干预维持的国内外收益差会强化汇率单边升值预期，导致更大规模的资本流入，因此冲销干预不宜作为长期选择。如

---

① 国际储备/（短期外债 + 经常项目赤字）>100%，则可认为达到充足水平。

果央行已穷尽冲销干预可能性，货币供应面临失控，或者不想积累更多储备，汇率进一步升值也不合时宜，则考虑通过货币与财政政策抑制资本流入。

货币与财政政策：最后看货币与财政政策是否有调整空间。如经济不过热，则可降低政策利率减弱资本流入动机，如经济已处过热状态①（通胀较高、信贷剧增、资产价格暴涨），单纯降低利率不是明智选择，降低利率的同时应压缩财政。如财政政策是顺周期的，则紧缩空间较大，如为逆周期的，则紧缩空间很小甚至没有可压缩空间，纵使财政政策有压缩空间，从立法批准到紧缩生效也需很长时间。可见，如财政政策没有压缩空间，需采用资本流动管理工具抑制资本进一步流入，如有压缩空间，也需资本流动管理工具为紧缩效应发挥赢得时间。

缓解资本流入冲击的另一个选择是放松资本流出，但放松资本流出的影响不明确，可能减少净流入，也可能吸引更多流入。

（二）宏观审慎政策

资本可通过受管制金融机构（regulated financial institutions，主要为银行）、非管制金融机构两个渠道流入，对此应区别对待。

1. 资本通过银行体系流入的情形。此时存在三种风险：银行负债结构风险、银行资产风险、宏观经济风险。(1) 过度依赖短期融资（批发业务或外币存款）为长期贷款提供资金，银行负债结构过度风险，宏观审慎政策（如本外币差别现金准备率）与资本管制（如对外借款限制、非居民负债高准备率）相结合可降低负债结构风险。(2) 银行资产风险包括外币贷款信用风险与外汇敞口汇率风险，如最终借款人（企业或家庭）借入外币但收入本币，借款者没有形成自然对冲会给银行带来信用风险，需严格监控银行的外币贷款（外币贷款高资本要求、非自然对冲借款人借款限制）；如银行借入外币贷出本币则承担货币风险，此时需收紧外币敞口限制、提高外汇流动准备比例等。(3) 银行贷款增加放大宏观经济风险（信贷扩张或资产泡沫），在封闭型条件下可紧缩货币政策以应对，但开放条件下货币紧缩会吸引更多资本流入而导致更大泡沫，应采用合适的宏观审慎政策抑制本外币信贷扩张，如同比例提高存款准备率（或本外币负债差别准备率）、提高某些类型贷款在

---

① 前两年平均通胀率低于3%，上年银行信贷增长未超过本国GDP的5%，则认为经济未过热。另一种方法根据产出缺口、实际通胀率与目标通胀率来判断，当产出缺口接近0、实际通胀率与目标通胀率接近时则认为经济过热。

资本充足率计算中的风险权重、强化贷款分类标准，这些可提高银行存贷价差与贷款利率从而抑制信贷增长；如果银行贷款导致资产价格泡沫，则可以宏观审慎政策应对，如逆周期资本金要求、降低担保品贷放率（特别针对房地产贷款）、更高边际准备率（针对股票贷款）。如宏观审慎政策无法及时有效处理以上风险时，资本管制是可取的工具选择（见图3）。

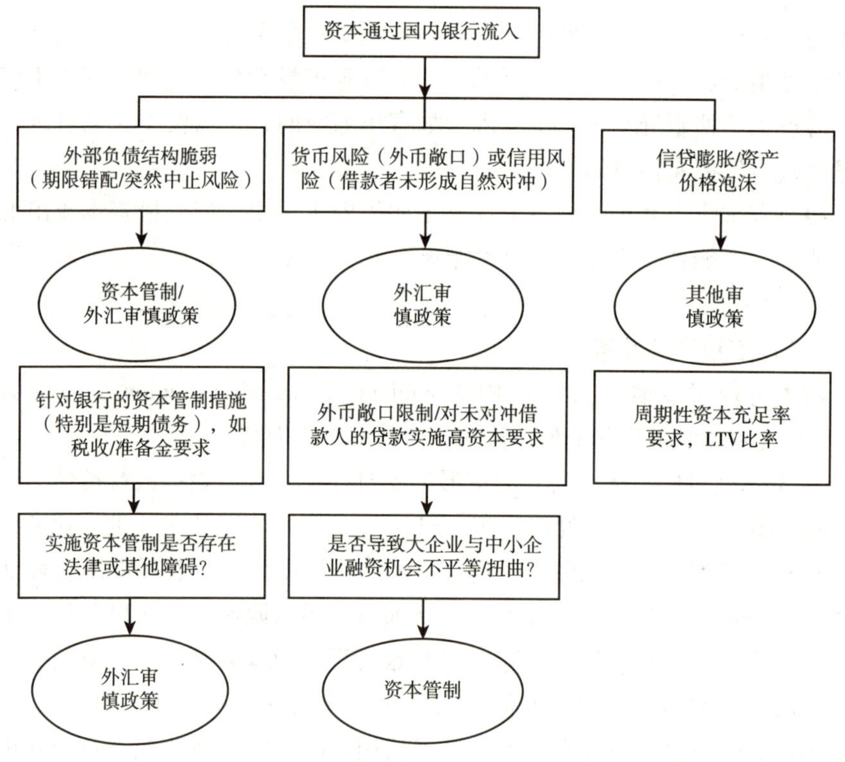

图3　资本通过银行体系流入时降低风险的工具选择

资料来源：引自“Managing capital inflows：what tools to use?” pp. 14。

注：外汇审慎政策就是第二部分所指的与外汇相关的宏观审慎政策。

选用宏观审慎政策还是资本管制需考虑以下问题：一是金融监管效率，如果监管效率不高则应倾向选择资本管制。二是资本绕过银行体系问题，对银行审慎监管可能使资本通过非管制金融部门流入，由此需基于实际情况（如国内金融市场复杂性、监管套利空间）设计资本管制与审慎政策的组合，以降低扭曲、减少规避。三是融资公平性，审慎政策与资本管制会导致企业直接海外借款，审慎政策抑制信贷增长对大企业与中小企业融资产生不对称影响，中小企业更依赖于银行贷款而无法直接从海外借款，虽然资本管制也增加了中小企业与内资企业海外融资的难度，但比审慎政策更为公平。

2. 资本绕过受管制金融机构流入的情形。国内企业绕过银行直接境外借款引起三种风险：非金融单位的负债结构风险、非金融单位的货币风险、宏观经济风险。(1) 非金融单位（企业或家庭）借入外币债务（特别是短期外币债务）导致负债结构过度风险，小经营借款者无法内部化其负债结构的外部影响，反而会扩大这种脆弱性，此时适用于银行的审慎政策无济于事，需采取资本管制限制流入规模及期限错配风险。(2) 纵使非金融部门没有过度借贷，但受境外低利率诱惑也可能使资产负债表承担过度外汇风险，对于非自然对冲借款者来说（企业与家庭没有足够外汇收入），资本管制更为合适(特别对高风险负债)，另外也可实施外汇审慎政策——如禁止国内非金融单位的外汇借款。(3) 非金融单位直接海外借款会导致资产价格膨胀甚至泡沫，这类借款绕过国内银行体系，货币政策与审慎政策都无效，此时有效办法是直接限制其向外借款（及采取其他补充工具）[①]。对于资本绕过银行体系流入的情形，更有必要采用资本管制，因这类流入资金处在审慎政策影响力之外[②]，虽然理论上可扩展审慎政策的管制范围以对居民/非居民不加歧视，但法律安排与行政管理能力决定这不具现实性。见图4。

选择资本管制还是审慎政策（效果类似于资本管制）需根据各国具体情况，并没有固定的模式，取决于两者相对效率及对国内经济的扭曲成本。如审慎政策（资本流入没有绕过银行）可降低金融风险但又不影响流入规模，则应选择审慎政策（当然其他工具选择对国内经济的扭曲成本也应考虑[③]）。

（三）资本流动管理工具

1. 资本流动管理工具适用情形。宏观经济政策调整空间很小时，即一国接近潜在产出水平、外汇储备充足（或冲销成本太高）、汇率接近均衡水平(或已高估)、财政紧缩空间有限；在伴以宏观经济调整与加强金融监管的同

---

① 如果掌握非金融企业境外直接借款的信息，则可通过限制这些企业本币借款的审慎监管以抑制境外借款——例如银行借款给具有大量外部债务的企业需提取更高存款准备率。

② 虽然非金融企业可直接从海外借款，但些外币借款依然需要通过本国银行兑换成本币，这有利于资本流动管制，货币兑换成为管制的另一个渠道。

③ 例如，限制银行贷款给非自然对冲借款人（及限制银行的外汇敞口）可在不影响资本流入情况下降低金融风险（假设外国贷款人愿意承担汇率风险），但某些类型的资本管制（可改变资本流入的期限结构）也可降低金融稳定风险，但不减少资本流入规模。

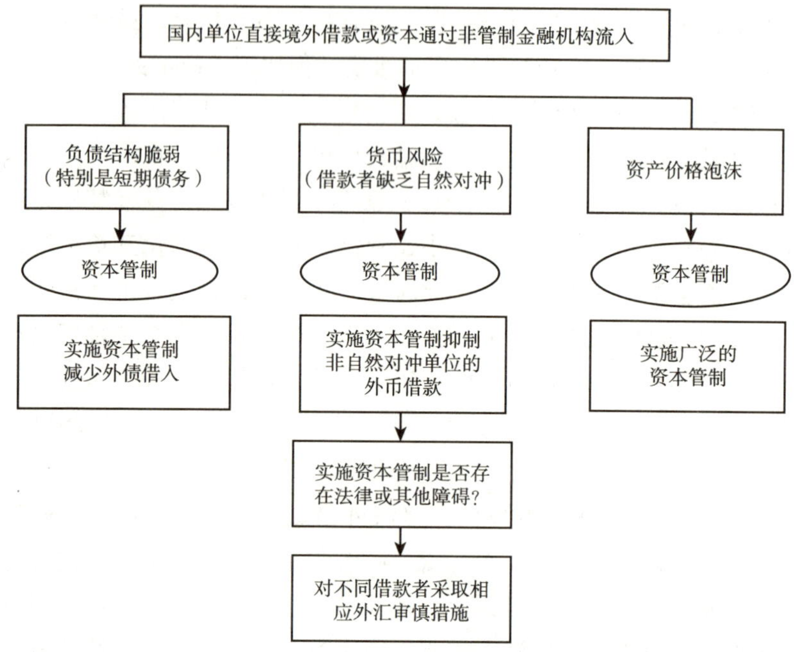

图 4　资本绕过银行体系流入时降低风险的工具选择

资料来源：引自“Managing capital inflows：what tools to use?” pp. 18。

时，宏观审慎政策（包括归为资本流动管理工具部分）仍无法应对金融体系不稳定风险；外部环境高度不确定导致难以对资本流入的冲击与影响作出迅速评估，或者政策调整、政策执行、政策生效都费时较长①；资本流入是暂时性的，如果流入是长期性的，则应更多依赖于宏观经济政策调整，尤其是汇率调整。

2. 资本流动管理工具设计。资本流动管理工具设计目标是高效力（降低宏观经济风险与金融不稳定风险且不易被规避）和高效率（扭曲性与强制性最小、透明度最大）。设计应切合本国实际情况（考虑行政执行能力、资本项目开放度、制度与法律约束等），与面临的宏观经济与金融稳定风险相匹配，所选用的工具类型与管制强度要适合得当，如本国金融市场发达，则应侧重使用审慎政策②，相反则更多采取资本管制；如本国为某些国际组织成员（如 EU、GATS、OECD）或与相关国家（如美国）签订双边投资协定，

① CFMs 使用可为宏观经济状况评估赢得时间，还可为政策调整与生效赢得时间。

② 但金融市场发达便利规避管制，资金可通过非管制渠道流入，因此可能导致管制效果更差。

则不能使用资本流动管理工具；如资本主要通过银行体系流入，则多选用宏观审慎政策，否则多选用资本管制。

资本流动管理工具设计应透明性、针对性、暂时性、非歧视性优先、便利性、渐进性。A. 政府应清晰表达管制意图，管制目标与管理工具应透明化，避免市场预期过度甚至逆转。B. 应直接针对那些导致风险的资本流入，如担忧宏观经济风险，则管制范围应广泛（针对所有类型的资本流入），如担忧金融稳定风险，则管制范围可收窄，主要针对风险高的资本流入（一般为短期外债、外币债务、某些证券流入资本），管制范围过广引起不必要成本，太窄容易规避导致无效，某些情况下应主要针对管制漏洞（如衍生产品市场）。C. 应暂时性采用，一旦流入压力减轻，则应逐步取消或降低管制强度，但如基于非国际收支原因（如金融稳定风险）则可能需长期维持资本流动管理，包括采取针对居住地（Residency-based）或针对国民（national-based）的管理措施。D. 应对居民/非居民采取非歧视性态度，优先采取歧视性低但又有效的工具（针对不同货币的审慎政策，currency-based CFMs），价格型工具（税收、URR）比行政型工具（即数量型工具，如上限/限制、核准、完全禁止某些类型资本）更透明、更低歧视性，基于规则的、市场化的、非歧视性的管理工具①应优先使用（见图5），只有当非歧视居民/非居民的政策无效时，才使用歧视居住地的政策②。E. 应考虑实施便利性，有些情况下提高现有措施的强度就足以应对风险，监督执行好现有措施（如监督银行遵守相关规定或提高执行力）即可，没必要新增管制措施，应尽量选择那些行政执行力强的管制措施（如央行外汇管理能力较弱，通过税务机关征收流入税则更有效）。F. 刚开始实施较低强度管制，观察市场反应并根据外部环境变化逐步调整管制范围与管制强度，如市场能解读初始政策信号并预期未来管制可能不断强化并由此作出相应反应，则可提高管制有效性，避免一开始就实施高强度管制带来的扭曲成本及可能负向风险。

3. 资本流动管理工具采用注意问题。A. 不宜长期使用，更不能作为应对资本流入的唯一工具，其有助于缓解资产负债表风险和信贷扩张，但也产

① 市场化的、价格型工具（如税收）不禁止资本交易，而只是提高交易成本以阻止这种交易，相比之下行政管制（强制性批准要求、上限或直接禁止某些资本交易）不透明、更具干扰性。

② 目前无法对资本流动管理工具进行福利排序，但非歧视性的审慎措施可以提高金融体系的弹性，相比更合适。

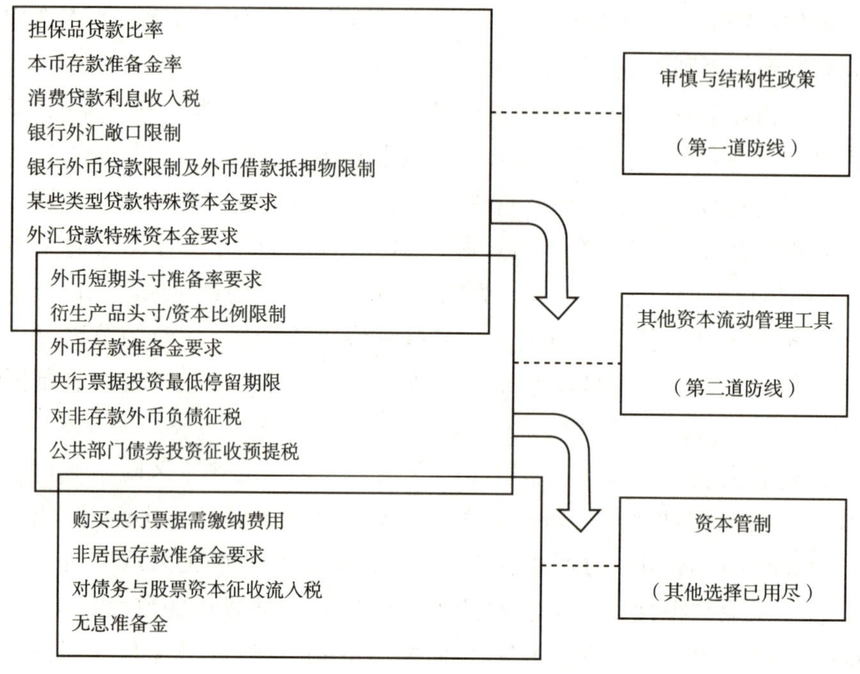

图 5　资本流动管理工具的层次设计

资料来源：引自“Recent experiences in managing capital inflows”pp. 41。

生多边负面效应，不能用以替代宏观经济政策调整，如抑制汇率升值取得不公平竞争优势。B. 应动态评估设计合理性，随国内外形势及其本身效率状况不断调整设计，当流入压力降低、国内经济金融风险趋于稳定时，应考虑降低管制强度或收窄管制范围，包括考虑替代办法解决审慎担忧但又不抑制资本流入。C. 应权衡成本收益，资本流动管理工具使用导致多种成本：影响国内金融市场发展，流入增加可提升国内金融市场复杂性而促进其发展，抑制资本流入某种程度上阻碍了本国金融市场发育；资本流动管理工具过度使用会平滑汇率波动性，易激励单边升值预期，导致更大规模资本流入；管制效率随时间失效，需不断增加行政成本以确保有效性；可能影响投资者信心，导致资本外逃甚至市场骚乱；对某些类型资本或某些部门施加管理可能使资本流向其他部门，引起新的脆弱性并承担管理成本；因此应比较成本与收益，成本与收益相等时为最佳管制强度。D. 应考虑规避问题，经常项目、已开放的资本项目（如 FDI）、衍生品市场经常用于规避管制，设计时应考虑以上漏洞。

四、资本流出管理[①]

资本流出是经济金融开放的正常现象，外商收回投资、国内投资者分散组合、国内企业向外扩张都会引起资本流出，对此无须加以抑制。但突然的、持续的大规模资本流出会影响汇率、外部融资、利率等，给国内宏观经济与金融稳定带来严峻挑战，则需采取措施抑制流出规模与流出速度。为减轻资本逆转的破坏性，流入管理是流出管理的预防性措施。

如外流规模较小，或外流规模虽较大但不至即将引发危机，则应主要通过宏观经济政策与金融政策调整予以应对，这便于外部调整，避免采取流出管理导致国内及多边成本并避免破坏市场感知。流出管理的普遍采用会产生多方面影响，如影响资本流动的国别分布与全球投资环境。

政策调整应基于流出受何种因素所致（外部冲击、不相容的宏观经济政策、金融脆弱性、全球条件）。(1) 如果贸易条件恶化加剧贬值预期导致资本流出，则应允许汇率贬值至新的均衡水平，贬值过程中可适当干预以防止汇率超调，在可信钉住汇率制下（a credible peg），如果外部冲击是暂时性的且储备水平充足，则可加强干预以维持钉住汇率制，否则应让汇率逐步贬值。(2) 如果不相容的宏观经济政策导致了资本流出，则应调整宏观经济政策，其间暂时性使用资本流出管理工具为宏观经济调整提供喘息时间。(3) 如果投资者对国内金融体系丧失信心导致资本外流，则应采取加强审慎监管、完善存款保险、提供流动性支持等措施，其间采取暂时的资本流出管理为这些政策实施提供时间支持。(4) 如果国际风险厌恶上升或发达国家货币政策紧缩导致资本流出，则应调整宏观经济政策组合（如允许汇率贬值、提高政策利率的同时扩张财政政策）。

在危机情形下或危机即将降临时[②]，暂时性施加流出管理是合适的。当

---

① IMF 设计的资本流动管理框架主要关注资本流入管理，流出管理不是重点。过去数十年间只有少数国家收紧流出管理以应对大规模或突然资本流出，如阿根廷（2011 年以后），冰岛（2011），乌克兰（2008）等，大规模资本流出原因主要为不可维持的宏观经济政策而引发货币危机（阿根廷），全球金融危机早期银行部门倒闭（冰岛）、宏观经济调整不充分而加深的银行和货币危机（乌克兰）。全球金融危机开始时俄罗斯也面临大规模资本流出，但没有强化资本流出管理。

② 何种情形属于危机或危机即将来临需要进行判断与评估，货币崩溃、债务可持续压力、公司与金融部门困境、利率飙升及产出紧缩是典型特征，可用 IMF 早期预警与脆弱性评估（the early warning and vulnerability exercise）进行事前评估，全球金融经济压力指标（global financial and economic stress indicator）可识别严重压力期以及跨境传染。判断需基于 IMF 的方法、当局看法并视各国具体情况，而不是一个机械方法。

国内外冲击超出宏观经济政策与金融政策的单独应对能力或流出规模与持续性不确定时，流出管理为财政与其他政策调整、金融稳定提供了喘息时间，并防止汇率暴跌、储备耗尽，避免灾难性后果。

流出管理设计应基于各国具体情况，如行政管理能力、现行资本项目开放度等。与流入管理一样，流出管理也应透明化、暂时性①、尽量非歧视性，应优先采用歧视性最低的工具，优先采用那些非针对居住地的管理工具②（优先使用针对币种的管理工具），危机期间可能不可避免采用针对居住地的管理工具，但实施应透明化。与流入管理不同，流出管理范围尽可能宽泛且随国内境况变化不断调整，才可保证管理有效。但流出管理应避免导致外部支付拖欠或违约，特别是主权债务，这会恶化与债权人关系并破坏国际贸易与支付体系。

流出管理为广泛政策组合的一部分，不能替代其他政策调整（如国际收支危机下的财政与汇率调整），实施流出管理的同时应伴之以相应宏观经济政策调整，如配以健全的制度和监管体系。稳健的宏观经济政策可避免大规模失衡及对外资的严重依赖，大规模存量失衡会加速资产负债表脆弱性并提高危机风险，结构性政策与宏观审慎政策可增强金融部门、公司部门及家庭部门禁受大规模资本流出与汇率贬值的能力，增强经济金融的弹性与韧性，事前采取结构性与稳健宏观政策可作为危机预防措施。

当宏观经济稳定（特别是汇率与债务可持续性）、国内资产信心恢复、重新获得国际融资、金融体系恢复稳定、储备上升到临界点以上时，应解除资本流出管理，如管理失效或者管制导致扭曲超过收益时，也应从流出管理中退出。最佳退出时间取决于各国实际情况，而不应事先规划好时间表，退出策略应详细规划好几个关键问题，包括设计、激励、沟通及次序。

五、资本流动监管

长期以来，资本流动缺乏统一的国际监管框架，管理架构主要由区域性

---

① 另一种情况是政府为审慎原因限制资本流出，如限制国内金融机构借款给国际借款人，监管当局认为这种流出风险更大。

② 资本流出管理包括一系列工具，针对居住地的措施包括：限制居民向国外投资与转移，如限制居民投资国外金融工具（冰岛）；限制非居民出售投资并汇回，如证券投资所得兑换强制等待期（乌克兰）、最低停留期（智利）、收益转移征税（马来西亚）。非针对居住地的措施包括：禁止本币资产的兑换与转移（冰岛）、存款提取限制（阿根廷）。限制非居民取得本币某些时间使货币投资更为困难。

合作组织（如 OECD、EU 等）、2500 ~ 3000 个双边或地区性投资协定、自由贸易协定等拼凑而成的，这些双边、地区性或其他安排对资本流动持差别性态度，未考虑各国及全球的宏观经济与金融稳定，易导致国际货币体系不稳定。

2012 年 6 月通过的综合监管决定（integrated surveillance decision，ISD）优化了监管框架，IMF 通过双边与多边监管成员国的经济政策，监管方式主要为对话与劝说。双边监管中，IMF 关注那些显著影响成员国现在或将来国际收支及国内稳定的政策，评估汇率政策是否促进国际收支稳定、国内经济与金融政策是否促进国内稳定，并提出政策调整建议，汇率、货币、财政及金融政策（包括结构性政策）为双边监管对象①。多边监管中，IMF 关注那些影响国际货币体系有效运转的问题——全球经济金融发展与全球经济展望（包括全球经济金融稳定风险）与显著影响国际货币体系运作的政策溢出（如降低全球经济与金融稳定性），汇率、货币、财政和金融政策以及与资本流动相关的政策②为多边监管对象。资本流动监管包含在 ISD 中。

（一）双边监管

当资本流动或资本流动相关政策显著影响一国国内或国际收支稳定时，IMF 将评估该成员国国际收支发展状况（包括资本流动规模与可持续性）、讨论其政策及未来发展，并提出政策调整建议。

1. 评估成员国资本流动及资本流动相关政策。当成员国的宏观经济政策、金融政策、资本流动管理工具、宏观审慎政策、私人部门发展对国内稳定与国际收支稳定产生显著影响时，IMF 以成员国所提供数据③通过风险评估矩阵（the Risk Assessment Matrix）等工具对以上政策及资本流动进行评估。评估基于制度观点，依据制度观点第三部分评估资本项目自由化的收益与成本、条件充分性、可能溢出，依据第四部分评估资本流出入管理政策的合适性与风险。与资本流动自由化与资本流动管理的政策评估与政策建议，主要嵌入在 IMF 工作报告、项目评估、技术支持报告、金融部门稳定评估等

① 如果其他政策也显著影响现在或未来的国际收支或国内稳定性，则也要进行监管。

② 多边监管下，IMF 不能为维护国际货币体系有效运转而要求成员国改变其政策，但可讨论其政策对国际货币体系运转的影响，且建议采取替代性政策以在促进其自身稳定性同时促进国际货币体系运转。

③ 国际货币基金组织协定第八条第五款，成员国有提供信息的义务。

文件中。

2. 与成员国讨论其是否遵守了指南原则。当成员国实施以下政策：为国际收支目的实施（或大幅调整）资本流出入限制政策，或者激励资本流出入；为国际收支目的实施货币或其他金融政策不正常地刺激或阻止资本流动；私人资本流动导致巨大外部脆弱性（包括流动性风险），IMF 将与成员国讨论资本流动的未来发展、规模、持续性，并讨论资本流动对宏观经济与金融稳定的影响及其他风险，同时根据制度观点全面核查以上政策是否遵守监管要求，讨论政策组合的适合性与有效性、政策类型（包括宏观经济、资本流动管理工具、宏观审慎政策）、金融监管稳健性，并提出相应政策调整建议。

（二）多边监管

如认为成员国政策溢出显著影响国际货币体系有效运转（如降低全球经济与金融稳定），IMF 将根据 IMF 协定第四条就这些政策与成员国进行磋商，并依据制度观点建议其采取其他有益于国际货币体系稳定的政策。多边监管主要关注两方面：成员国宏观经济与金融政策对资本流动的影响、成员国面临大规模资本流入时所采取政策产生的影响。

1. 评估政策溢出。评估成员国政策是否引起资本流动而产生外向溢出，并由此可能降低国际经济与金融稳定或显著影响国际货币体系有效运转①，如以上情形存在，IMF 将与成员国讨论这些溢出，并讨论是否存在替代性政策以最小化溢出代价实现其目标。但成员国没有义务听从 IMF 政策建议，纵使其有助于提高国内和国际收支稳定。

2. 通过多边监管工具发布相关信息。使用多边监管工具评估推力因素（push factors）与结构性因素对国际资本流动的影响，多边监管工具有世界经济展望（world economic outlook）、全球金融稳定报告（global financial stability report）、财政监察报告（fiscal monitor）、脆弱性评估（发达国家脆弱性评估，vulnerability exercise for advanced economies；新兴市场国家脆弱性评估，vulnerability exercise for emerging markets）、早期预警评估（early warning exerci-

---

① 当一国溢出对全球系统稳定没有显著影响，但对其他国家具有显著影响时，IMF 也将提议进行讨论。此对话有益之处体现在：（1）全球金融互联性越来越紧密，很难事先判断一国政策与未来发展是否产生全球重要性影响；（2）政策实施对实施国国内与外部稳定的直接影响可能有限，但逆向反馈产生显著间接影响（如国际金融机构的跨境交易影响机构自身稳定，进而影响机构所在国的金融稳定）

ses)、地区经济展望报告（regional economic outlook reports）、全球风险评估矩阵（global risk assessment matrix）、溢出报告（spillover report[①]）、试行外部部门报告[②]（pilot external sector reports）、全球流动性评估报告等。

3. 推动多边对话与合作。资本流动受推力因素与引力因素的影响，资本输出国与接受国政策都产生溢出效应，输出国与接受国之间、接受国之间的跨国政策对话与合作[③]可减少政策溢出而有助于国际货币体系稳定。IMF 采取多种方式推动多边对话与协调，力图降低资本流动规模及其负外部性：牵头组织各种论坛促进多边对话，如地区性论坛上输出国与接受国间的磋商（维也纳倡议）、多边与地区论坛上资本接受国间的磋商；组织政府机构、国际组织、私人部门等利益相关者召开讨论会；鼓励金融监管合作对话（如监管联席会）、金融监管影响讨论会（类似维也纳倡议）及推动经验共享等。

4. 加强与其他国际组织合作。与 G－20、OCED 及其他相关国际组织合作，取得资本流动管理国际共识；与 FSB 加强数据共享（G－20 数据差距倡议[④]），以降低数据差距；与 IBS 合作，推动国际认同的金融改革计划等。

六、简评与借鉴

（一）简要评论

根据 IMF 协定，成员国不承担资本项目自由化义务，拥有限制资本流动的广泛权利，第六条第三款规定“成员国可以采取必要管制调节国际资本流动，只要这种管制没有限制经常性交易的支付或者不适当地阻滞清偿债务的资金转移”。资本流动管理框架是在 IMF 协定未作根本性修改下设计的，未改变成员国原有义务，制度观点、ISD 一再重申“没有改变 IMF 的管辖权，

① 2011 年开始发布溢出报告，分析对象包括中国、欧盟、日本、英国、美国。2013 年 IMF 拓宽了强制性金融稳定评估范围，将系统重要性金融中心纳入评估，以对成员国金融政策的溢出进行更广泛、综合评估。

② 2012 年开始发布，对主要经济体的外部平衡进行多方面连续评估，评估内容为：汇率；经常项目、资本项目、外汇储备、资本流动管制措施、外部资产与负债的变化。

③ 资本输出国内部化其货币与审慎政策的溢出效应，资本接受国克制使用对其他接受国产生溢出的资本流动管理工具（会导致资本流向其他资本接受国，并由此产生示范效应并可能产生以邻为壑的恶性结果）；资本接受国采取流出管制会使得其他国家也采取类似行动，或市场参与者形成这类预期而产生传染效应。

④ the G－20 Data Gaps Initiative

没有改变成员国在其他双边和地区性国际协定的权利与义务”“没有增加成员国在IMF协定的义务范围，也没有改变义务性质”，成员国享有自由选择政策工具的权利。管理框架是一个“综合的、灵活的、平衡的资本流动管理方法”，IMF监管具有很大的灵活性与伸缩空间，监管形式仅为对话与劝说，不具备汇率监管那么强的约束力，通过提供分析（如溢出报告）阐明合作行动的潜在收益，提供论坛讨论互惠国际政策合作，很难有效推动国际政策合作，目前来说此框架可发挥的空间与作用较小。管理设计上，IMF对流入与流出管理进行对称性设计，即流入与流出都按照图2的设计进行管理，忽视了各种政策效果的非对称性。资本流入目的主要是逐利，通过降低国内外利差、提高流入成本可较有效抑制资本流入，无须过早过度采用资本流动管理工具（特别是行政性管理工具），数量型工具可作为最后备选；但对大规模资本流出情形来说，其目的更多是夺路而逃的避险行为，此时提高国内收益与提高流出成本可能无法阻止资金继续滞留境内，可能不待宏观经济政策与金融政策用尽就要借助资本流动管理工具，行政管理工具需提前采用并更多依赖。虽有种种不足，但该框架建立无疑具有进步性。

1. 建立起资本流动管理的一致方法。制度观点为成员国广泛接受①，它可用于推动资本流动管理方面的全球对话，提高宏观经济与金融体系稳定，降低潜在波动和扭曲。资本流动管理框架为IMF与成员国讨论资本项目问题提供了官方支持与评判标准，IMF可以之为标准对成员国进行政策评估、政策建议、技术支持和培训，并可以与其他多边和地区性机构就资本流动问题进行合作；成员国也可以为之基本准则，选择合适经济政策在实现内外目标的同时减少负外部性；甚至双边或地区性协定在设计资本流动管理工具使用条款时，也可引用此框架。

2. 资本流出国应承担相应义务。推力因素对资本流动产生重要影响，发达国家经济金融等政策对全球资本流动负有不可推卸责任，解决资本流动问题需输出国与接受国双方的协调合作。资本流动管理框架规定流出国应承担相应义务，而不完全由接受国承担，IMF对输出国政策进行评估与监管，

---

① IMF董事会对制度观点的讨论充满争论，虽然IMF内部普遍认为资本流动管理工具在某些情境下有效，但董事会一些成员认为：一旦资本项目开放，逆转具有净破坏力（damage on net），应尽可能避免，而另一些成员则认为某些类型的资本需要长期管理，资本流动管理是一种合法手段。来自发达国家的董事认为制度观点纵容了资本流动管理工具使用，来自新兴市场国家的董事则肯定制度观点，否认资本项目完全自由化目标。

2011 年发布的溢出报告就是尝试之举。2013 年多边监管报告敦促发达经济体考虑其超常规宽松政策对其他国家带来的复杂性与风险，要求适当地调整政策组合；2013 年、2014 年溢出报告强调美国应寻求货币政策正常化的合理速度，要求美联储清晰地表达其意图，避免市场过度波动及新兴市场国家资本逆转。

3. 承认了资本流动管理的合理性。制度观点认为：（1）资本项目自由化不应为所有成员国追求的目标，合理目标是资本项目更自由化，“自由化不排除某些情况下临时使用资本流动管理工具，当资本流动对宏观经济或金融体系稳定带来风险时”“为国际收支以外目的或缺乏更有效且破坏力小的工具时，长期维持资本流动管理有一定合理性”。（2）资本流动管理工具不是最后应对手段，“所需政策调整、生效需较长时间，或资本流入导致高度不确定性时，资本流动管理可提供时间支持”。新兴市场与发展中国家因实施资本流动管理长期饱受发达国家（包括 IMF）的指责与歧视，此框架承认了资本流动管理的合理性，某种程度上去除了资本管制的污名，有助于新兴市场与发展中国家维护经济主权，各国可根据实情采取合适的管理措施。

（二）当前借鉴

2014. Q2 起我国资本项目由顺差转逆差且呈不断扩大趋势，2014. Q2 – 2015Q3 逆差 3293 亿美元，国际储备由 2014. 6 的 39932 亿美元降至 2015. 12 的 33304 亿美元，降幅 16. 6%，资本外流似正威胁着我国经济金融稳定，IMF 设计的管理框架可提供一些应对借鉴。

第一步，分析资本流出的规模、渠道与趋势。2014. Q2 – 2015. Q3 经常项目一直顺差，季均顺差 702 亿美元。从资本项目结构看，直接投资一直顺差，季均顺差 423 亿美元（但 2015. Q3 仅 68 亿美元）；2014 年证券投资每季都盈余，季均顺差 200 亿美元，2015 年每季都逆差且扩大趋势，季均逆差 137. 7 亿美元；其他投资每季都逆差，季均逆差 1002 亿美元，其中货币与存款季均逆差 307 亿美元，贷款季均逆差 573 亿美元，贸易信贷逆差 264 亿美元。经常项目、直接投资一直顺差表明我国经济基本面依然良好，资本外流主要是短期跨境债权债务类资金，即流入境内的货币与存款、贷款、贸易信贷减少，而流向境外的货币与存款、贷款、贸易信贷增加，这类资本流动更多受利率汇率变化的影响，并未出现大规模恐慌性外逃，流出规模在可控范围内。目前情形下无必要强化流出管理（宏观审慎工具除外）。

第二步，分析资本外流的原因。外流原因主要有人民币贬值预期、美国加息预期、我国经济表现低于预期、中美利差收窄、全球风险偏好降低、国内股市与房市表现不佳、国内企业与居民增配境外资产（如鼓励企业走出去）、人民币国际化等。既有外部原因（美国加息预期、中美利差收窄、全球风险偏好降低）导致的被动资本外流，也有国际化战略（资本项目开放加速、人民币国际化、“一带一路”）引导的主动资本外流，还有人民币汇率预期分化引起结汇意愿减弱、购汇动机增强，财务操作由“资产本币化、负债美元化”转为“资产美元化、负债去杠杆”引起的“藏汇于民”的资本外流，后两类外流是我国国际投资头寸失衡所追求的主动调整。我国资本外流并非完全被动的资本逆转。

第三步，应对措施选择。（1）宏观经济政策方面：进一步深化人民币汇率形成机制改革，保持人民币汇率基本稳定，尽可能扭转贬值预期①；当前外汇储备依然充足，可适当释放外汇储备满足购汇需求；通过公开市场操作、抵押补充贷款（PSL）、中期借贷便利（MLF）、降准等补充流动性，适当调低基准利率；在稳健基础上适当扩张财政政策。（2）宏观审慎政策方面：2015 年 9 月全口径外债情况显示，银行短期外债 5901 亿美元（其中货币与存款 3765 亿美元、贷款 1242 亿美元、债务证券 894 亿美元），企业短期外债 3459 亿美元（其中贸易信贷与垫款 2797 亿美元、贷款 644 亿美元），外流的主要是这些短期外债。境内机构短期外债实行余额指标管理②，银行资产风险与非金融单位的货币风险得到有效控制，但资本流出对资产市场带来系统性风险，可通过降低资本金要求、提高 LTV 比例、降低边际准备率等审慎措施降低资本外流的冲击。（3）暂停人民币资本项目开放，特别是短期资本流出开放；加强现行各项管制措施的执行与检查，对贸易信贷、进口付汇等的真实性与合规性核查，减少外流漏洞；为流出状况恶化做好预案设计。（4）推动结构性改革，提高金融市场的广度与深度，扩容债券市场与股票市场的同时应加强股市监管，建立健全信息披露、投资者保护等措施。

---

① 人民币升值预期导致了大量资本流入，2014 年后转为贬值预期导致了逐利资本外流。

② 2015 年 2 月，国家外汇管理局分别在北京中关村、深圳前海、张家港保税区等地区开展外债宏观审慎管理改革试点。

参考文献

[1] International Monetary Fund (a), The Fund's mandate-the legal framework, January 22, 2010.

[2] International Monetary Fund (b), The Fund's role regarding cross-border capital flows, November 15. 2010.

[3] International Monetary Fund (a), Recent experiences in managing capital inflows—cross-cutting themes and possible framework, February 14, 2011.

[4] International Monetary Fund (b), Macroprudential policy: an organizing framework, March 14, 2011.

[5] International Monetary Fund (c), Strengthening the international monetary system, March 23, 2011.

[6] International Monetary Fund (d), The multilateral aspects of policies affecting capital flows, October 13, 2011.

[7] International Monetary Fund (a), Liberalizing capital flows and managing outflows, March 13, 2012.

[8] International Monetary Fund (b), Modernizing the legal framework for surveillance-an integrated surveillance decision, July 17, 2012.

[9] International Monetary Fund (c), The liberalization and management of capital flows: an institutional view, November 14, 2012.

[10] International Monetary Fund, Guidance note for the liberalization and management of capital flows, April 25, 2013.

[11] International Monetary Fund (a), The IMF's approach to capital account liberalization: revisiting the 2005 IEO Evaluation, March 3, 2015.

[12] International Monetary Fund (b), Measures which are both macroprudential and capital flow management measures: IMF approach, April 30, 2015.

[13] International Monetary Fund (c), Guidance note for surveillance under Article IV Consultation, May 2015.

[14] Habermeier, K., The effectiveness of capital controls and prudential policies in managing large inflows, IMF Staff Discussion Note No. 11/14, August 5, 2011.

[15] Jacek Osiński, Macroprudential and microprudential policies: toward cohabitation, IMF Staff Discussion Note 13/01, June 2013.

[16] Korinek, A., The new economics of prudential capital controls imposed for prudential reasons, IMF Working Papers WP/11/298, December 2011.

[17] Ostry, J. D., Capital inflows: the role of controls, IMF Staff Position Note 10/04, February 19, 2010.

[18] Ostry, J. D., Managing capital inflows: what tools to use?, IMF Staff Discussion Note 11/06, April 5, 2011.

[19] Ostry, J. D. (a), Two targets, two instruments: monetary and exchange rate policies in emerging market economies, IMF Staff Discussion Note 12/01, February 29, 2012.

[20] Ostry, J. D (b), Multilateral aspects of managing the capital account, IMF Staff Discussion Note 12/10, September 7, 2012.

[21] Ostry, J. D, Obstacles to international policy coordination, and how to overcome them, IMF Staff Discussion Note 13/11, December 2013.

[22] Pradhan, M, Policy responses to capital flows in emerging markets, IMF Staff Discussion Note No. 11/10, April 21. 2011.

当代国际货币体系下新兴经济体的跨境资本流动风险与应对

梁　涛

一、引言

金融全球化下的大规模跨境资本流动对于具有金融脆弱性的新兴经济体而言，促进金融发展、经济增长的同时，也孕育着金融风险。受到美国量化宽松政策进进出出影响，全球新兴经济体跨境资本流动呈现“大起—大落”的趋势。2007 年创下 15369 亿美元历史最高位，受次贷危机影响，2008 年、2009 年跨境资本流入规模大幅下降到 7686 亿美元、5674 亿美元，发达国家实施量化宽松政策后危机趋于稳定，2010 年跨境资本流入规模猛增到 12009 亿美元。2011 ~ 2015 年，“美元流动性短缺”使得新兴经济体总体呈现资本外流，资产价格与汇率波动不断加剧，外汇储备骤降，金融风险进一步凸现。新兴经济体应该如何防范跨境资本流动风险的研究不仅具有重大理论价值，还有极为重要的现实意义。

现有的关于新兴经济体跨境资本流动风险问题的研究大多从利率差、汇率制度安排以及新兴经济体金融脆弱性、金融市场不完善的视角，较少地从国际货币体系的视角展开。本文尝试基于国际货币体系视角运用“中心—外围”博弈模型，分析新兴经济体跨境资本流动风险的形成与应对问题。

二、文献回顾

新兴经济体跨境资本流动风险问题的研究主要从跨境资本流动的驱动因素，跨境资本流动的趋势和风险以及跨境资本流动风险的监管与应对三个方面展开。

（一）新兴经济体跨境资本流动的驱动因素

一般研究将跨境资本流动的驱动因素区分为内部拉动因素和外部推动因素两大类。对新兴市场经济体而言，经济增长率、资本账户开放程度是最重要的拉动因素；美国的经济增长率和全球风险偏好是最重要的推动因素。全球金融危机爆发前，大多研究认为新兴经济体跨境资本流动主要靠拉动因素，即国内因素的影响，然而随着金融全球化的发展，美国多轮量化宽松政策的进进出出以及全球资本市场投资者风险偏好的变化，推动因素对新兴市场经济体跨境资本流动的影响日益显著，已经逐渐成为影响跨境资本流动的最重要的驱动因素。

（二）新兴经济体跨境资本流动的特点与风险性

新兴经济体跨境资本流动呈现顺周期波动性强的特点，资本逆转和突停引发金融不稳定性风险高。丁志杰等（2008），孙天琦等（2009），张铁强（2013）认为中国的跨境资本流动存在顺周期效应，经济开放水平是影响跨境资本流动顺周期性的重要因素。大规模的跨境资本流入会导致国内信贷，尤其是外币贷款过度投放以及各类资产价格上涨，会加大金融部门资产负债表的脆弱性，并且最终向非金融企业部门传导（Ostry，2011）。跨境资本持续大规模流入通常与突停和逆转相伴而生（Calvo，1998；IMF，2011）。在一国经济基本面欠佳时可能引发银行业危机和货币危机（Reinhart，2008），对产出形成巨大的冲击，甚至引发金融危机（Hutchison 等，2010）。

Calvo 等（2004）考察 1992～2001 年的 42 次国际资本突停发现发生资本流入突停的新兴经济体引发金融危机的概率是 63%；而发达国家引发金融危机的概率仅为 17%。这意味着新兴经济体的国际资本突停更容易发生金融危机。随后的研究更多地从新兴经济体金融脆弱性和不完全金融市场的视角解释这个现象。新兴经济体国家债务美元化程度高，本币贬值会增加债务负担，加大非贸易部门的破产风险和金融混乱（Calvo 等，2004；Guidotti 等，2004）；新兴经济体金融机构资产负债的期限和币种双重不匹配加剧金融脆弱性（王喜平，2004）和国际资本流动的不稳定（王东风，2007）。

（三）新兴经济体跨境资本流动风险的监管应对

当前各国主要通过监测、预警系统以及资本流动管制应对跨境资本流动风险。一些新兴经济体，如巴西、智利等国已经建立统一全口径的跨境资本流动实时统计监测系统。IMF改变了过去对资本管制的“歧视”态度，公开表示新兴经济体可以利用资本管制抑制跨境资本流动风险。不过受到认识局限的影响，资本管制理论与工具的研究均存在不足。

基于新兴市场经济体跨境资本流动推动因素的作用日益显著的考虑，本文从现有国际货币体系出发，研究美元过度供给对新兴经济体跨境资本流动的“溢出效应”。文章构建了“中心—外围”博弈模型说明新兴经济体过度储蓄策略是中心国家货币供给大幅增加策略下的被动选择；新兴经济体增加储蓄的被动选择让美国长期延续通过资本账户平衡经常账户逆差的做法，其结果是国际资本流动泛滥，全球金融虚拟化，进一步加剧了新兴经济体跨境资本流动风险。

三、当代国际货币体系下的“中心—外围”博弈

本文的“中心—外围”博弈是指中心国家（通常是储备货币发行国家）与外围国家（本国货币不能用于国际支付结算的国家）之间因国际货币的供给和需求而产生的策略相互依存、相互影响的关系。由于本国货币不能用于国际支付结算，外围国家必须通过出口商品与服务（经常账户顺差），或者吸引中心国家的投资（资本账户顺差）来获得储备货币，而中心国家可以通过购买商品与服务（经常账户的赤字）或者是对外投资（资本账户赤字）的方式输出储备货币。中心国家可以在大幅增加货币供给或者控制货币供给的两种策略中作出选择，而外围国家可以在增加储备货币需求或者减少储备货币需求两种策略中选择。

与金本位货币制下储备货币发行国必须通过经常项目顺差来积累本币发行所需要的黄金以及布雷顿森林体系“双挂钩”的安排使美国发行美元受到很大的约束不一样，国际货币体系进入牙买加体系时代，信用货币的发行不再需要任何贵金属做准备。美元供给增加不再受到美国黄金储备量的约束，美国摆脱了在“提供流动性”和“维持固定兑换比例”两难中抉择的困境，美元的供给获得了充足的上升空间。

牙买加体系下的“中心—外围”博弈，对于中心国家而言，大幅增加国际货币供给好处多多：第一，增加铸币税收入。2009年5月底，美联储公布发行流通中的美元现钞总额为8700亿美元。据统计，因个人出境旅游携带小

额现金、官方海关运输出境、地下走私出境等因素影响约有 4500 亿美元在美国境外流通。第二，中心国家可以凭借高的国际信用评级在全球范围内以较低的利息率获得借贷。不仅是美国政府，连带美国企业以美元计价发行的各种有价证券比较容易获得投资者的认可，相应等级的债务融资成本比其他国家和企业的低。第三，中心国家可以进一步增强货币强权。Andrews（2006）认为凭借着美元的霸主地位，美国可以转嫁货币转换成本的权力、延迟支付持续调整成本的权力、重构参与国社会地位的权力等，通过国际货币关系对其他外围国家施予强大的影响，进一步增强货币强权（monetary power）。这意味着中心国家大幅增加货币供给在不影响国家信用的条件下可以获得更多的铸币税收、更低的融资成本以及货币强权。

所以，对中心国家而言，在大幅增加发行的储备货币会被外围国家所吸收、发生货币危机概率很小的情况下，大幅增加货币供给是中心国家的优势策略，控制货币供给是劣势策略。在中心国家选择大幅增加货币供给策略的情况下，外围国家在增加储备货币和减少储备货币中必然选择增加储备以应对风险。因此，中心国家大幅增加货币供给，外围国家增加储备成为牙买加体系下“中心—外围”博弈的纳什均衡。

“中心—外围”博弈的结果导致了新的全球失衡格局。美国作为货币发行国，始终居于中心位置、经常账户失衡的逆差一方。1992～2007 年，美国经常账户赤字规模不断扩大。经常项目的失衡主要通过资本项目进行调节。对外负债成为美国提供国际支付的主要来源。而处于外围、失衡顺差一方位置的国家不断发生变化，由最开始德国和日本到亚洲“四小龙”“四小虎”，直到今天的中国和石油输出国。20 世纪 90 年代中期以来，美国出现严重的经常项目赤字，而中国等传统制造业大国和一些石油输出国积累了巨额的贸易盈余，全球经济失衡趋势逐步显现，经常账户差额占 GDP 总额的百分比频频超过警戒线，2008 年达到 5.80% 峰值。金融危机全面爆发后，失衡深度虽然有所下降，但是指标持续高于 3% 的公认警戒线。

当越来越多数量的新兴经济体国家栖身于经常账户盈余国，赤字集中在美国身上，就会出现新兴经济体的经常账户失衡的调节受制于美国为首的赤字国净负债的增长，国际收支调节具有明显非对称性的问题。“美国买我商品，我买美国国债”的国际经济循环格局反映美元、美国货币政策对全球经济的影响力与全球失衡问题的严重性。牙买加体系下，尽管美国的地位与布雷顿森林体系相比有所削弱，但是受到路径依赖、市场选择的影响，在欧元和人民币的国际影响力欠缺的情况下，美元依然是当代国际货币体系中独一无二的支柱，其超级货币地位并未动摇。甚至可以说，牙买加体系下以信用本位为特征的美元单一主导的国际储备货币体系下对单一主权货币依赖过多、缺乏机构性、制度性的有效约束机制的问题更加突出。伴随着金融全球化的推进，美国采取了过度消费和过度负债、增加国际货币供给的经济发展模式，通过贸易逆差不断增加美元的供给，与此同时通过对外负债持续增长来弥补贸易逆差。次贷危机爆发后，美联储通过非常规货币政策在名义利率接近或等于零的情况下以数量工具来创造货币和扩张信贷，四轮 QE 向市场注入流动性高达 3. 7 万亿美元。过剩的流动性在推动美国国内经济复苏的同时大量的跨境资本涌入新兴经济体金融市场，造成了其金融不稳定（Volz，2012）。可见，当代国际货币体系下中心国家过度货币供给是导致全球经济失衡的罪魁祸首，新兴经济体增加储备的策略选择是外围国家在中心国家过度货币供给下的被动选择。

新兴经济体的人口红利以及经济迅速发展为其增加储备来防范风险的做法创造了有利的条件。20 世纪 70 年代早期到 2010 年间，新兴经济体国家普遍进入后婴儿潮时期，幼儿抚养比快速下降、劳动年龄人口比重的显著提高，2002 年就已经超过高收入国家，为其增加储蓄创造了有利的人口条件（Taylor，2009；殷剑峰，2013）。新兴经济体储蓄率呈现不断上升趋势，由 25% 上升到 30% 以上；与此形成鲜明对比的是发达国家因受到消费习惯以及老龄化问题、老年抚养占比高等问题的影响，储蓄率近年来呈现大幅下降趋势，由 27% 左右下降到 17% 。需要注意的是，由于自身的出口已经被跨国公司所控制，新兴经济体贸易顺差和外汇储备的积累在很大程度上也是受制于中心国家的跨国公司；并且新兴经济体增加储蓄主要用于购买中心国家国债等高信用等级债务工具，而不像跨国公司的直接投资那样建立生产链条、参与和控制生产环节。这意味着，新兴经济体增加储备实际上是对中心国家的贸易逆差进行“融资”，而不是像一些研究所认为的亚洲一些外围国家主动采取出口拉动型的经济增长策略，通过低估汇率、资本管制等政策实现对美国的持续盈余，导致全球失衡（Dooley 等，2004）。

四、美元过度供给下新兴经济体的跨境资本流动风险

上述分析可见，当代国际货币体系下的“中心—外围”博弈已经演变成

美元霸权，美国依靠美元霸权地位以及其强大的军事、经济实力，不再以自身的黄金储备量作为发行依据，随意增加美元供给，其他外围国家根本无法制止美国的这种经济霸权。新兴经济体国家增加储备是当代货币体系下美国施行美元霸权下的被动选择。全球经常账户失衡并不是新兴国家主动采取出口拉动型的经济增长策略的结果，而是美元过度供给的结果。由基本的国际收支恒等式，一国的经常账户差额必然等于净资本流动：出现净资本流入的国家必然出现经常账户赤字；出现净资本流出的国家必然出现经常账户盈余。

国内储蓄 - 国内投资 = 经常账户差额 = 净资本流动

牙买加体系时代国际金融体系最重要的特征是跨境资本流动日益增加，大规模资本流动催熟了金融市场。在过去 30 年中，国际货币和金融市场的增长大大超过了商品与服务市场的增长，外汇市场交易额增至全球贸易额的 60 倍。过去 20 年里，发达国家的债券和股票国际交易增幅均超过了 1700%。金融市场的发展进一步推动了全球经济虚拟化，证券投资在跨境资本流动中占比越来越大。证券投资与外国直接投资最大的区别在于流动性不同，外国直接投资是流动性相对较差的所有权形式投资，具有更高的稳定性；而证券投资主要是非所有权且短期性的、相对流动的投资形式，常常被称为“热钱”，它的流动方向是可能迅速发生逆转的。从跨境资本流动的结构看，流入发达国家的国际资本主要表现形式是外国直接投资，平均而言，超过 60% 的外国直接投资流入了发达国家；而流入新兴经济体的跨境资本主要是以证券投资为主的私人投资（中国除外，21 世纪初中国成为主要的外国直接投资流入国，外国直接投资流入国世界排名前 10 位国家中仅中国是新兴经济体）。美国 20 世纪 90 年代至 21 世纪前 10 年中期，外围国家大量购买美国国债以及外国直接投资大幅增加弥补了美国储蓄与投资的资金缺口，使得美国的资本存量增长率很高，直接推动美国就业率的回升和劳动生产率的提高。

与之形成鲜明对比的是新兴经济体则更容易遭遇跨境资本流动的冲击，当跨境资本流动出现逆转的时间可能会导致金融不稳定甚至出现金融危机。例如，1994 年墨西哥以证券投资为主要形式的私人资本流动引发了金融危机；20 世纪 90 年代末，亚洲的几个新兴经济体其证券投资和其他短期资本流动占私人资本流动的 40% 以上，1997 年底到 1998 年初，泰国、马来西亚、印度尼西亚和韩国等国发生大规模的资本外逃，导致货币价值出现崩溃。21 世纪前 10 年，俄罗斯也发生了类似的情况。相对而言，对跨境资本流动进行某种程度管制的发展中国家受到跨境资本流动冲击的影响较小，一直支持资本账户自由化的IMF也公开表态支持新兴经济体运用资本流动管理工具，与宏观经济政策、宏观审慎监管一起，应对资本流动的冲击。

中国伴随着资本账户开放在内的系列金融改革政策陆续出台，为跨境资本流动提供更多渠道，跨境资本流动呈现双向振荡加剧的局面，当前跨境资本流出压力明显。2017年中央工作会议强调“维护流动性基本稳定”“防控金融风险”的重要性，防范跨境资金流动风险已经成为中国当前宏观经济管理面临的主要挑战。

五、中国应对跨境资本流动风险的几点建议

（一）推动人民币国际化，实现三元鼎立的格局

“中心—外围”博弈可见，控制中心国家过度货币供给是解决新兴经济体国际资本流动风险的关键。对中国而言，积极推动人民币国际化，构建美元、欧元和人民币“三足鼎立”的新国际货币体系是有效遏制美元过度供给的根本。三元格局下中心国家过多的货币供给会造成本币值下降，使得本币国际竞争力下降，因此，中心国家不会轻易大幅增加货币供给。这种情况下，外围国家也不需要被迫增加储蓄来防范和应对风险，出现新的纳什均衡（储蓄减少，控制国际货币供给），新的均衡有助于调整全球失衡格局，减弱跨境资本流动对外围国家的冲击。

推动人民币国际化、增强SDR在国际货币体系中的地位和作用不仅可以提高国际货币体系的稳定性，还有利于促使美国承担维持币值稳定的义务，是当前解决牙买加体系的内在结构缺陷以及“特里芬难题”的最佳选择。中国政府应该把推动人民币国际化与区域货币合作有机地结合起来，推动新一轮亚洲货币合作，鼓励周边国家以及东盟国家人民币的流通和使用，鼓励中国企业在对外直接投资中使用人民币计价与结算。走从周边到区域、从区域到全球的人民币国际化道路。

（二）借鉴其他新兴经济体应对跨境资本风险的经验

提高汇率制度的灵活性，积累外汇储备，资本流动管理成为新兴经济体应对跨境资本流动风险的“三件宝”。1973年以后，20世纪80～90年代，拉美、欧洲和亚洲国家在国际资本的冲击下爆发了固定汇率危机，中央银行为

了维持国内物价稳定和充分就业等宏观经济目标，放弃汇率稳定的承诺以确保在资本项目自由流动的前提下实现货币政策的独立性。因此，纷纷由钉住汇率制转向更为灵活浮动汇率制度。据国际货币基金组织的《汇率安排和外汇管制年度报告》，国际货币基金组织成员声称实行浮动汇率制占比达 44%，超过了实行传统钉住汇率制度 36% 的比例。

1998 年金融危机爆发后，目睹了 IMF 提供金融援助的金额以及附带的苛刻的条款后泰国、马来西亚等国家纷纷转向大幅积累外汇储备的方法来防范和应对跨境资本流动的冲击。不过新兴经济体大幅积累外汇储备的做法虽然有助于降低本国遭遇跨境资本流动冲击引发的货币崩盘和金融危机的概率，但是当数量众多的新兴经济体都这样做的结果却是反过来强化了美国采用大幅增加美元供给的策略，结果是进一步加剧国际流动性的泛滥，让不断扩大的跨境资本流动成为世界经济发展的不稳定来源。

2008 年国际金融危机爆发之时，一些已经完全开放资本项目的新兴市场经济体，如韩国、巴西、泰国等在宏观经济政策、外汇市场干预与宏观审慎监管等措施依然不能抑制短期资本大进大出的情况下甚至重新采纳特定的资本账户管制措施防范跨境资本流动风险。

（三）建立统一口径的危机预警机制，将资本流动管理纳入宏观审慎管理重点

推动国际资本多元化的格局不是一朝一夕的事情，有一个长期的过程。在这个过程中，中国不应该过快放开资本管制。尽管浮动汇率制度、资本自由流动被改革派奉为圣旨，但是反复多次金融危机的洗礼让新兴经济体认识到在跨境资本流动风险越来越大背景下过早过快放开汇率和资本管制的弊端，自由化的次序和速度对金融安全产生重要的影响。中国资本项目开放不仅要考虑经济结构、市场发育程度的差异、国内经济的运行状况、金融市场的深度，还需要充分考虑国际环境的变化以及发达经济体相关金融政策制定带来的外部性影响。

目前中国的情况是虽然没有完全放开资本项目，但是国际资本还是能够借助复杂的金融工具来规避资本管制，通过其他隐蔽的渠道流入或流出。2015 年底以来，中国国内经济加速下行，资本流动逆转、股市暴跌、人民币汇率大幅贬值以及外汇储备大量减少，宏观经济调控面临着严峻的挑战。中国当前迫切需要建立统一口径的危机预警机制，加强对跨境资本流动的实时

监控，尤其是对于证券投资类的私人资本流入流出的控制，切实防范可能对经济带来"扭曲性结果"的跨境资本流动突停风险。同时不断完善资本流动管理工具，把各种资本流动管理工具纳入逆周期的宏观审慎管理政策，并且让其成为当前宏观审慎管理的重点，从而确保中国金融安全。

参考文献

[1] Calvo G A，Capital flows and capital-markets crises：The simple economics of sudden stop，Journal of Applied Economics，1998，1（1）：34－54.

[2] Calvo G A，Izquierdo A，Mejia L F. Systemic Sudden Stops：The Relevance of Balance-Sheet Effects and Financial Integration，NBER Working Paper 14026，2008.

[3] 许平祥：《"滥币陷阱"与国际货币体系的不稳定性》，《经济学家》，2017 年第 4 期。

[4] 王道平、范小云：《现行的国际货币体系是否是全球经济失衡和金融危机的原因》，《世界经济》，2011 年第 1 期。

[5] 王晓雷：《国际储备的演进与储备——货币的价值分析》，《国际金融研究》，2009 年第 12 期。

[6] 张明、肖立晟：《国际资本流动的驱动因素：新兴市场与发达经济体的比较》，《世界经济》，2014 年第 37 卷第 8 期。

[7] 殷剑峰：《储蓄不足、全球失衡与"中心—外围"模式》，《经济研究》，2013 年第 6 期。

[8] 张明：《国际货币体系改革：背景、原因、措施及中国的参与》，《国际经济评论》，2010 年第 1 期。

强势美元周期下的“二元悖论”与对中国的启示

梁　涛　张春生　梅光仪

一、引言

传统“三元悖论”认为资本自由流动、货币政策独立性和汇率稳定三个目标不能同时实现，最多只能同时实现其中两个。在资本账户开放的情况下，固定汇率制度容易招致外国货币冲击，导致货币危机的发生；而实施浮动汇率制度的国家有更强的吸收外部冲击的能力，从而可以保证货币政策的独立性。但是越来越多的事实与实践让人们对传统的“三元悖论”产生了质疑。以欧元区为例，在完全浮动汇率制以及资本项目自由流动和情况下，这些发达国家的货币政策受美国货币政策的影响显著，货币政策的独立性得不到保证。东亚发展中国家的汇率制度改革也与传统“三元悖论”指导相背离，倾向于回归钉住美元，实施具有更高稳定性的 BBC① 汇率制度。

据此，Rey（2013）提出“二元悖论”的观点，他认为一国汇率制度的选择不会对货币政策独立性产生影响。在资本完全自由流动的情况下，一国必然会丧失货币政策的独立性。因此，一国要保持货币政策的独立性就必须管理资本的自由流动。不过他并未详细阐明“二元悖论”现象背后的经济学原理。本文尝试解释从强势美元“溢出效应”形成的全球金融周期现象来解释“二元悖论”的成因，并对中国宏观经济政策选择提出建议。

---

① BBC 汇率制度是一种弹性的中间汇率制度，由一篮子货币盯住汇率制（Basket）、限幅浮动汇率制（Band）和爬行盯住汇率制（Crawl）组合而成的复合汇率制度。它兼有盯住汇率制度的稳定性和浮动汇率制度的灵活性、防冲击性，是目前众多学者推荐发展中国家采用的新型汇率管理准则。

二、相关文献研究综述

“三元悖论”理论的思想由来已久，早期的经济学家凯恩斯（1930）、米德（1951）提出若要保证货币政策有效，固定汇率制度和资本自由流动或不能同时拥有。之后，Mundell（1963），Fleming（1962）扩展了米德对外开放经济条件分析不同的政策效应。Mundell-Flemming 模型认为资本自由流动的情况下，浮动汇率制下货币政策是有效的；而固定汇率下货币政策是无效的。以此为基础，Krugman（1998，1999），Obstfeld（1997）结合亚洲金融危机的实证，进一步提出了资本自由流动、货币政策独立性和汇率稳定三个目标不能同时实现，最多只能同时实现其中两个的“三元悖论”（Trilemma）。如图 1 所示，“三元悖论”认为一国可以选择的政策组合位于三角形的三条边：A（资本自由流动 + 浮动汇率 + 货币政策独立性）；B（固定汇率 + 资本管制 + 货币政策独立性）；C（固定汇率 + 货币政策非独立性 + 资本自由流动）。这三个政策组合表明浮动汇率制可以兼顾货币政策独立性和资本自由流动两个目标，固定汇率制只能在货币政策独立性和资本自由流动两个目标中二择一。其内在的理论逻辑是在资本自由流动的条件下，跨境资本流动可能会导致国际收支失衡，实施浮动汇率制度的国家有更强的吸收外部冲击的能力，从而保证货币政策的独立性；实施固定汇率制度的国家为了稳定汇率不得不被动地吞吐基础货币，货币政策效果被跨境资本流动变化所抵消，从而丧失货币政策的独立性。

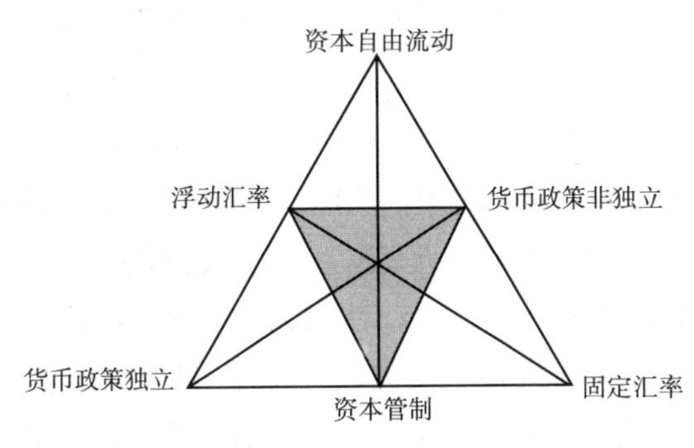

图 1　“三元悖论”

“三元悖论”对各国汇率制度的选择、货币政策目标的定位以及资本项目开放产生了重大影响，成为各国实施宏观经济政策的重要理论依据。在布雷顿森林体系时代，1944～1973年，各国货币政策的独立性和汇率的稳定性得到实现，但跨境资本流动受到严格管制。20世纪80～90年代，欧洲、拉美和亚洲一些国家在跨境资本冲击下爆发了固定汇率危机，中央银行为了维持国内物价稳定和充分就业等宏观经济目标，放弃汇率稳定的承诺以保证货币政策的独立性。与此同时，兴起的“双角点”或“中间制度空洞化”（Swoboda，1986；Eichengreen，1994）的核心思想都是在允许资本自由流动的情况下，一个国家唯一可持久的汇率制度是自由浮动汇率制和极端固定汇率制度，任何介于两者之间的中间化选择会导致危机的发生。这些理论实质上是“三元悖论”理论的延续和补充。在“三元悖论”理论的影响下，受到跨境资本冲击的国家纷纷转向更为浮动的汇率制度。据国际货币基金组织的《汇率安排和外汇管制年度报告》，国际货币基金组织成员声称实施浮动汇率制的占比达44%，超过了实行传统钉住汇率制度36%的比例。

还有的研究对经典的“三元悖论”进行扩展。易纲等（2001）放开了“三元悖论”角点解的限制，提出 $X+Y+M=2$ 的策略组合都具有稳定性的观点。X、Y、M 的取值范围是［0，1］，分别代表汇率制度、货币政策独立性和资本流动状态。$X=1$ 表示固定汇率制度，$X=0$ 表示完全自由浮动；$Y=1$ 表示货币政策具有完全的独立性，$Y=0$ 表示货币政策完全无效；$M=1$ 表示资本完全自由流动，$M=0$ 表示资本完全管制。取值在0～1之间代表中间状态。由此可见，东南亚国家中间化的选择，完全的资本流动与部分汇率稳定、部分货币政策独立性是可以达成平衡。不仅如此，部分汇率稳定、部分货币政策独立性与部分资本流动三者也是可以达成平衡的。

还有的研究把外汇储备引入到“三元悖论”中形成了“三元悖论的四维框架”。Aizenman 等（2008，2010，2012）结合一国金融开放度和外汇储备持有条件构建了三元分离指数，研究发现“三元悖论”框架分离指数越高且外汇储备越低的新兴经济体产出波动性越大；“三元悖论”框架越收敛且外汇储备越高的新兴市场国家其产出波动性越小。即外汇储备①还有些研究考虑到外汇储备对平衡的影响。在资本自由流动条件下，储备在固定汇率承受

① 近年来，新兴市场经济储备规模持续扩大，储备占GDP的比重由1990年的4%上升到2011年的35%。

贬值压力时具有缓解本币贬值压力的作用，不需要调整国内利率来维持固定汇率，从而保持了货币政策的独立性。有助于帮忙新兴经济体防御金融风险，减少产出波动。靳玉英等（2014）认为新兴市场国家中间化的选择有助于经济增长、金融稳定。外汇储备虽然能缓解三元悖论框架分离对产出的负向作用，但是不能弱化“三元悖论”框架分离对金融稳定的负面影响，即外汇储备的增加并不能缓解“三元悖论”框架分离造成的金融不稳定。

但是也有观点认为真实世界中根本不存在“清洁浮动”[①]，用浮动汇率去换取货币政策的独立性实际上是个伪命题。即使对外宣称已经实施浮动汇率的发展中国家还是会出现“害怕过度浮动”去干预汇率波动的行为，这意味着他们并没有真正放弃稳定汇率的目标，宏观经济政策选择仍然面临着货币政策独立性和汇率稳定取舍的“两难困境”（Calvo & Reinhart，2002）。Ereeg等（2009）分析了2000～2007年欧元区各国短期利率与美国短期利率的相关程度，发现他们之间短期利率的相关程度明显高于商业周期的相关程度，他们短期利率的相关性甚至还高于钉住汇率制下的亚洲国家与美国短期利率的相关性。Rey（2013）研究发现浮动汇率国家的资本流动、资产价格和信贷增长与反映全球性避险情绪的VIX指数高度相关，这意味着实施浮动汇率制的国家也没有办法保证货币政策的独立性。由此，Rey（2013）开创性地提出“二元悖论”的观点，他认为一国汇率制度的选择不会对货币政策独立性产生影响。在资本完全自由流动的情况下，一国必然会丧失货币政策的独立性。因此，一国需要在资本自由流动和货币政策独立性中二择一，而不是在资本自由流动、货币政策独立性和汇率稳定中三择二。不过他并未详细阐明“二元悖论”现象背后的经济学原理。

此后，学者们尝试从不同的视角探析“二元悖论”背后的经济学原理。Obeterfeld（2015）实证研究发现，全球性避险情绪与美国利率水平呈正相关关系，美元利率越高，全球性避险情绪越高涨，反之则低。他认为全球性避险情绪会通过风险溢价的变化产生跨国传递效应，对他国货币政策独立性产生影响。所以，浮动汇率制国家的货币供给总量会随国际金融周期变化而变化，呈现货币政策独立性丧失的现象。范小云等（2015）认为金融一体化的发展增强了汇率的敏感性，汇率变动通过资产负债表和经常项目渠道影响一国的宏观经济。汇率制度和货币政策稳定性之间存在倒U形关系。随着汇率

① 表示中央银行对汇率浮动完全不进行干预。

制度浮动程度的增加，货币政策独立性先增强，达到最高点后减弱甚至变为削弱作用，即金融一体化的背景下，完全浮动的汇率也可能会削弱货币政策的独立性。上述这些研究实现上都关注全球金融一体化、国际金融周期对一国货币政策独立性的影响，笔者认为强势美元周期不仅全球金融一体化的重要表现，也是推动国际金融周期形成的关键性因素。基于此，本文从强势美元的“溢出效应”形成的全球金融周期现象来解释为何资本自由流动国家会丧失货币政策的独立性，阐述“二元悖论”现象背后的经济学原理。

三、强势美元周期理论对“二元悖论”的解释

（一）美元霸权与强势美元国策

强势美元政策（Strong Dollar Policy）最初是由美国克林顿政府的财政部部长罗伯特·鲁宾提出的。他认为布雷顿森林体系崩溃以来，美元长期走软的弱势美元政策①虽然有助于减轻美国的对外债务负担，但是并没有解决美国经济中投资不足，就业困难以及经济增长的核心问题。因此，他提议美国实施强势美元政策，运用货币政策遏止美元下跌趋势，容许美元汇率适度高估来解决美国经济中投资与就业不足的核心问题，推动美国经济增长。从1993 年开始美国将强势美元作为“国策”。以资本主义作为研究对象的马克思的政治经济学指出美国的对外政策本质上是服务于美国资产阶级的利益的。马克思在《资本论》中强调货币具有集结各种生产要素从而启动社会生产的能力的“第一推动力”，伴随社会经济复杂性不断增强，需要以指数增加的货币的支持。货币是能量存储载体，一定的货币状态对应着一定的实体经济。强势美元政策是美国借助其美元在世界货币体系中的霸权地位，通过国内货币政策或者是财政政策的调整来操纵美元币值使其完成服务于资产阶级、服务于美国国内经济的目标。美国推行的强势美元政策并不代表美元只能涨不能跌，美联储并没有采取强硬手段去固定汇率水平，而是面对国际经济形势、美国国内经济状况变化，相机抉择宏观经济政策，熨平经济周期波动。

强势美元国策的实施至今已有 20 多年时间，强势美元往往存在“好”的经济环境中；在“坏”的经济环境中，在美联储低利率和减税政策的影响

① 美元与黄金脱钩后汇率一路狂泻，20 世纪 70 年代的 10 年，美元兑换黄金的汇率差不多下降了 90%，80 年代初美元短暂回升后再次调头向下直到 1994 年。

下强势美元必然出现回调。强势美元国策使得美元币值形成明显的“强－弱”交替的周期性波动特点。

（二）强势美元国策的传导机制

美元走势的涨还是跌，其出发点都是为了促进和保持美国经济的强势增长，其本质都是维护美国资产阶级的经济利益。每当国内经济低迷或者高涨，美联储往往会忽略其他国家的利益，习惯性采取扩张性的政策来救市，或者紧缩性的政策来抑制美国经济的过度膨胀。最近的实证研究表明美国的利率水平与全球性避险情绪之间存在正相关关系（Bekaert，Hoerova & Duca，2010；Bruno Shin，2013；Rey，2013）美国每一轮政策调整通过全球性避险情绪传导的“溢出效应”，催生了一次又一次全球流动性过剩或者是新兴市场的资本外逃，造就了其他国家经济的“过热”“过冷”，甚至成为一些国家经济危机乃至全球性经济危机的幕后推手。

下文以美国的货币政策的调整为例，解释强势美元国策的“挤出效应”。在一国资本项目开放条件下，美国货币政策对实施浮动汇率制国家的货币政策独立性的影响。如图 2 所示，A 国实施浮动汇率制，其外汇市场初始状态时均衡点 1、货币市场初始状态时均衡点 1′。当美国实施紧缩性货币政策时，美元利率（*rf*）上升时，由于美元预期收益率曲线上移，会导致全球性避险情绪（*ra*）的加大，投资者预期资本未来风险上升，投资行为会越保守，这会引起 *A* 国跨境资本流出（流入到美国），本币贬值，汇率上升（*E*1 到 *E*2）。尽管浮动利率制下 A 国家不需要回收基础货币去调节汇率，但是美元利率（*rf*）上升会带来引起全球性避险情绪（*ra*）的上升，资本外逃的结果使得 A 国银行会趋于增加超额准备金比率（*re*）和通货比率（*cd*）[①]，从而引起影响货币乘数 *B*（$B=\frac{M_1}{M_2}=\frac{c_4+1}{c_4+r_4+r_r}$）的下降（其中 *M*1 表示货币供应量，*Mh* 表示基础货币供应量，*rd* 为法定准备金率，*re* 为超额准备金比率，*cd* 为通货比率。）。又由于基础货币与价格水平保持不变，所以，实际货币供给量下降，国内利率也趋于上升（*r*1 到 *r*3）。此时，外汇市场失去均衡，本币升值从而引起汇率下降（*E*2 到 *E*3），外汇市场重新恢复均衡于点 3。可见，在

① 银行预期存款外流时会控制贷款，增加超额准备金，从而推升超额准备金率；恐慌时，企业与银行都倾向于持有通货，从而推升通货比率（Mishkin，1998）。

美国货币政策调整影响下，实施浮动汇率的国家也会由于货币乘数的变化而导致实际货币供给总量的变化，使得国内利率随着美元利率变化而变化的特征。当美元实施扩张性货币政策时，对A国货币乘数的影响正好相反，货币乘数变大，实际货币供给量上升，国内利率趋于下降（实施固定汇率制的国家，当美国实施紧缩性货币政策时，中央银行需要调整本币利率水平来干预外汇市场，直接影响本国的基础货币，从而使本国的货币供应量[①]减少）。

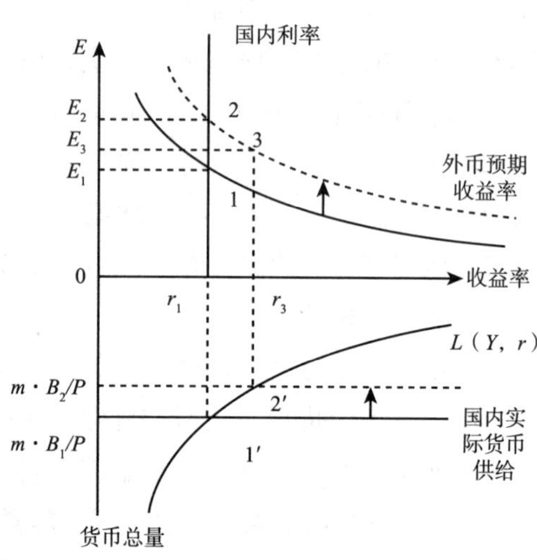

图2 强势美元国策对浮动汇率制国家的“挤出效应”

上述可见，强势美元国策会引起全球性避险情绪的上升，而全球性避险情绪的上升会通过准备金比率、通货比率的提高，实施浮动汇率制国家的货币乘数下降，从而使这个国家的货币供给总量减少，影响这个国家货币政策的独立性。这意味着浮动汇率制度并不能“隔绝”其宏观经济呈现出随强势美国国策变化而变化的“二元悖论”特征。其传导机制如图3所示。

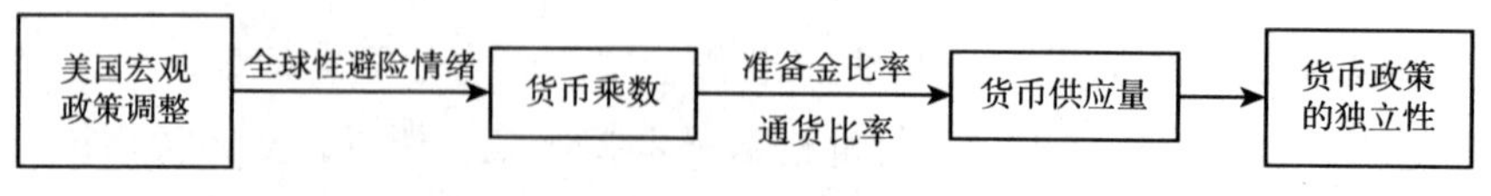

图3 强势美元国策的传导机制

① 这个观点“三元悖论”已经论证，故本文不对实施固定汇率制的国家在资本自由流动的情况下无法实现货币政策的独立性问题进行详细讨论。

这意味着以美国资产阶级、美国国内经济为立足点的强势美元国策，美国的货币政策的调整可以通过全球性避险情绪对他国的货币市场、外汇市场均衡产生影响，从而对全球金融市场产生冲击，使得全球资本流动和利率波动表现出一致的周期性，即强势美元国策的“挤出效应”通过全球避险情绪动引起货币乘数的变动，进而间接影响了一国的货币供应量和货币政策的独立性。

（三）强势美元下的全球金融周期现象与“二元悖论”

“二元悖论”与“三元悖论”的根本分歧存在于“资本自由流动情况下，浮动汇率国家是否能保持货币政策有效性”这一问题上。因此，我们将在上述论述的基础上，进一步区分“资本完全自由流动”“资本不完全自由流动”“资本完全不流动”三种情况浮动汇率制国家是否能保持货币政策有效性的问题。

资本完全自由流动的国家，在强势美元影响形成的全球金融周期现象中汇率自由浮动也无法吸收国外利率变动引起的全球避险情绪带来的投资波动以及汇率变动引起的进出口跨境资本剧烈波动的影响，从而使货币政策独立性的丧失。如图4所示，在资本完全自由流动的情况下，*BP* 曲线是一水平直线。假设最初 *IS*、*LM*、*BP* 曲线在 *E* 点达到均衡。当A国实施宽松货币政策供给 *Ms* 增加时，*LM* 曲线右移，若此时美国实施强势美元国策，美国加息带来全球性避险情绪上升，势必引发资本流出，*BP* 曲线下移，*IS* 曲线左移，最后在 *E′* 点重新达到均衡。与 *E* 点相比，产出没有明显改变。也就是说，当全球性避险情绪带来的资本外逃与货币供给增量相等时，A国的货币政策完全无效。

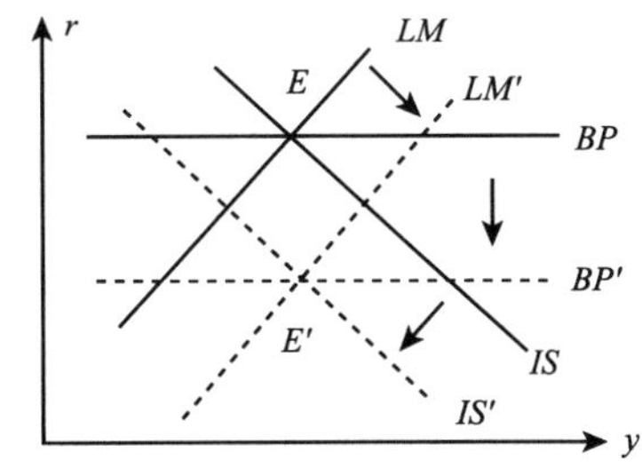

图4　A国资本自由流动，货币政策独立性失效的情形

资本不完全自由流动的国家，在强势美元周期影响形成全球金融周期现象，浮动汇率仅可以部分吸收国外利率变动引起的全球避险情绪带来的投资波动以及汇率波动引起的进出口变动来的跨境资本影响，从而保持本国货币政策的部分独立性。如图 5 所示，在资本不完全自由流动的情况下，*BP* 曲线是向右上方倾斜的直线。假设最初 *IS*、*LM*、*BP* 曲线在 *E* 点达到均衡。当 *B* 国实施宽松货币政策供给 *Ms* 增加时，*LM* 曲线右移，若此时美国实施强势美元国策，美国加息带来全球性避险情绪上升，势必引发资本流出，*BP* 曲线下移，*IS* 曲线左移，最后在 *E′* 点重新达到均衡。与 *E* 点相比，产出略有增加。也就是说，资本不完全自由流动的国家，货币政策的效果被削弱。

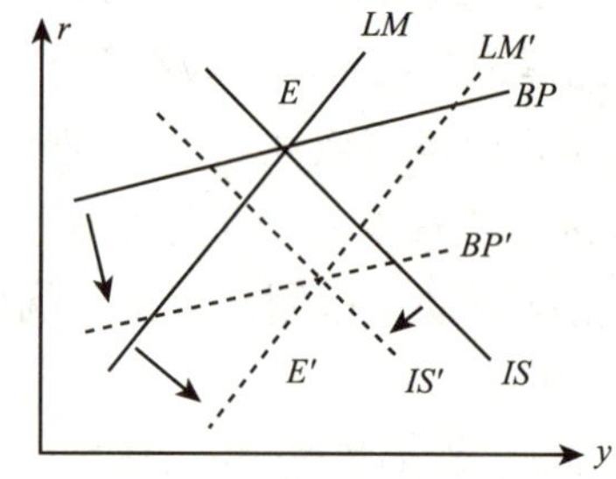

图 5　B 国资本不完全自由流动，货币政策的效果被削弱的情形

资本完全不自由流动的国家，在强势美元周期影响形成全球金融周期现象下还能保持货币政策独立性。如图 6 所示，在资本完全不自由流动的情况下，*BP* 曲线为垂直线。假设最初 *IS*、*LM*、*BP* 曲线在 *E* 点达到均衡。随着货币供给 *Ms* 的扩张，*LM* 曲线右移，引发利率下降，从而产出增加。浮动汇率条件下，本币贬值，出口增加，从而 *BP* 曲线、*IS* 曲线右移，直至三条曲线在 *E′* 点相交，产品市场、货币市场与外汇市场重新达到均衡。与 *E* 点相比，*E′* 的产出显著增加了。也就是说，资本完全不流动的情况下，货币政策能保持有效性。

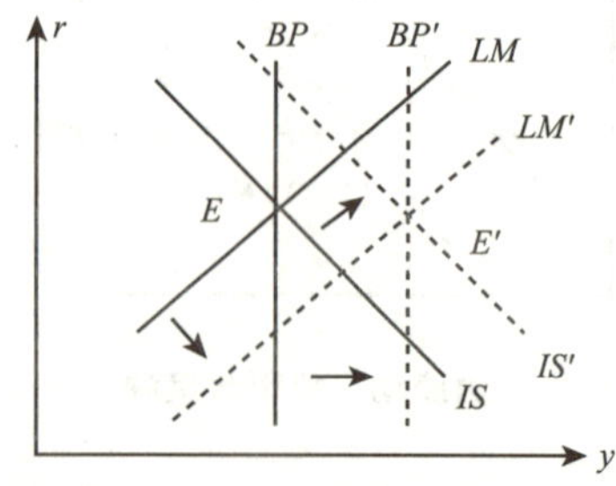

图 6　C 国资本完全不自由流动，货币政策独立性保持有效的情形

上述分析表明，强势美元国策“溢出效应”下的全球金融周期现象决定了资本自由流动与货币政策独立性是不可兼顾，这与“二元悖论”的结论正好吻合。

四、强势美元周期对一国宏观经济政策选择的影响

（一）强势美元周期下的一国宏观经济政策选择

强势美元周期是决定“三元悖论”走向“二元悖论”的关键，这个转变将会对一国的宏观经济政策的选择产生深远的影响。如表1所示，“三元悖论”下，资本自由流动、固定汇率制度和货币政策有效性的“三择二”意味着可能的策略组合有三个：A（资本自由流动 + 浮动汇率 + 货币政策独立性）；B（固定汇率 + 资本管制 + 货币政策独立性）；C（固定汇率 + 货币政策非独立性 + 资本自由流动）。政策组合A成为发达国家所推崇A的最优政策组合，不少发展中国家也将A组合视为终极目标。而“二元悖论”认为资本自由流动和货币政策的独立性不能兼顾，强势美元周期影响下浮动汇率制并不能换来货币政策的独立性，坚持资本自由流动换来的是货币政策独立性的丧失。资本自由流动和货币政策独立性的“二择一”意味着宏观经济政策可供选择的策略组合只有两个：a（货币政策独立性 + 跨境资本流动管理）；b（资本自由流动 + 货币政策独立性的丧失）。事实上无论是发达国家还是发展中国家推崇资本完全自由流动的换来的必然是货币政策独立性的丧失。

表1 “三元悖论”与“二元悖论”框架下的宏观经济政策选择差异

条件	规律	宏观经济政策组合	关键
不考虑强势美元周期影响	“三元悖论”	资本自由流动、固定汇率制度和货币政策有效性的“三择二” A（资本自由流动 + 货币政策独立性 + 浮动汇率制） B（固定汇率制 + 货币政策独立性 + 资本管制） C（固定汇率制 + 资本自由流动 + 货币政策非独立性）	以浮动汇率制换取货币政策独立性
考虑强势美元周期影响	“二元悖论”	资本自由流动和货币政策独立性的“二择一” a 货币政策独立性 + 跨境资本流动管理 b 资本自由流动 + 货币政策独立性的丧失（包括资本自由流动 + 部分货币政策独立性 + 部分汇率的稳定性的中间化选择）	货币政策独立性依赖于跨境资本流动管理

（二）在强势美元周期影响下，资本流动管理成为一国货币政策独立性的保证

强势美元周期下，一国要获得货币政策的独立性必然放弃资本完全自由流动。换句话说，一国货币政策的独立性并不可以通过浮动汇率制获得，而是依赖于跨境资本流动管理，跨境资本流动管理无效将会导致货币政策独立性的丧失。强势美元周期需要特别警惕和重视跨境资本流动管理。伴随着全球金融周期现象的不断深化，跨境资本对利率平价差异的敏感性增大，这意味着当美国利率发生稍微变动时，在其他条件不变的情况下，美国利率的稍微变动带来的利率平价差异的细微变动将会导致跨境资本大规模的流动，尤其是以证券投资为主、收益与一国经济基本面关系不大的短期跨境资本流动。从历史经验来看，当美元低利率、美元贬值带来的全球低利率、全球流动性扩张和投资风险偏好上升使得外部资本涌入新兴经济体国家，抬高其资产价格与外部负债规模，对其本币形成升值压力。对于一些国内经济基本面不够稳健的新兴经济体，资本市场开放程度越大、越有可能带来短期跨境资本持续流入。而当美联储利率进入加息时期，美元逐步走强与全球流动性进入收紧周期时这些国家随之面临着资本外流、逆转的问题。美元每次升值几乎都会让一些国内金融体系较脆弱、本国货币地位国际化程度低、在全球金融体系影响力小的国家在遭遇跨境资本流动冲击时引发金融危机。1995～2002 年美元走强期间，触发 1997 年的亚洲金融危机；1998 年的俄罗斯金融危机；1999 年的巴西金融危机；2001 年的阿根廷金融危机。这表明强势美元周期对跨境资本流入和流出起到了加速放大的作用，跨境资本流动管理的难度越来越大，跨境资本流动风险已经成为威胁国家金融稳定的重要因素。

次贷危机美国四轮的量化宽松政策，持续了六年的美国量化宽松政策正式落下帷幕。随着房地产复苏、股市上涨，美国家庭部门的资产负债表改善加速，消费提升的同时以新能源为代表的新一轮技术产业化崛起，美国的产出几乎恢复到危机前的水平，加息预期暗示全球货币宽松周期结束，全球已经迈入美元加息下的“上升新周期”，近两年美元的上涨幅度已经达到 20%，2017 年底美国政府还进一步提出大幅减税、加息的政策，新兴经济体跨境资本流出风险进一步加剧。再加上金融全球化的发展，国际投资者更加容易规避管制新兴经济体跨境资本流动管理的难度也越来越高。近年来越来越多的国际性金融组织呼吁在必要的情况下新兴经济体应该将资本流动管理作为资

本账户自由化过程的一个重要组成部分，运用各种宏观审慎政策和资本管制工具应对跨境资本流动风险。因此，强化针对跨境资本流动的宏观审慎管理变得尤其重要。

五、对中国的启示

中国在强势美元周期背景下应该如何作出宏观经济政策选择呢？

（一）构建科学的跨境资本流动管理体系，确保货币政策的独立性

与其他新兴市场国家不一样，对于大国而言，保持货币政策的相对独立性的重要性更高。中国的选择应该更偏好于 a 政策组合（货币政策独立性 + 跨境资本流动管理），即追求货币政策独立性，谨慎对待资本的完全自由流动（Aizenman & Sengupta，2011）。在马克思主义中国化的伟大实践中，对外开放已经作为中国的基本国策，中国的对外开放已经充分验证了其重要作用和马克思主义创始人关于经济全球化的科学预见。不过对外开放并不等于资本项目的全面放开。习近平总书记强调对外开放要“坚决维护我国发展利益，积极防范各种风险，确保国家经济安全”的前提下，通过对外开放“赢得经济发展的主动、赢得国际竞争的主动”。事实上国际社会对于资本完全自由流动的作用和风险的认识也是在不断变化中的。国际资本流动悖论颠覆了一直以来国际资本流动对发展中国家改善资源配置，促进经济发展的认识。过去的研究大都认为发展中国家从资本富裕的发达国家获得发展所需要的资本，发达国家分享发展中国家更高投资的回报，进而推动发展中国家、甚至全球经济增长。但是现实数据表明在过去的十多年里国际资本流动的一个显著特点是国际资本从新兴经济体、发展中国家大量流出。2000 年以来，新兴市场国家的资本流出总额已超出外国资本的流入总额。2000～2013 年新兴经济体的资本流出累计达 13.4 万亿美元，其中向发达国家的资本净流出累计就达到 4 万亿美元左右。可见，中国在支持对外开放政策的同时并不需要过分追求资本项目的完全开放，而是应该创新思维，探索形成适应于强势美元周期、适应于中国国情的对外开放新体制，通过“适当资本流动管理体系”在防范风险，确保金融安全的前提下，统筹国内、国际两个大局，发展更高层次的开放型经济，为马克思主义政治经济学开放型经济理论的建设作出更大的贡献。

强势美元周期是影响“三元悖论”走向“二元悖论”的关键。资本自由流动和货币政策独立性之间的抉择意味着跨境资本流动管理的有效性才能保持货币政策的独立性。强势美元周期下美国货币政策、财政政策的调整通过跨境资本流动传递“溢出效应”。可以预见，随着全球经济金融关联性和互动性不断提高，强势美元国策通过全球性避险情绪的传导更加高效，对货币乘数的影响会越来越显著。因此，中国需要从维护金融安全和确保货币政策独立性的高度看等待跨境资本流动管理，在构建开放型经济新体制背景下，促进跨境资本的有序自由流动。密切关注全球性避险情绪的变化，建立相关监测指标，将其纳入货币政策分析框架，为货币政策独立性提供支持。构建统一口径的跨境资本流动风险的监测和预警系统，不仅要监测国内经济脆弱性的指标，如短期投机性资本的双向流动、外汇储备等，还要监控全球经济指标，如国际金融市场投资者情绪与流动性风险的变化等。通过监测、预警系统，密切关注指标的变化，提高跨境资本流动风险监管效率，防范“美元上升周期”可能面临的跨境资本流出风险。

（二）推动人民币国际化的同时实施强势人民币政策，提高中国在国际上的话语权，弱化强势美元周期的影响

强势美元周期可以说是国际货币体系被美元单一垄断的结果。中国当前应当抓住人民币加入 SDRs 的契机，大力推动人民币国际化。人民币国际化可以看成是中国供给侧改革的外延。中国面向全球提供公共产品，人民币作为全球流动性的补充，有助于改变美元本位下全球安全资产供给相对不足的问题，打破当前美元在国际货币体系中“一股独大”的格局。

强势人民币政策并不是说一味追求人民币的单边升值，在坚持对内平衡优先的原则下提高汇率的灵活性。值得注意的是，浮动汇率制虽然不能保证货币政策的独立性，但是增强汇率灵活性并非不重要，增强汇率灵活性仍然有助于控制基础货币，保持货币政策独立性和实现内外平衡。灵活的汇率制下，强势的经济必然带来强势的货币。事实上人民币已经是世界新兴强势货币，从 1994 年汇改后到 2014 年底，人民币兑美元双边汇率累计升值 42%，国际清算银行编制的人民币实际有效汇率指数累计升值 93%。强势人民币的有助于提高人民币的国际接受程度，推动人民币国际化，提高中国在国际上的话语权。中国以最大发展中国家、最具实力新兴经济体的身份参与到全球经济治理中，为新兴经济体、发展中国家代言，促进国际经济秩序朝着平等公正、合作共赢的方向发展；国际货币体系多元化改革有助于弱化强势美元周期影响，降低新兴经济体、发展中国家面临的跨境资本流动风险；敦促国际社会建立起跨境资本流动的全球监管框架以及资本来源国和接收国之间的合作机制来应对跨境资本流动风险。

参考文献

[1] 葛奇:《宏观审慎管理政策和资本管制措施在新兴市场国家跨境资本流出入管理中的应用及其效果——兼析中国在资本账户自由化过程中面临的资本流动管理政策选择》,《国际金融研究》, 2017 年第 3 期, 第 3～14 页。

[2] 肖卫国、兰晓梅:《新一轮美联储加息对中国跨境资本流动溢出效应研究》,《经济学家》, 2017 年第 2 期, 第 84～90 页。

[3] 郑联盛:《人民币加入 SDR 后跨境资本流动新动向及应对》,《银行家》, 2017 年第 1 期, 第 47～49 页。

[4] 唐国强、王彬:《汇率调整、资本项目开放与跨境资本流动——新兴市场经验对我国的启示》,《中央财经大学学报》, 2017 年第 4 期, 第 104～116 页。

[5] 陆简:《避险情绪、货币乘数与二元悖论》,《国际金融研究》, 2017 年第 6 期, 第 3～12 页。

[6] 靳玉英、周兵:《新兴市场国家三元悖论框架选择为何中间化？——基于经济增长和金融稳定视角的分析》,《国际金融研究》, 2014 年第 9 期, 第 34～44 页。

[7] 范小云、陈磊、祝哲:《“三元悖论”还是“二元悖论”——基于货币政策独立性的最优汇率制度选择》,《经济学动态》, 2015 年第 1 期, 第 55～65 页。

[8] 伍戈、陆简:《全球避险情绪与资本流动——“二元悖论”成因探析》,《金融研究》, 2016 年第 11 期, 第 1～14 页。

[9] Aizenman J., M. D., Chinn and H. Ito. Assessing the Emerging Global Financial Architecture: Measuring the Trilemma's Configurations over Time, NBER Working Paper, 2008, No. 14533.

[10] Aizenman J., M. D., Chinn and H. Ito. The Emerging Global Financial Architecture: Tracing and Evaluating New Patterns of the Trilemma Configura-

tion. Journal of International Money and Finance, 2010 (29): 615 -641.

[11] Aizenman J. and H. Ito. , Trilemma Policy Convergence Patterns and Output Volatility. The North American Journal of Economics and Finance, 2012 (23): 269 -285.

美元霸权下的“中心—外围”博弈对中国的影响与应对

梁　涛

一、引言

国际货币体系不断演进的过程中，极少数帝国主义“先进”国作为世界货币发行的中心国家和本国货币不能用于国际支付结算的外围国家之间因国际贸易、投资和结算的需求产生的相互依存、相互影响的“中心—外围”的博弈关系。从金本位制到布雷顿森林体系，再到牙买加体系，中心国家由旧资本主义英国到帝国主义美国，外围国由一般资本主义国家到新兴经济体的演变过程中，中心国家与外围国之间的尖锐矛盾、剥削与被剥削关系一直存在，这反映了少数“先进”国对绝大多数外围国家经济压迫和金融扼制的本质并没有改变，验证了列宁在帝国主义理论中所描述的“从自由竞争中生长起来的垄断并没有消除自由竞争，而是凌驾于这种竞争之上，与之并存”的正确性。

现有的关于“中心—外围”博弈问题的研究大多从发达国家与发展中国家之间不平等贸易关系的视角展开，较少从国际货币体系演变、国际货币制度变迁的视角展开。事实上从金本位制到当前的牙买加体系，随着国际货币体系演变、国际货币制度的变迁，“中心—外围”博弈不断地变化：首先，参与博弈的局中人，中心国家由英国到美国，外围国家则由一般资本主义国家到新兴经济体；其次，中心国家“剥削”外围国家的形式也发生了变化。作为旧资本主义国家的代表英国主要依靠商品输出“剥削”外围国家；而拥有了真正自行“印刷”国际支付手段特权的美国“剥削”新兴经济体的形式已经由过去的“资本输出”转化为“资本输入”。这些变化对新兴经济体乃至于全球的经济发展产生了重大而深远的影响。因此，从国际货币体系演变、国际货币制度变迁的视角探索当前美元霸权对“中心—外围”博弈以及由此对中国经济发展带来的影响与应对问题的研究就具有相当重要的现实意义。

二、文献回顾与述评

最早提出类似“中心—外围”概念的经典文献当属马克思的《资本论》。他指出资本主义生产关系空间扩张过程中，资产阶级通过殖民扩张、资本输出摧毁了落后国家手工业与农业相结合的自然经济基础，形成了主要生产初级产品的殖民地商品经济，沦为他们的从属或附庸。按国际生产价格进行的商品交换实质上是不平等的，发达资本主义国家凭着掌握了技术和设备占有超额利润，落后国家不参与形成平均利润率。不平等的商品交换反映了发达国家实现对落后国家的剥削①。

列宁在《帝国主义是资本主义的最高阶段》一书中进一步指出在自由竞争的时代，旧资本主义主要通过商品输出占有剩余价值；在垄断时代，从商品输出到资本输出的过程中，旧资本主义向帝国主义转变。帝国主义是资本主义发展的一个特殊阶段，它通过资本输出占有剩余价值，实现了资本主义的垄断②。列宁的帝国主义理论明确提出垄断是帝国主义最深厚的经济基础。帝国主义阶段是垄断组织和金融资本的统治已经确立、资本输出具有突出意义、国际托拉斯开始瓜分世界阶段的资本主义发展的新阶段。

马克思《资本论》阐述的资本主义生产关系空间扩张理论与列宁的帝国主义理论可以很好地解释金本位制、布雷顿森林体系下的“中心—外围”博弈，中心国家对外围国家的剥削本质以及由商品输出到资本输出剥削形式的变化。不过布雷顿森林体系崩溃后，中心国家虽然还会通过跨国公司向外围国家输出资本，但是从总体上看，其规模远远小于外围国家向中心国家的储蓄输入。中心国家已经由马克思、列宁所阐述的“资本输出”的角色转变成为“资本输入”的角色，这是马克思的《资本论》与列宁帝国主义理论都没有涉及的“新”事物。

萨米尔·阿明认为“现实”本身在变化，马克思所开创的对现实世界的批判的发展中总有“新”的事物需要被考虑。他认为当代资本主义最显著的

---

① 卡尔·马克思著：《资本论》（第三卷），人民出版社2002年版。

② 列宁专题文集·论资本主义，人民出版社2009年版。

特征之一是生产过程的全球化。发达国家是全球化的中心，拥有资本、生产技术、营销网络并攫取绝大部分利润，其他国家则只是充当全球化生产的劳动力。中心国家与外围国家之间不平等的国际分工决定了他们之间不平等发展经济关系；不平等发展经济关系又决定了国际贸易的不平等交换，这导致外围国家出现“出口畸形”“第三部类（生产奢侈品部类）畸形”和“积累过程外向性”（剩余价值外流）的“三重畸形”，结果阻碍了外围国家社会经济发展，形成“中心—外围”两极化现象①。不过萨米尔·阿明的研究也没有解释清楚美国在与新兴经济体的博弈中是如何实现“资本输出”到“资本输入”角色的转化。

近期的文献研究开始关注国际货币体系对“中心—外围”博弈以及全球经济失衡和系统性危机的影响。Eichengreen（2004）指出国际货币体系存在着“中心—外围”关系，中心国家可以发行储备货币、占用他国储蓄，外围国家则被迫积累低收益的外汇储备②。Bordo（2005）比较了战前和布雷顿森林体系崩溃后中心国家与外围国家的经济关系差异，在金本位制度下，中心国家输出资本和商品；牙买加体系下，中心国家输入资本和商品，全球经济失衡的表现方式出现了变化，由中心国的资本项目逆差和经常项目顺差到资本项目的顺差和经常项目的逆差的转变③。殷剑峰（2009）认为外围国家积累储备货币的储蓄输出与中心国家通过对外直接投资的资本输出具有完全不同的含义。外围国家的贸易顺差和外汇储备的积累在很大程度上是中心国家对其直接投资的结果，所以，外围国家的资本输出实际上受控于中心国家④。上述分析可见，美元霸权对当前的“中心—外围”博弈起到决定性的影响，从国际货币体系演进、国际货币制度变迁的视角来研究不同货币体系下的“中心—外围”博弈，才能更好地解释美国如何实现由“资本输出”到“资本输入”角色的转化以及对中国经济的影响。因此，本文尝试在国际货币体系演进、国际货币制度变迁的视角探讨“中心—外围”博弈的变化，解释美国如何在美元霸权在博弈中实现角色的转化以及由此对中国经济产生的影响

---

① 萨来尔·阿明著，王子凤译：《解读〈资本论〉，解读资本主义》，《国外理论动态》，2017 年第 4 期。

② Eichengreen B.，Global Imbalances and the Lessons of Bretton Woods，NBER Working Paper，2004.

③ Bordo，M. D.，Historical Perspective on Global Imbalances，NBER Working Paper，2005.

④ 殷剑峰：《储蓄不足、全球失衡与“中心—外围”模式》，《经济研究》，2013 年第 6 期。

和应对。

三、国际货币体系演进下的“中心—外围”博弈

国际货币体系中一直存在中心国家与外围国家之间因国际货币供给和需要产生的策略相互依存、相互影响的关系。中心国家（通常是储备货币发行国家）可以既可以通过商品输出积累黄金储备也可以通过购买商品与服务，以及资本输出的方式提供国际货币；外围国家（本国货币不能用于国际支付结算的国家）由于本国货币不能用于国际支付结算，所以必须通过贸易、投资或者黄金储备去获取中心国家的国际货币。“中心—外围”博弈关系随着国际货币体系演进、国际货币制度变迁而变化。

1. 金本位制、布雷顿森林体系下的“中心—外围”博弈，检验了马克思在《资本论》和列宁在《帝国主义是资本主义的最高阶段》所阐述的“发达国家对落后国家剥削的本质以及剥削形式由商品输出到资本输出的转变”观点。第一次世界大战前的国际货币体系是典型的金本位货币体系。英国、美国、德国、法国等资本主义国家均在国内实行金币本位货币制度，当时资本主义各国间的经济联系比较密切，自发形成了国际金本位货币体系。英国凭着其在世界经济体系中的突出地位，推动形成一个以英镑为中心，以黄金为基础的国际金本位制度。金本位制度下黄金是最主要的国际储备资产，英镑是最主要的清算手段，黄金与英镑同时成为各国公认的国际储备。英国作为中心国家增加货币供给要以黄金为基础，黄金储备是有限的，英国要增加货币供给主要依靠商品输出换取或者是掠夺他国的黄金储备。这样的情况下，英国很难大幅增加货币供给；外围国由于生产水平的相对落后，面对英国的商品输出，存在黄金储备流失的问题。

国际金本位制度持续了 30 年左右。第一次世界大战期间，维持金本位制的一些必要条件遭到破坏：第一，黄金储备的过度集中削弱了其他国家货币制度的基础。到 1913 年底，英、法、美、德、俄五国占有世界黄金存量的 2/3，绝大部分黄金为少数强国所占有。第二，受到战争影响，黄金集中于各国中央银行，一些国家的政府支出急剧增加，大量发行的银行券兑换黄金越来越困难，影响了市面流通纸币的信用，也破坏了金本位制自由兑换的原则。第三，中心国家大量的商品输出，造成了外围国黄金储备的大量外流。外围国开始限制黄金流动，黄金不能在各国间自由转移。随着主要英国在拿破仑

战争期间，美国在南北战争期间都曾经停止黄金与纸币的兑换。第一次世界大战爆发后，各国停止银行券兑换黄金，禁止黄金输出国外，金本位制宣告结束。

1944 年进入了以美元为中心的布雷顿森林体系时代，美元与黄金挂钩，其他国家货币与美元挂钩的“双挂钩”是布雷顿森林体系的最大特点。“双挂钩”下的美元作为国际贸易支付、结算和储备手段，承担着世界货币的职能，是最重要的国际货币。凭借着美元的突出地位，美国成了事实上的“世界中央银行”。进入布雷顿森林体系，美国的货币政策开始左右世界经济。

如图 1 所示，布雷顿森林体系时代的“中心—外围”博弈，M 表示中心国家货币供给得到的收益，$-\Delta C$ 表示中心国家减少货币供给带来的铸币税和货币强权的损失。p 表明中心国家货币过度供给引发货币危机的概率。当中心国家采用货币供给量大幅增加的策略，外围国若选择增加储备的话，中心国家发生货币危机的概率为 p_1，其支付是（$1-p_1$）M；若选择减少储备的话，中心国家发生货币危机的概率为 p_2，其支付是（$1-p_2$）M。中心国家大幅增加的货币供应若不能被外围国所吸收，引发货币危机的概率会大大提高，因此有 $p_1 \ll p_2$。对于外围国而言，在中心国家大幅增加货币供给的条件下，增加储备具有防范风险和增加收益的作用，其支付是（$V_1+\Delta I_1$）；在中心国家控制货币供给的情况下，增加储备意味着机会成本的损失，其支付（$V_2-\Delta I_2$）。由于布雷顿森林体系规定了美元与黄金以及其他所有参与国本币与美元的平价，所以，美元供给受到美国所持有的黄金储备的限制，美国需要随时应对来自其他国家将美元以平价兑换成黄金的要求，因此，美国大幅增加美元供给是不实现的。在中心国家选择控制货币供给策略的情况下，外围国选择减少储备更有利。

		中心国家	
		增加货币供给	控制货币供给
外围国家	增加储备	$\underline{V_1+\Delta I_1}$，（$1-p_1$）$M$	$V_2-\Delta I_2$，$\underline{M-\Delta C}$
	减少储备	V_1，（$1-p_2$）M	$\underline{V_2}$，$\underline{M-\Delta C}$

图 1　布雷倾森林体系下的“中心—外围”博弈

1945 ~ 1968 年的大部分时期，世界经济增长，各国并没有出现金本位制时期明显的流动性危机。美国作为唯一的中心国家，它既可以通过购买商品与服务（经常账户逆差）的方式输出美元；也可以通过资本输出（资本账户逆差）的方式输出美元。由于本国货币不能用于国际支付结算，外围国必须通过出口商品与服务（经常账户顺差）或者吸引中心国家的投资（资本账户顺差）来获得美元。然而布雷顿森林体系并非完美，由于黄金存量有限，美元相对于黄金的价值从长期看不太可能升值。尽管后期建立黄金总库、创设特别提款权来补救，但是仍无法阻止布雷顿森林体系的解体。1971 年尼克松总统宣布停止将美元兑换成黄金给外国中央银行。美元与黄金以及其他货币和美元“双挂钩”的取消标志着布雷顿森林体系的解体。

2. 牙买加体系下的“中心—外围”博弈，美元霸权已经演变成为现代帝国主义的核心表现形式。美国通过资本账户顺差平衡经常账户逆差的做法促进了“金融国家对贸易国家”的国际分工新格局的形成。布雷顿森林体系崩溃后，进入牙买加体系时代发生最重大的变化就是国际货币体系从贵金属本位向信用本位的转变。与金本位货币制下储备货币发行国必须通过经常项目顺差来积累本币发行所需要的黄金和布雷顿森林体系货币发行国要保持充足的黄金储备来保证美元币值稳定不一样，牙买加体系时代美国发行的是没有任何贵金属做准备的信用货币，美国不再需要在提供流动性和维持固定兑换比例两难中抉择，美元供给量增加摆脱了黄金储蓄量的约束，获得了充足的上升空间。美国拥有了真正自行“印刷”国际支付手段的特权。

对于美国而言，大幅增加美元供给的好处多多：第一，可以增加铸币税收入。2009 年 5 月底，美联储公布发行流通中的美元现钞总额为 8700 亿美元。据统计，因个人出境旅游携带小额现金、官方海关运输出境、地下走私出境等因素影响约有 4500 亿美元在美国境外流通。第二，货币发行国为经常项目大规模赤字融资的功能是货币国际化的最大利益来源（Eijfinger 等，2000）。美国大幅增加美元供给不仅可以为经常项目大规模赤字融资，还可以帮助美国政府和企业凭借高的国际信用评级在全球范围内以较低的利息率获得借贷，以美元计价发行的各种有价证券比较容易获得投资者的认可，相应等级的债务融资成本比其他国家政府与企业的要低。第三，可以进一步增强其货币强权。Andrews（2006）认为凭借着美元的霸主地位，美国可以转嫁货币转换成本的权力、延迟支付持续调整成本的权力、重构参与国社会地位的权力等等，通过国际货币关系对其他外围国施予强大的影响，进一步增强货币强权（monetary power）①。

牙买加体系下美元的“一股独大”是形成美元霸权的基础。美元的核心地位以及美国发达的金融市场吸引了新兴经济体甚至其他发达国家在内的经常账户顺差国对美国的资本净输出，使得美国大幅增加美元供给引发货币危机的概率很小，即 $p_2 < 1$。美国次贷危机的发生都没有引发货币危机，验证了上述观点。这意味着美国大幅增加国际货币供给不仅不会影响国家信用，反而可以获得更多的铸币税收、更低的融资成本和货币强权。正是因为中心国家增加货币供给获得的支付大于控制货币供给，所以，美国会选择增加货币供给。在中心国家会选择大量增加货币供给的情况下，外围国会选择增加外汇储备来防范风险，所以（增加储备，增加货币供给）成为牙买加体系下“中心—外围”博弈的纳什均衡（见图 2）。

		中心国家	
		增加货币供给	控制货币供给
外围国家	增加储备	$\underline{V_1+\Delta I_1}$，$\underline{(1-p_1)M}$	$V_2-\Delta I_2$，$M-\Delta C$
	减少储备	V_1，$\underline{(1-p_2)M}$	$\underline{V_2}$，$M-\Delta C$

图 2　牙买加体系“中心—外围”博弈

“二战”后，技术领先的美国将制造业逐步向外转移，以中国为代表的新兴经济体国家成为美国的“加工工厂”，对美国出口市场的依赖使得这些外围国家紧紧聚拢在以美国为中心的国际经济体系中。美元的核心地位压制着外围国家金融市场的发育，使得这些国家经常账户顺差获得的美元最终主要用于购买美国国债等信用等级高的债务工具，对美国贸易逆差进行“融资”，形成了“金融国家对贸易国家”的国际分工新格局。这种国际分工新格局反过来会强化美国大幅增加美元供给的策略选择。

1986 年美国的国际投资净头寸由正转负，这意味着美国已经实现了“资本输出”到“资本输入”角色的转换。外围国家的人口红利为美国角色的转换提供了条件。20 世纪 70 年代早期到 2010 年间，新兴经济体国家普遍进入后婴儿潮时期，幼儿抚养比快速下降、劳动年龄人口比重的显著提高，2002

① Andrews, D., Monetary Power and Monetary Statecraft, in International Monetary Power, edited by David M. Andrews, Cornell University Press, 2006.

年就已经超过高收入国家，为其增加储备创造了有利的人口红利。新兴经济体储蓄率呈现不断上升趋势，由25%上升到30%以上。新兴经济体的储蓄输出弥补了美国储蓄与投资的资金缺口，压低美国的利率水平，推动美国就业率和劳动生产率的提高的同时进一步推动美国金融市场的繁荣。美国发达的金融市场不仅吸引了新兴经济体的储蓄输出，还吸引了其他发达国家的资金的回流，由1995年起美国已经演变成为“全球头号债务大国”。

四、美元霸权下的“中心—外围”博弈对中国经济的影响

正是牙买加体系赋予美国的特权，美元霸权下的“中心—外围”博弈促进了“金融国家对贸易国家”的国际分工新格局的形成，让美国实现了“资本输出”向“资本输入”角色的转变的同时也对中国经济发展产生了深远的影响：

1. “金融国家对贸易国家”国际分工新格局让中国陷入国际收支失衡，出口企业利润率低，转型升级缺乏技术和资金支持的困境。国际分工新格局下，美国不断扩大的经常项目逆差对应的是新兴经济体不断扩大的经常账户顺差。如图3所示，1980～2017年，除1991年以外，其他年份美国均存在经常账户赤字。次贷危机后，美国经常账户赤字规模短期内有所调整收缩，不过2013年后又有逐步扩大的趋势。

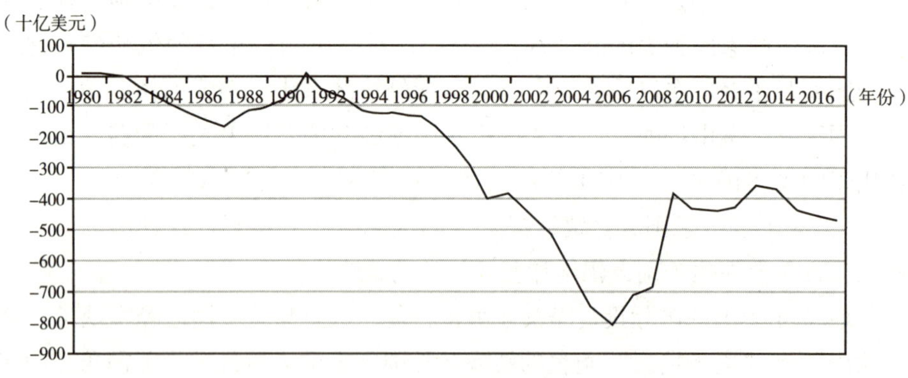

图3　1980～2017年美国经常账户余额

资料来源：OECD数据库。

亚洲地区凭借庞大的人口资源、高储蓄率的优势，日本、“四小龙”和“四小虎”等在美国“加工工厂”队伍上接力前行。1976～1996年，日本是美国商品贸易逆差的最大来源国，年均占比为40%，最高曾占美国当期贸易

逆差的80%以上。2001年，中国加入WTO，人口红利优势让中国接力成为美国外围国家的核心成员国，从那以后中美贸易失衡成为常态。如图4所示，2001～2017年中美贸易差额，尤其是商品贸易差额，除了2008～2009年受到美国次贷危机影响有所减少外，其他时间都是持续上涨。

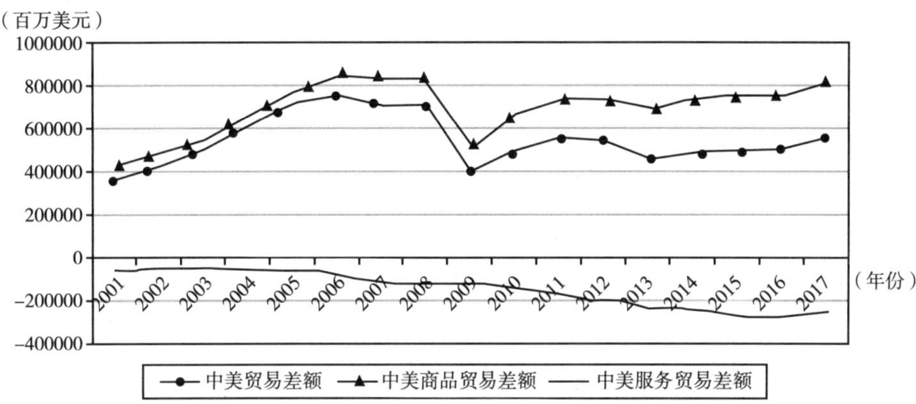

图4 2001～2017年中美贸易差额

资料来源：Wind数据库。

长期的中美贸易差额让中国也陷入了国际收支失衡的困境，经常账户差额占GDP比重长期在3%的公认警戒线之上。如图5所示，2004～2010年中国经常账户差额占GDP比重一直高于警戒线，2008年甚至达到9.94%。2009年受到次贷危机全面爆发的影响，经常账户差额占GDP比重指标才有所回落，2010年后降到警戒线以下，这恰恰表明了中美贸易差额是造成中国国际收支失衡的主要原因。

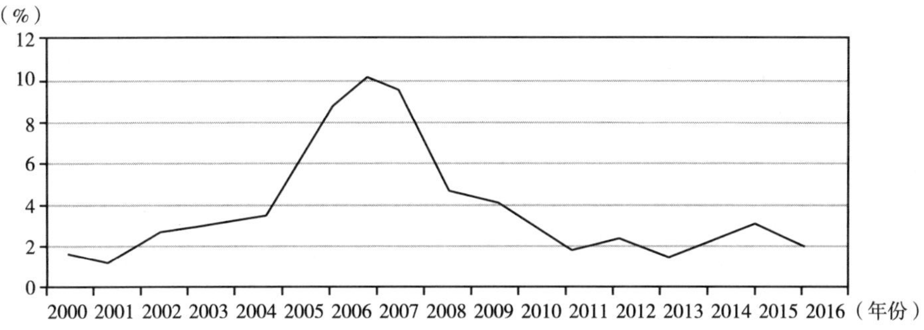

图5 2001～2016年中国经常账户差额占GDP比重

资料来源：Wind数据库。

正如阿明提出生产过程的全球化是当代资本主义最显著的特征之一。美国是全球化的中心，拥有资本、生产技术、营销网络并攫取绝大部分利润，中国只是充当全球化生产的劳动力，不平等的国际分工决定了中美之间不平等发展经济关系；而不平等发展经济关系又决定了国际贸易的不平等交换。作为美国“加工工厂”的中国，其出口企业处在全球价值链底端、利润率低，产业转型升级缺乏技术和资金的支持。

2. “金融国家对贸易国家”的国际分工新格局加剧了全球资本流动，跨境资本流动风险已经成为当前影响中国金融安全的重要因素。国际分工新格局下，当越来越多数量的新兴经济体国家栖身于经常账户顺差国，逆差集中在美国身上，就会固化全球经济失衡的状态，使得新兴经济体经常账户顺差的调节受制于美国为首的债务国净负债的增长。基本的国际收支恒等式表明一国的经常账户差额必然等于净资本流动，这意味着“金融国家对贸易国家”的国际分工新格局必然会加剧全球资本流动。

国内储蓄 - 国内投资 = 经常账户差额 = 净资本流动

牙买加体系以来国际货币和金融市场的增长大大超过了商品与服务市场的增长，外汇市场交易额增至全球贸易额的60倍；证券投资在跨境资本流动中占比越来越大。证券投资主要是非所有权且短期性的、相对流动的投资形式，常常被称为“热钱”，它的流动方向是可能迅速发生逆转的，逆转的时候可能会导致金融不稳定甚至出现金融危机。例如，1994年墨西哥以证券投资为主要形式的私人资本流动引发了金融危机；20世纪90年代末，亚洲的几个新兴经济体其证券投资和其他短期资本流动占私人资本流动的40%以上，1997年底到1998年初，泰国、马来西亚、印度尼西亚和韩国等国发生大规模的资本外逃，导致货币价值出现崩溃。1998年的俄罗斯、1999年的巴西也发生了类似的情况。接二连三的货币危机，让一直支持资本账户自由化的IMF也建议新兴经济体进行适当的资本流动管理。

次贷危机后美联储通过非常规货币政策在名义利率接近或等于零的情况下以数量工具来创造货币和扩张信贷，四轮QE向市场注入流动性高达3.7万亿美元。过剩的流动性大量涌入中国，股市暴涨、房地产价格飙升又吸引“热钱”的流入；这个趋势随着美国经济的复苏，量化宽松政策逐渐退出出现了逆转。2015年底以来中国出现股市暴跌、资本外逃以及外汇储备大幅减少的危机，跨境资本流动风险成为当前影响中国金融安全的重要因素。

五、中国的应对策略

1. 推动人民币国际化，构建“三元鼎立”的格局来遏制美国对世界金融的扼制。美元霸权影响下的“中心—外围”博弈形成的“金融国家对贸易国家”的国际分工格局反映了美国和新兴经济体之间不平等的竞争关系。两者之间矛盾不断激化甚至引发了次贷危机，但是美元霸权地位让美国不仅顺利化解危机，还进一步提高了其对世界经济的影响力。可以预见，只要美元继续保持在国际货币体系中的垄断地位，美国对新兴经济体的剥削、美国和新兴经济体之间不平等的竞争关系就不可能停止。

因此，推动国际货币体系的改革、遏制美元霸权、改变美元在国际货币体系中“一股独大”是改变当前美国与中国以及其他新兴经济体之间不平等竞争关系的根本。对中国而言，积极推动人民币国际化，构建美元、欧元和人民币“三足鼎立”的国际货币体系是遏制美元过度供给的根本。三元格局下，中心国家过多的货币供给会造成本币币值下降，使得本币国际竞争力下降，大大增加中心国家发生货币危机的可能性（p_2大幅增加，$p_1 < p_2 < 1$），这时中心国家不敢轻易增加货币供给，会控制货币供给；外围国家不需要被迫增加储备来防范和应对风险，这样“中心—外围”博弈会出现新的纳什均衡（储备减少，控制国际货币供给）。如图 6 所示。新的纳什均衡不仅有助于制衡美国对世界金融的扼制；还有助于减少跨境资本流动对新兴经济体的冲击。

		中心国家	
		增加货币供给	控制货币供给
外围国家	增加储备	$\underline{V_1+\Delta I_1}$，（$1-p_1$）$M$	$V_2-\Delta I_2$，$\underline{M-\Delta C}$
	减少储备	V_1，（$1-p_2$）M	$\underline{V_2}$，$\underline{M-\Delta C}$

图 6　三元格局下的“中心—外围”博弈

中国政府应该把推动人民币国际化与区域货币合作有机地结合起来，推动新一轮亚洲货币合作，鼓励周边国家以及东盟国家人民币的流通和使用，鼓励中国企业在对外直接投资中使用人民币计价与结算。走从周边到区域、从区域到全球的人民币国际化道路[①]。

另一方面应该致力于推动国际货币体系的改革，增强 SDR 在国际货币体系中的地位和作用。扩大 SDR 的发行规模、增强人民币国际货币职能均有利于促使美元承担维持币值稳定的义务，提高国际货币体系的稳定性，是缓解牙买加体系的内在结构缺陷以及“特里芬难题”的较好选择[②]。

2. 主动推进“世界加工工厂”向“世界制造工厂”升级是中国走出经济新常态，在“中心—外围”博弈中占据主动的关键。自从戴上“世界加工工厂”的桂冠，中国源源不断地向美国输送廉价商品，这推动国内经济增长的同时，也带来了诸多的问题：一是消耗了大量国内资源和环境，而且人口红利的释放本身不具备可持续性；二是高额的外汇储备给国内货币发行带来巨大的压力，给国内经济带来通货膨胀。另外，外汇储备的投资渠道少，主要回流美国市场，进一步固化了“金融国家对贸易国家”的国际分工格局。

推进“世界加工工厂”向“世界制造工厂”升级，对中国而言，既是挑战，更是机遇。从短期来看，中国具有优越的基础设施、完整的供应链以及技术成熟的产业工人，这是中国制造业升级转型的有利条件。中国在经历 20～30 年的高速发展之后，需要从出口导向型转为以内需为主，减少对海外市场的依赖，减少经济账户失衡；逐步从服装、玩具等中低端加工向汽车、飞机以及电子产品等更高价值制造业升级。制造业的转型升级和生产效率的提高，将是中国由原来的“世界加工工厂”升级为“世界制造工厂”的起点。

3. 构建开放型经济新体制的同时将跨境资本流动管理纳入宏观审慎管理重点来防范和应对跨境资本流动风险。推动国际货币多元化的格局不是一朝一夕的事情，有一个长期的过程。在这个过程中，构建开放型经济新体制应该成为完善马克思主义中国化最重要的一项工作。开放并不意味着放弃对跨境资本流动的管理。过去资本自由流动被改革派奉为圣旨，反复多次的金融危机洗礼让新兴经济体认识到过早过快放开汇率和跨境资本流动管理的弊端。2008 年次贷危机爆发之时，一些已经完全开放资本项目的新兴市场经济体，如韩国、巴西、泰国等在宏观经济政策、外汇市场干预与宏观审慎监管等措

---

① 张明：《国际货币体系改革：背景、原因、措施及中国的参与》[J]，《国际经济评论》，2010 年第 1 期。

② 陆磊，李宏瑾：《纳入 SDR 后的人民币国际化与国际货币体系改革：基于货币功能和储备货币供求的视角》[J]，《国际经济评论》，2016 年第 3 期。

施依然不能抑制短期资本大进大出的情况下重新采用特定的资本账户管制措施来严格控制跨境资本流动风险的蔓延。中国当前应该把各种资本流动管理工具纳入逆周期的宏观审慎管理政策中，让跨境资本流动管理成为当前宏观审慎管理的重点来应对跨境资本流动风险。

灵活的汇率制度，积累外汇储备是当前新兴经济体应对跨境资本流动风险的法宝。新兴经济体国家在遭遇了1994年的墨西哥金融危机，1997年的亚洲金融危机，1998年的俄罗斯金融危机和1999年的巴西金融危机后，绝大部分的国家的汇率制度都有所改变，管理浮动汇率制成为主流；与此同时，大幅积累外汇储备也成为新兴经济体防范和应对跨境资本流动的冲击与货币危机的预防措施。值得警惕的是，大幅积累外汇储备的做法虽然有助于降低一国遭遇跨境资本流动冲击引发的货币崩盘和金融危机的概率，但是数量众多的新兴经济体集体选择的结果却有可能进一步固化了美国不断增加美元供给以及通过“资本输入”平衡经常账户逆差的做法，进一步诱发流动性的泛滥，增加新兴经济体跨境资本流动风险。因此，中国不应该简单地追求高额的外汇储备，而是应该通过灵活的汇率制度、安全的外汇储备，以及不断完善的资本流动管理，把资本流动管理工具纳入逆周期的宏观审慎管理政策中，把跨境资本流动管理纳入当前宏观审慎管理重点来应对跨境资本流动风险。

参考文献

[1] 卡尔·马克思著:《资本论》(第三卷)，人民出版社2002年版。

[2] 列宁专题文集·论资本主义，人民出版社2009年版。

[3] 萨来尔·阿明著，王子凤译:《解读〈资本论〉，解读资本主义》，《国外理论动态》，2017年第4期。

[4] Eichengreen B., Global Imbalances and the Lessons of Bretton Woods, NBER Working Paper, 2004.

[5] Bordo, M. D., Historical Perspective on Global Imbalances, NBER Working Paper, 2005.

[6] 殷剑峰:《储蓄不足、全球失衡与“中心—外围”模式》，《经济研究》，2013年第6期。

[7] Eijfinger S., J. de. Hann Eurpean Monetary and Fiscal Policy, Oxford: Oxford University press, 2000.

[8] Andrews D. , Monetary Power and Monetary Statecraft, in International Monetary Power, edited by David M. Andrews, Cornell University Press, 2006.

[9] 张明:《国际货币体系改革:背景、原因、措施及中国的参与》,《国际经济评论》, 2010 年第 1 期。

[10] 陆磊、李宏瑾:《纳入 SDR 后的人民币国际化与国际货币体系改革:基于货币功能和储备货币供求的视角》,《国际经济评论》, 2016 年第 3 期。

第三部分
利率市场化改革与
金融消费者保护

存款利率市场化：金融消费者权益保护视角下的路径选择

梁　涛

过去关于利率制度方面的研究主要集中在利率政策对商业银行经营以及一国宏观经济增长产生的影响，例如商业银行的利率风险管理；利率政策影响货币政策的传导机制；还有利率管制对一国经济增长产生的金融抑制与深化作用等问题的研究。Mckinnon 和 Shaw（1973）认为发展中国家普遍存在的以利率管制为核心的金融约束政策影响了国内储蓄和投资的形成，从而阻碍了一国经济的发展。他们以此创立的金融深化理论影响深远，为金融自由化奠定了理论基础。Lanyi 和 Saracoglu（1983）以 21 个发展中国家为样本，研究 1971 ~ 1980 年利率市场化改革对实际国内生产总值增长率影响，计量分析结果支持利率市场化改革促进经济增长的结论。Fry（1980）的结论是实际利率向均衡的市场利率每上涨 1%，经济增长率将加快 0.5%；反之则损失 0.5%。同样，世界银行（1989）对 34 个实施了利率市场化改革的国家进行的研究也得到了类似的结论。大量的理论和实证支持利率市场化具有优化资源配置，促进经济增长的结论。但是现有的研究忽略了利率制度的微观效应，尤其是利率管制、利率市场化对金融消费者权益保护带来影响，并且这些微观影响可能会导致不同的宏观效果。

众所周知，不少发展中国家在推行利率市场化改革后爆发了银行危机或者货币危机，有的甚至引发了经济危机，这启示我们对利率制度方面已有的研究可能还有所欠缺。鉴于利率政策及其相关制度安排对金融消费者权益产生的重要影响，我们认为在利率市场化过程中加强对金融消费者保护也许是规避系统性风险的重要途径之一。从金融消费者保护视角研究利率市场化改革需要注意的问题，这对于处于利率市场化改革关键阶段、对金融消费者保护不足的中国而言，颇具实践意义。

一、利率制度对金融消费者权益的影响

现有的研究对金融消费者的定义尚未统一，本文借鉴欧盟的金融工具市场指令中对零售客户①的定义，将金融消费者定义为不具有专业知识背景和投资经验的个人和小微企业。现实社会中，利率管制、利率市场化确实对金融消费者的权益保护产生不同影响。Mckinnon 和 Shaw（1973）最早提出利率管制具有金融抑制效应。他们认为在以银行为主要中介的市场中，政府制定的存款利率低于均衡利率，通货膨胀时实际利率很低，甚至出现负值，损害存款人的福利，导致存款规模萎缩，存款规模萎缩进一步导致银行信贷收缩，信贷收缩带来社会投资和产出的规模下降，从收入、储蓄、投资和就业四个层面抑制一国的经济增长。他们将其称之为利率管制的金融抑制效应。金融抑制效应在实施利率管制的发展中国家中很常见，它对金融消费者权益产生多种负面影响：

（一）存款利率管制损害存款人的福利，抑制其储蓄与消费欲望

存款利率管制下的低存款利率政策损害了存款人福利，抵制了消费者储蓄的欲望。我们用显示偏好用表示消费者福利如何受到存款利率变动的影响。如图 1 所示，作为存款人的金融消费者，实际上相当于将自有资金借给银行（存款人），当利率下降或者是固定利率不变但通胀率上升（相对下降）的情况下，若他仍然决定继续把钱给借给银行，他的境况会变坏，福利减少。

如图 2 所示，当利率下降或者相对下降时，若金融消费者决定不再借钱给银行而是向银行借款时，即他由存款人转为贷款人时，他的境况变好。不

---

① 金融工具市场指令将投资者（investor）分为三类：第一类是零售客户（retail client）将获得最多的保护；第二类是专业客户（the professional client）；第三类是合格的交易对手（the eligible counterparty），如信贷机构、保险公司等合格的交易对手将获得最少的保护。对于零售客户的定义是通过对“专业客户”的界定来反面界定的，“专业客户”是指拥有用以作出投资决策和评估风险的经验、知识和技能的客户，并且应满足以下条件之一：（1）信贷机构、投资公司、其他被授权或受法律约束的金融机构、保险公司、集合投资计划和这些计划的管理公司、养老基金和这些基金的管理公司、期货及其衍生品的经营者、当地及其他机构投资者；（2）以公司为主体，达到以下三个标准中的两个：①资产负债表上的资产总额 2000 万欧元；②净营业额 4000 万欧元；③自有资金 200 万欧元；（3）国家或地区性的政府、管理公共负债的公共机构、中央银行、国际和超国家的机构如世界银行、国际货币基金组织、欧洲中央银行及其他类似的国际组织；（4）其他机构投资者，其主要业务是投资于金融工具，包括主要从事于资产证券化或其他金融交易的法律实体。

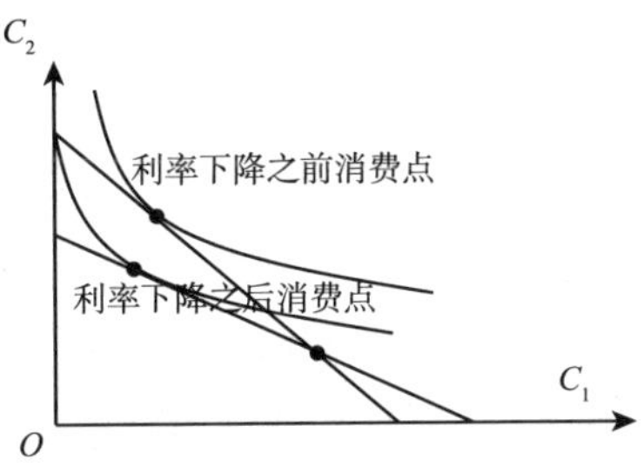

图1　利率下降使存款人的境况变坏

过当数量众多的理性存款人转为贷款人时，从整体看，社会储蓄减少，信贷规模缩小对社会投资、就业产生抑制作用，影响经济增长，经济增长放缓会影响金融消费者收入增长，进而又会抑制储蓄与消费的欲望。

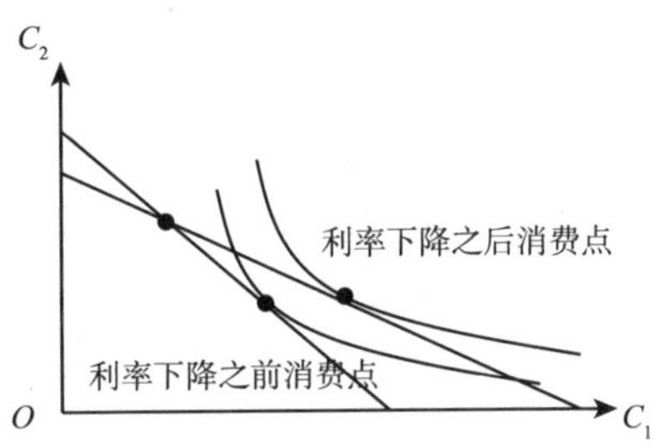

图2　利率下降使贷款人的境况变好

（二）贷款利率管制下的信贷配给扭曲资源配置

市场化利率具有资源配置功能，根据经济学原理，市场利率与边际生产率相等，低于均衡边际生产率的企业会因其支付不起利息负担而退出借贷市场。换言之，由资本使用人之间自由竞争所决定的利率将自动的限制资本于那些报酬高的用途上，而将报酬低的投资予以淘汰。利率的资源配置功能对于资金供给是经济发展瓶颈的国家尤为重要，它将资本分配到最具生产力的各种相互竞争的用途上，但是如果政府武断地规定一个低的利率并任意对资本加以分配，完全限制竞争性利率的选择机能。利率作为经济决策最密切相关的相对价格却无法真实反映资金的稀缺程度，将不可避免地造成资源分配的低效率，使一些资本分配到生产率较低的投资项目上，使每一单位投资的净生产率降低，更加重了资本供给缺乏的严重性。

在低利率条件下，面对超额的资金需求，银行无法提高利率水平筛选贷款对象，只能通过信贷配给，将部分资金需求者排除在信贷市场之外。信贷配给是利率管制环境下银行解决超额资金需求的常用手段。利率管制下的信贷配给不仅降低了整个社会的资源分配效率，还滋生腐败问题，影响社会风气。信用配给的非利率贷款条件中，虽然有一些有助于银行减少信贷风险，如企业的资产负债结构、规模、贷款期限等；但也有不少隐性标准不但有悖于资源分配的原则，还会助长银行这一垄断行业的不正之风，例如补偿余额、索要回扣等，这些标准的存在，一方面变相提高了银行的有效贷款利率，另一方面则为银行及其他部门的相关人员寻租、腐败创造了条件，严重损害作为贷款人的金融消费者的权益，出现“金融脱媒”现象。Mckinnon 和 Kenichi（1997）以发展中国家为对象做了一系列研究后进一步指出金融抑制及各种金融价格的扭曲，不仅会降低实际经济增长率，还会缩小金融体系相对于非金融体系的规模。

（三）市场准入限制加剧银行业垄断，金融消费者讨价还价空间小

实施利率管制的国家通常有较严格的市场准入限制，被管制银行除了获取由组织准租金下的正常利润外还有因市场准入限制造成垄断带来的超额利润，并且从长期看，只要市场准入限制不变，纵使垄断行业有超额利润其他公司也无法进入，被管制银行可以在长期保持超额利润。对于被管制的银行，可以从固定存、贷利率差中享有垄断利润，银行利差收入是银行收入的主要来源。研究表明，实施利率管制国家的净息差普遍高于利率市场化的国家，被管制的银行只要扩大存款规模就可以增加收益，他们有不断扩大存款规模的冲动，却没有进行产品创新的动力，并且利率管制也抑制了金融机构产品创新的空间。在金融衍生品市场占据半壁江山的利率类衍生品在实施利率管制的国家的金融市场上显示品种少、规模小的特点。银行业高度垄断、贷款产品单一，金融消费者的选择极其有限，讨价还价空间小。

二、我国利率管制的特点和对金融消费者权益的影响

（一）我国利率管制的特点——具有明显的租金效应

我国政府管制存、贷利率的主要目的是最大可能实现金融稳定：政府试图通过利率管制减少利率波动对银行经营的冲击；通过利率管制抑制银行间的无序竞争和一些为追求高收益的激进的金融创新，降低银行系统风险，以

期达到金融稳定的目的。赫尔曼、穆尔多克和斯蒂格利茨（1997）认为发展中国家政府通过一系列金融政策，将利率维持在低于竞争均衡达到的利率水平，从而为金融部门和贷款企业创造“租金”机会，通过租金效应推动本国的金融深化和经济增长。他们指出由政府维持一种垄断性的金融约束制度安排比竞争性的金融自由化制度安排更有利于一国的金融深化与经济增长。我国政府的利率管制政策虽然没有直接向金融部门和国有企业提供补贴，但是为这些部门创造“租金”机会，为这些部门的扩大贷款规模提供了有效的激励机制。政府利率管制在巩固国有金融机构与国有企业垄断地位的同时，产生明显的“租金效应”，推动了我国的金融深化和经济增长。

我国政府利率管制的“租金效应”如图 3 所示，轴 L 表示信贷市场的规模，纵横 r 表示利率；S 表示信贷市场的供给曲线；D 表示信贷市场的需求曲线。r_0是市场均衡利率，L_0是信贷市场均衡时的贷款水平。政府干预利率市场，控制存款利率（规定存款利率的上限是 $r_d < r_0$），如图 1 所示，政府通过控制存款利率，使存款利率维持在低于竞争性均衡水平的瓦尔拉均衡利率水平（r_0），降低银行吸收存款成本，创造了租金机会（$r_0 - r_d$），为银行经营提供了有效的激励机制，激励银行积极以各种方式吸收存款，例如增设分支机构和吸纳新储户等（居民存款供给曲线由 S 下移至 S'），推动了金融深化。与此同时，政府通过控制贷款利率政策，使贷款利率（r_L）低于自由竞争条件下瓦尔拉均衡利率水平（r_0），降低了贷款企业融资成本，为贷款企业部门创造租金机会（$r_0 - r_L$），刺激了企业部门的贷款需求增加，贷款需求曲线由 D 上移至 D'，社会投资增长。整体上看，租金效应大于利率效应，金融约束政策促进了经济增长。

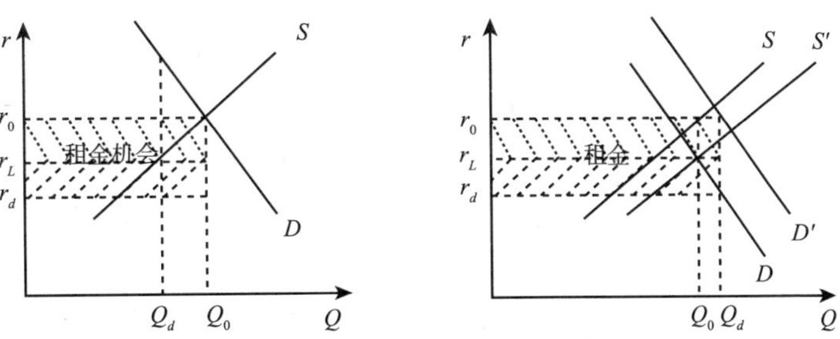

图 3　利率管制下租金效应推动金融深化

我国长期利率管制具有推动金融深化的作用可以由 M2/GDP 指标得到佐证。M2/GDP 是衡量金融深化的常用指标，1985 年我国 M2/GDP 是 0.58，2010 年达到 1.82；M2/GDP 的大幅上涨主要是储蓄存款和定期存款为主的准货币的大幅增长。这说明利率管制时期，我国的存款总体上是稳步增长的，这在一定程度上反映了我国利率管制具有较明显的租金效应，促进了金融深化。

（二）长期利率管制租金效应是以牺牲金融消费者权益为代价

我国利率管制产生了明显的租金效应并不意味着它增强了对金融消费者的保护，恰恰相反，我国利率管制的租金效应可以说是以牺牲消费者权益为代价的。第一，租金效应加剧银行业的垄断与寻租行为。2008～2012 年，无论国民经济整体运行情况如何，我国银行存贷利率差一直保持在 3.06%。四大国有银行单纯依靠吸收更多的存款，扩大贷款规模就可提高收入、增加利润，并且实现市场垄断，四大国有商业银行目前占据市场份额 90% 以上。垄断均衡下，尽管各种隐性收费高、服务质量差，不合理的霸王条款等侵犯消费者权益的事件频频曝光，四大国有商业银行的垄断地位从未发生动摇。利率管制下的低利率政策鼓励了国有企业资金欲望，银行信贷人员的寻租行为也使得企业实际承担的利率成本并不低；而银行为维持垄断地位的寻租成本最终也会转嫁到金融消费者身上，金融市场低效率运行。

第二，低存款利率导致“存款搬家”，催热影子银行。低存款利率造成了存款人的利益损失，使得存款人迫切寻求储蓄之外能提供更高收益率的投资渠道，大量存款工具替代品应运而生，特别是互联网金融兴起，资产管理、影子银行体系迅速壮大，理财产品爆发式增长、类存款业务市场蓬勃发展化，直接的后果就是“存款搬家”引起的金融脱媒。“资金脱媒”促使受政策限制的银行系统在整个金融体系中所占的地位下降。2010 年下半年～2012 年底，银行部门中介融资的相对规模及增速出现较大缩减。与此同时，几乎不受存贷款利率管制的私募股权基金、风险投资基金等“影子银行”却在媒介资本借贷、促进储蓄——投资的转化中，发挥着日益重要的作用，形成了变相的利率市场化。但是这些影子银行及其扎根在国有金融体系里影子银行业务并不像正规金融一样受到较为严格的资本充足率、信用风险控制、流动性控制等多方面的监管，金融消费者承担了更高的风险。

第三，高通胀率进一步损害存款人利益。通货膨胀会影响货币的现值，消费者总会偏好具有较高现值的禀赋，较高价值的禀赋产生的预算线离原点较远，意味着消费者在拥有原预算集下的全部消费机会外，又增加了许多新的消费者机会。而高的通胀率使得消费者拥有较低价值的禀赋，消费者在每个时期的消费减少。在一个充分竞争的有效经济体中，长期平均实际利率（名义利率减去通货膨胀率）应该与长期平均经济增长率基本持平：前者是投资的平均单位成本，后者是投资的平均回报率，两者应该相等。而中国多年的利率管制伴随金融深化而来的高经济增长率与高通货膨胀率并存，低存款利率加上高通胀，对金融消费者而言，无疑是越存越亏。如图 4 所示，1979～2012 年的 34 年间以一年期储蓄存款为例，实际利率有 20 年为正，13 年为负，1 年为 0。实际正利率最高为 6.98%，最低为 0.30%，20 年平均为 2.49%；实际负利率最高为 -13.12%，最低为 -0.10%，13 年平均为 -4.12%，34 年平均利率是为 -0.11%。这意味着 34 年存款人将钱存在银行得到的是负利率。当实际利率降低甚至为负时，对存款人福利影响与图 1、图 2 情况类似，不过预算线的斜率为 $-(1+r)$，更加平缓，这意味着对其福利影响更大。

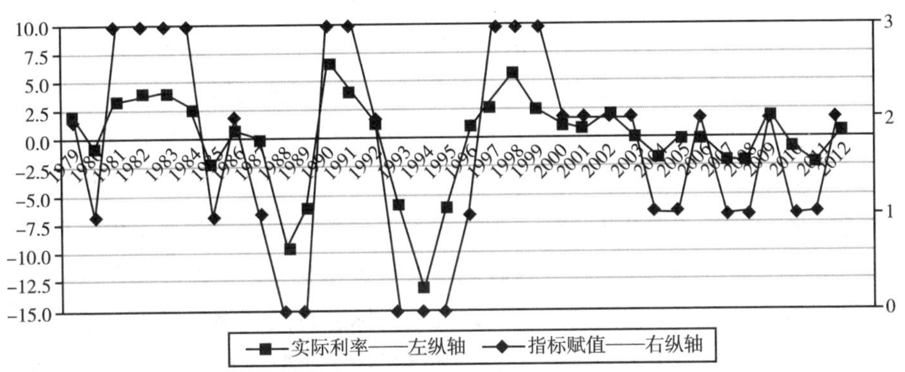

图 4　1979～2012 年中国的实际利率水平与赋值

资料来源：陶雄华，陈明珏：《中国利率市场化的进程测度与改革指向》，《中南财经政法大学学报》，2013 年第 3 期。

第四，小微企业面临信贷歧视与贷款难问题。我国银行业信贷配给的结果往往是将资源配置到效率更低的国有企业而不是效率相对高的小微企业，小微企业贷款需求无法得到满足，只好通过民间融资方式获取贷款。当前我国的金融监管主要局限于国有金融体系，并没有将我国民间、地下金融及其利率纳入监管体系之内，游离于监管之外的民间、地下金融孕育着极大的风险。民间融资行为得不到法律保护，并且由于小微企业缺少合格的抵押品和担保品，民间借贷行为往往面临较高的政策风险和法律风险，这要求获得更高的利率补偿风险。张军（1999）运用信息不对称和信贷配给理论解释民间金融、地下金融利率高于正规金融利率的现象，他认为利率不仅起到调节信贷资金的供给和需求的作用，而且还具有作为传递具有调节借贷风险组合信号作用以及过滤借贷风险的功能。由于民间、地下金融信贷市场上的贷方面临更严重地对风险过滤的问题与对借贷合同的条款有效执行的问题，因而利率在非正规信贷部门能保持高于正规信贷部门的稳定水平。这是民间信贷市场对还贷风险信息的严重不对称分布状态的理性反应。温州债务危机的爆发一方面警示我们利率管制下正规金融对小微企业融资缺位再不解决可能会使危机升级到国家层面；另一方面也说明利率管制逐渐失效，利率正在以一种自发力量进行市场化。

三、单纯放开贷款利率管制并没有真正改善金融消费者境况

我国利率市场化的改革始于1996年银行间同业拆借利率的开放，考虑到市场条件尚未成熟，为维护金融稳定，采用了渐进式的改革模式。2004年10月实施“贷款下限、存款上限”后，利率市场化的改革进入缓慢期，少见相关的政策出台。直到2012年6月央行宣布下调金融机构人民币存贷款基准利率以及放宽存贷款利率浮动范围；2013年7月，央行又宣布全面放开金融机构贷款利率管制，取消贷款利率0.7倍的下限，取消农村信用社贷款利率上限，金融机构自主确定贷款利率；个人住房贷款利率政策保留0.7倍下限以及存款利率不得超过基准利率的1.1倍限制。这些政策出台标志我国利率市场化改革逐渐进入快速发展期，估计未来几年利率市场化将是中国金融改革的核心。至目前为止，我国的利率市场化改革还是处于单纯放开贷款利率的阶段。

单纯放开贷款利率会导致利率管制的“租金效应”弱化。如图5所示，政府干预利率市场，控制存款利率（规定存款利率的上限是$r_d<r_0$），完全放开贷款利率的管制，市场均衡贷款利率是r_{L1}，银行从居民部门得到（r_0-r_d）的租金；从企业部门得到的租金（$r_{L1}-r_0$），共获得租金（$r_{L1}-r_d$）高于同时干预存、贷款利率时获得租金（r_L-r_d）。如果银行可以增加存款就可以获得更多租金，资金供给曲线外移，由S移到S'，并且对贷款的超额需求导致均衡贷款利率为r_L，银行获得租金为（r_L-r_d）。租金效应影响下，企业以较低

的利率获得更多的贷款（$L_1>L_0$，$r_L<r_0$）。不过伴随着影子银行、资本市场、房地产市场的发展，居民投资渠道日渐拓宽，传统存款渠道受到冲击，一些先知先觉的银行为了竞争存款也大力发展中间业务，这些产品的定价更加趋于市场化，相对于管制的存款利率更富有吸引力。银行无法继续增加传统存款规模，资金供给曲线移动幅度很小，租金效应减弱，金融约束的“租金效应”已经难于通过扩张存款继续推进金融深化。

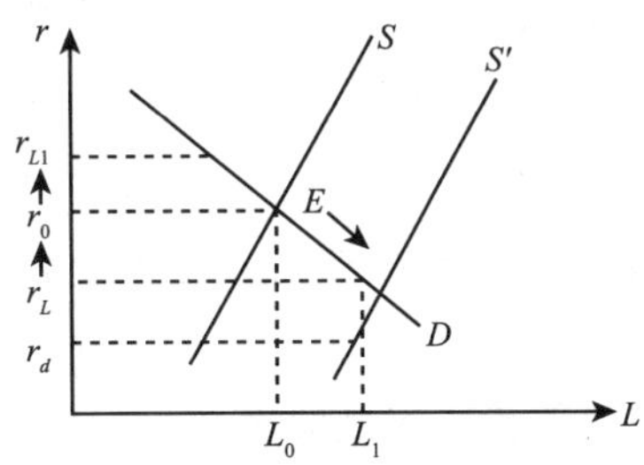

图5　管制存款利率，放开贷款利率，租金效应弱化

M2/GDP 指标也反映出租金效应的弱化：2003～2008 年 *M2/GDP* 指标的变化平稳，甚至出现下降趋势，2009～2011 年尽管受到应对金融危机的超宽松货币政策影响，*M2/GDP* 出现明显上涨趋势，但是 2012 年后，随着货币发行逐渐正常化，*M2/GDP* 增长步伐相对经济增长开始放缓，暗示利率管制放松导致“租金效应”变小。但是单纯放开贷款利率导致“租金效应”变小并没有办法解决“垄断均衡”“存款搬家”以及信贷歧视带来的资金价格的扭曲问题。因此，单纯放开贷款利率并没有实现真正改善金融消费者的境况的目的。

四、推动存款利率市场化改革，切实保护金融消费者权益

理论上，同时取消存、贷款利率限制，商业银行遵照边际成本等于边际收入的利润最大化原则进行生产，仅获得由组织准租创造的正常利润，没有管制带来的垄断利润，将倒逼银行的存款、理财产品有更多差异性去满足金融消费者的需求，利率市场化也为银行创新金融衍生品提供了更好的客观条件。这意味着金融消费者可以以更高的利率储蓄，更多的投资品种选择。信用程度记录将在消费信贷中发挥越来越大的作用。银行按照借款人的信用状况及职业、学历等综合情况决定每个贷款人的利率，信用良好的、相对高效率的企业者将受到市场更多的青睐，小微企业不再受到信贷歧视，以较低的

成本获得更多贷款，增加贷款人的消费者剩余。让利率真正实现优化资源配置功能。实际利率提高会使金融消费者储蓄增加，从而推动投资，实现促进经济发展、金融深化的目的。因此，为了保护金融消费者权益，我们需要进一步推动利率市场化进程——放开存款利率。

不过，现实中很多的发展中国家在利率市场化改革道路上并未能获得很好的效果。20 世纪 80 年代，一些发展中国家甚至因利率市场化改革引发了严重的金融危机，极大地损害金融消费者权益，最终影响金融效率。这些发展中国家利率市场化改革实践启示我们，利率市场化改革提高金融消费者权益并不是必然的，仍需要警惕利率市场化过程可能存在的损害金融消费者权益的现象，推动存款利率市场化改革必须处理好几个问题：

（一）立法强化存、贷款利率信息披露

在全面推动全面利率市场化改革的过程中，必须明确利率市场化改革并不代表政府放弃对利率的管理。利率市场化与利率管理并不矛盾，市场化的利率管理是以维护自由竞争和市场定价为前提，旨在弥补市场机制功能缺陷，恢复市场体系内在作用。立法强化存、贷款利率信息披露机制是利率管理的重要内容之一。信息披露有助于金融消费者作出理性、合理的选择。作为利率市场化主导国之一，美国在利率市场化过程中为了应对利率上限管制解除后的存款产品复杂性难题，陆续通过了多部金融领域消费者保护法律，例如《DD 条例》等，这些立法要求贷款人必须准确、完整披露有关利率信息，帮助消费者作出合理选择。我们可以借鉴美国的经验，在利率市场化改革过程中立法强制存、贷款利率的信息披露，统一利率披露的格式，强调利率披露的统一性、简洁性、时限性、准确性；明确利率披露责任以及相应的约束机制，督促金融机构严格执行有关存贷款的利率披露规定。

（二）规范金融创新，防止恶性竞争导致系统性风险

利率市场化的最大风险是放开长期管制利率出现利率水平骤然走高或者大幅下降，如阿根廷、智利、乌拉圭、墨西哥等国，利率市场化引发了异常的高利率[①]，利率过高对经济发展会产生抑制作用，而且利率大幅波动可能

① 温迪·多布森、皮埃尔·雅凯.《WTO 中的金融服务自由化》（中译本），北京出版社 2000 年版。

危及宏观经济稳定。陆磊（2001）认为过早的利率市场化带来的利率一致性上浮和信贷集中现象会损害中小企业和农村居民消费者权益，形成结构性矛盾。他认为在当前的垄断均衡下放开利率，贷款市场很可能出现利率一致性上浮和信贷集中现象，甚至在全社会资金头寸相对宽松的情况下都有可能发生。黄金老（2001）指出利率市场化可能会加大银行业整体风险。在市场秩序不完善的情况下放开利率，银行的存贷利差缩小，恶性竞争难以避免：为了在竞争中取胜银行改变风险偏好，资产质量出现下滑；大银行可能联手排挤中小银行，可能导致中小银行的经营危机甚至破产。很多国家在利率市场化过程中经历了先信贷膨胀，后又因经济减速引发货币或银行危机。Demirg-Kunt 和 Detrgache（2001）实证发现没有进行利率市场化改革的国家发生经济危机的概率远低于进行利率市场化改革的国家，利率市场化改革增加了银行业脆弱性。

我国银行由于长期受政策保护，缺少合理的利率定价机制，对于利率相关产品的研发存在创新能力和风险管理能力不强等问题。随着利率市场化进程的推进，可能会出现银行资金进入高风险金融产品领域。监管部门务必加强宏观审慎监管，规范、强化对银行金融创新的监管，监测和控制银行因存款利率上涨，信贷规模扩张带来的信用风险累积。

（三）放宽金融市场准入限制，推动非信贷融资的发展

放宽金融市场准入限制，大力发展非信贷融资是推动利率市场化的主要途径，它有利于摆脱过去对存、贷业务的过度依赖，减少存款利率市场化的阻力，促使我国利率水平及利率结构的全面市场化，从而最大限度地发挥市场利率合理配置资源的作用。随着规模的不断扩大，非信贷融资其对价格稳定和金融稳定的影响将越来越显著，以货币供应量和信贷为主要调控对象的货币政策的有效性将受到极大挑战。因此，发展非信贷融资，让更多的“合格”的中小银行、民间融资机构开展信贷资产证券化等业务的同时，必须将其纳入宏观审慎监管范畴。

（四）设立存款保险制度，重视流动性风险管理

Demirg-Kunt 和 Detrgache Kunt 和 Detragiache（1998）对 1980～1995 年实现利率市场化的 53 个国家所做的实证分析表明利率市场化改革后更容易发生银行危机。Kaminsky 和 Reinhart（1999）对 1970～1995 年发生的 76 次货币

危机以及26次银行危机所做的实证分析也表明银行危机总是伴随着利率市场化改革。大量的发展中国家利率市场化的进程也验证这一观点：利率市场化改革过程中以及完成之后的五年内，小型银行机构破产倒闭的概率会大幅增加。大多数国家在利率市场化改革之前或者进行过程中建立了存款保险制度，这对于防范存款人挤兑和危机传染具有显著作用。我国监管当局应当尽早组建以银行业存款保险制度为核心的金融安全体系，以帮助银行业顺利度过利率市场化改革短期造成的冲击。

参考文献

[1] McKinnon, Ronald I., Money & Capital in Economic Development, Washington, D. C., The Brookings Institution, 1973. 罗纳德·I. 麦金农：《经济发展中的货币与资本》（中译本），上海三联书店、上海人民出版社1997年版。

[2] Shaw, Edward S., Financial Deepening in Economic Development, New York, Oxford University Press, 1973.

[3] Lanyi, Anthony and RUsdU Saracoglu, "Interest Rate Policies in Developing Countries," Occasional Paper 22, Washington, D. C., International Monetary Fund, October 1983.

[4] Fry M. J., "Saving, Investment and Growth, and the Cost of Financial Repression", World Development, Aug, 1980.

[5] 世界银行：《1989年世界发展报告》，中国财政经济出版社1989年版。

[6] McKinnon, Ronald, and Kenichi Ohno, Dollar and Yen: Resolving Economic Conflict between the United States and Japan, MIT Press, 1997.

[7] 托马斯·赫尔曼、凯文·穆尔多克、约瑟夫·斯蒂格利茨，1997：《金融约束：一个新的分析框架》载于青木昌彦等：《政府在东亚经济发展中的作用——比较制度分析》，中译本，中国经济出版社1998年版。

[8] 张军：《改革后中国农村的非正规金融部门：温州案例》，摘自张曙光主编：《中国制度变迁的案例研究》（第二卷），中国财政经济出版社1999年版。

[9] 陆磊：《市场结构和价格管制：对中国利率市场化的评析》，《金融

研究》，2001 年第 4 期，第 46 ~ 57 页。

[10] 黄金老：《利率市场化与商业银行风险控制》，《经济研究》，2001 年第 1 期，第 19 ~ 28 页。

[11] Demirguc-Kunt, A. and Detragiache, E. , 2001 "Financial Liberalization and Financial Fragility", in Financial Liberalization: How Far, How Fast?, Gerard Caprio Patrick Honohan, and Joseph E. Stiglitz (eds), Cambridge University Press.

[12] Demirguc-Kunt, A. and Detragiache, E. , 1998 "The Determinants of Banking of Crises in Developing and Developed Countries", IMF Staff papers Vol. 45, No. 1 (March)

[13] Kaminsky, G. and Reinhart, C. , 1999, "The twin crises: the causes of banking and balance of payments problems", The American Economic Review, 89 (3), 473 - 500.

[14] 刘春梅：《"放松贷款利率管制"：现实选择、理论模型与经济效应》，《河北大学学报》（哲学社会科学版），2006 年第 1 期，第 68 ~ 73 页。

[15] 郭新明：《美国利率市场化背景下的利率管理实践及启示》，《金融时报》，2013 年 6 月 24 日第 12 版，《理论周刊 · 视界》。

[16] 王国松：《中国的利率管制与利率市场化》，《经济研究》，2001 年第 6 期，第 13 ~ 20，95 页。

[17] 孙刚、毛向乾：《金融发展环境、利率市场化与债务融资决策》，2010 年第 4 期，第 36 ~ 48 页。

中外金融消费者保护水平的比较分析

梁　涛

一、引言与相关文献综述

次贷危机的发生让人们意识到单纯依靠市场机制对金融消费者保护是不充分的，对金融消费者保护不足不仅会损害了金融消费者微观个体的权益，还可能会威胁一个国家和地区的金融安全。加强金融消费者保护已成为目前全球金融监管改革的三大重点领域之一。世界银行、经济合作与发展组织以及国际消费者联盟纷纷将金融消费者保护作为维护金融稳定的核心议题进行研究，他们认为未来金融消费者保护很有可能从传统审慎监管机构中逐渐分离出来，成为评估一国金融发展水平的重要指标（孙天琦，袁静文，2012）。

目前关于金融消费者保护问题的研究主要围绕着金融消费者保护的影响因素、良好经验与原则以及保护框架的构建等方面展开。Janis Pappalardo（2004，2007）通过构造完全竞争的金融市场环境，证明了在完全信息情况下，市场竞争对金融消费者具有天然保护作用。Sharon Tennyson（2009）认为消费者的信心对维持金融市场的运行至关重要，因此金融机构有强烈的意愿通过维护金融消费者的利益来增强消费者对自己产品的信心。不过更多的研究指出仅依靠市场竞争以及金融机构本身并不能真正实施对金融消费者的保护。Laura Brix 等（2010）认为鉴于金融消费者的弱者属性，对金融消费者保护仅依赖合同法实际上是对消费者的不公平，需要贯彻适当倾斜保护的原则。Campbell 等（2009）认为对金融消费者保护必须具体到产品，相同的金融产品，不管在何处购买都应享有相同的权利。遗憾的是，过去监管机构对金融消费者保护并没有给予足够的重视，因此有必要建立一个独立的金融消费者保护机构，对其监管有效性进行定期评估（Martin Neil Baily，2009 等）。

2011 年，世界银行制定了《欧洲和中亚地区金融消费者保护和金融认知的良好经验建议》，并在此基础上完成了《金融消费者保护的良好经验建议（草稿）》[①]；经济发展与合作组织的《金融消费者保护高水平原则》强调合理和公平对待消费者以及信息披露透明度，对边缘群体给予特别关注。国际消费者联盟组织认为世界银行与经合组织的研究还未能很好地汲取次贷危机的教训，他们认为市场的金融产品需要加入“可理解”的规定，过于繁杂，难于理解的产品应予禁止。

上述研究推动了国际社会对金融消费者保护的重要性、独立性和规范性的认识，不过现有的研究对于如何客观评价一国或者地区金融消费者保护水平方面存在严重不足，仍未形成一个较全面的、综合的、被普遍认可的评价标准。本文试图对这个问题进行探索性研究，构建金融消费者保护价值链的层次分析模型，按其重要程度对金融消费保护立法、保护机构以及业务程序规则等10个指标赋予不同权重，从立法保护、监管力度、产品服务和消费者满意度四个方面对金融消费者保护水平进行综合评分。

本文的主要贡献在于：将金融消费者保护构架与原则融会于金融消费者保护价值链中，并在此基础上构建层次分析模型，结合专家打分，有效地解决了当前量化金融消费者保护水平存在的数据缺乏的问题，较客观全面地评价一个国家或者地区的金融消费者保护水平。

二、构建金融消费者保护价值链的层次分析模型

1. 金融消费者保护价值链及层次分析。金融消费者保护价值链是我们基于金融消费服务全过程建立的，它融会了金融消费者保护良好经验与原则和框架[②]。如图1所示，在一个功能完善的金融消费者满意的价值链涉及的利益相关者包括金融消费者[③]、金融机构和监管者；监管者提供的法规、监管以及持续的金融教育与培训应该全面覆盖金融服务的全过程，确保金融机构履行法律赋予的权利义务，为金融消费者提供尽职、适当服务，让其实现投资的收益与风险平衡。

---

① World Bank. Good practices for consumer Protection（Draft）［2012－03－31］http：//siteresources. world-bank. org /EXTFINANCIALSECTOR /Resources /Good Practices for Financial Consumer Protection Draft. pdf.

② 参考美洲银行监管协会（ASBA）的《金融消费者保护的最佳实践和建议》。

③ 现有的研究对金融消费者的定义尚存在分歧，本文借鉴欧盟的《金融工具市场指令》对零售客户的定义，将金融消费者定义为不具有专业知识背景和投资经验的个人以及小微企业。

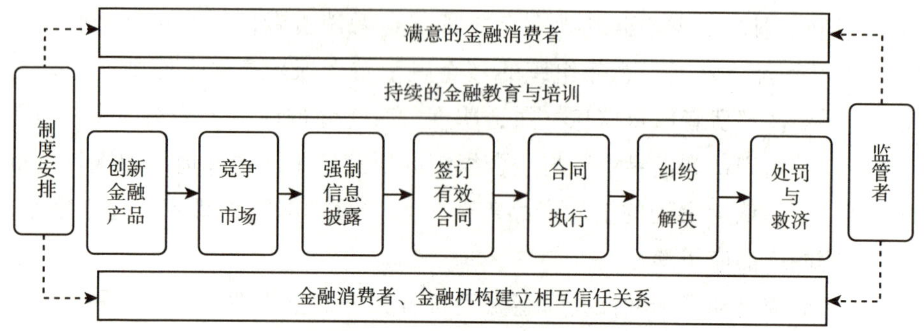

图 1　金融消费者满意价值链

图 2 是金融消费者保护价值链的层次分析（*AHP*）模型。图 2 中，目标层（*A*）是金融消费者保护水平综合评价；准则层（B_1-B_4）由立法保护、监管力度、产品服务和消费满意度四个维度反映；每个准则层下设措施层（C_1-C_{10}），金融消费保护立法、金融消费保护机构反映立法保护（B_1）水平；业务程序规则、金融机构违规处罚、救济补偿和保障计划反映监管力度（B_2）；产品、服务类型、金融市场竞争程度反映产品服务（B_3）；服务便利程度、纠纷解决渠道、消费教育与培训反映消费者满意度（B_4）①。

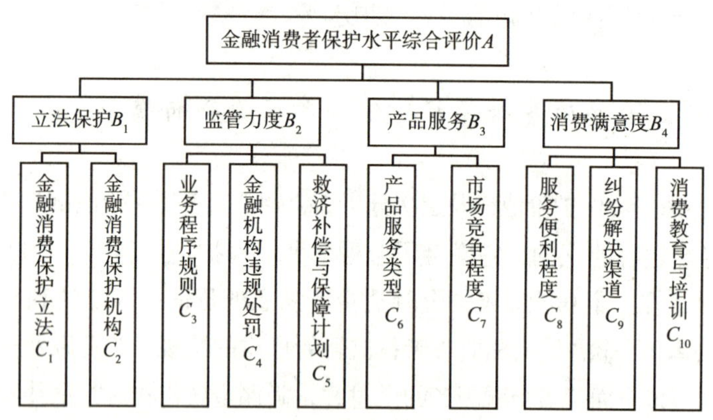

图 2　金融消费者保护水平分层

① 本文测项的选择主要借助专业人士的经验和判断以及国际机构对金融消费者保护框架文献资料的总结，未采用因子分析或者主成分分析选取测项，是因为该方法需要大量样本数据，而收集各国当前评价金融消费者保护水平的数据存在较大难度。

2. 建立判断矩阵。本文用九标度法（见表1）表示同一层中各个指标的相对重要程度。本文认为准则层中立法保护（B_1）与监管力度（B_2）比产品服务（B_3）与消费满意度（B_4）明显重要；立法保护（B_1）与监管力度（B_2）同等重要；产品服务（B_3）比消费满意度（B_4）稍微重要。措施层金融消费保护立法（C_1）比金融消费保护机构（C_2）稍微重要；业务程序规则（C_3）比金融机构违规处罚（C_4）与救济补偿与保障计划（C_5）明显重要，而金融机构违规处罚（C_4）与救济补偿与保障计划（C_5）同等重要；产品服务类型（C_6）与市场竞争程度（C_7）相比重要性介于相同重要与稍微重要之间；纠纷解决渠道（C_9）比服务便利程度（C_8）与消费教育与培训（C_{10}）稍微重要，服务便利程度（C_8）和消费教育与培训（C_{10}）同等重要。

表1　　分级比例标度参考

标度	含义
1	二者重要性相同
3	稍微重要
5	明显重要
7	很重要
9	极端重要
2，4，6，8	重要性之比在上述两个相邻等级之间
1，1/2，…，1/9	重要性之比是上面的相反数

按照两两判断矩阵的生成方法和结构形式，本文得到该评价体系中目标层以及准则层的判断矩阵。目标层A的判断矩阵如表2所示。

表2　　目标层A的判断矩阵

A	B_1	B_2	B_3	B_4	W
B_1	1	1	5	5	0.414
B_2	1	1	5	5	0.414
B_3	1/5	1/5	1	3	0.109
B_4	1/5	1/5	1/3	1	0.063

其中最大特征向量 $\lambda_{max}=4.1549$，$CR=0.052<0.1$，通过一致性检验。

准则层 B_1 的判断矩阵如表3所示。

表 3 准则层 B_1 的判断矩阵

B_1	C_1	C_2	W
C_1	1	3	0.750
C_2	1/3	1	0.250

其中最大特征向量 $\lambda_{max}=2$，$CR=0<0.1$，通过一致性检验。

B_2的判断矩阵如表 4 所示。

表 4 准则层 B_2 的判断矩阵

B_2	C_3	C_4	C_5	W
C_3	1	5	5	0.714
C_4	1/5	1	1	0.143
C_5	1/5	1	1	0.143

其中最大特征向量 $\lambda_{max}=3$，$CR=0<0.1$，通过一致性检验。

B_3的判断矩阵如表 5 所示。

表 5 准则层 B_3 的判断矩阵

B_3	C_6	C_7	W
C_6	1	2	0.667
C_7	1/2	1	0.333

其中最大特征向量 $\lambda_{max}=3$，$CR=0.05<0.1$，通过一致性检验。

B_4的判断矩阵如表 6 所示。

表 6 准则层 B_4 的判断矩阵

B_4	C_8	C_9	C_{10}	W
C_8	1	1/3	1	0.200
C_9	3	1	3	0.600
C_{10}	1	1/3	1	0.200

其中最大特征向量 $\lambda_{max}=3$，$CR=0<0.1$，通过一致性检验。以上各层判断矩阵的 CR 值均小于 0.1，故上述矩阵均具有满意的一致性。

3. 计算措施层（C）的组合权值。利用上面计算结果，以上层元素的组合权重为权数，计算本层各元素的加权和，确定措施层的组合权重。$W_{c_1}=0.414\times0.75=0.3111$；$W_{c_2}=0.414\times0.25=0.104$

$W_{c_3}=0.414\times0.714=0.296$；$W_{c_4}=0.414\times0.143=0.059$

$W_{c_5}=0.414\times0.143=0.059$；$W_{c_6}=0.109\times0.667=0.073$

$W_{c_7}=0.109\times0.533=0.036$；$W_{c_8}=0.063\times0.2=0.013$

$W_{c_9}=0.063\times0.6=0.038$；$W_{c_9}=0.063\times0.2=0.013$

三、问卷调查与实证分析

基于上述金融消费者保护价值链的层次分析模型，本文选择银行、证券、保险等行业、具有海外投资经验和经历的专业人士①进行调查问卷，向他们提供反映中国、美国、欧盟以及中国台湾的金融消费者保护现状的相关数据与文献资料，让他们对四个国家与地区的 10 项措施层指标打分（1 ~5 分分别代表非常不满意，不满意，一般，满意，非常满意），将他们的平均分加权汇总得出最总分。最总分位于 0 ~2 分之间表明其金融消费者保护水平较低，2 ~3 分之间表明其金融消费者保护水平一般，3 ~5 分之间表明其金融消费者保护水平较好。

1. 金融消费保护立法方面（C_1）。中国 $C1$ 得分 1.1，被调查者认为影响其打分的主要原因是没有金融消费者权益保护方面的专业立法，对金融消费者保护的相关规定主要散见于金融类法律法规和监管部门的行政规章及规范性文件中，法律效力低，可操作性差；新《消费者权益保护法》对金融消费关注不够。

美国 C_1 得分 4.3，被调查者认为影响其打分的主要原因是美国不仅有多部关于金融消费者保护方面的国家层次的立法，如《多德—弗兰克华尔街改革与消费者保护法案》《信用卡问责、责任和信息披露法》《公平贷款法》等；各州还有一些专门的立法，对金融消费保护的信息披露、程度规则以及

① 问卷调查对象之所以选择具有海外投资经验与经历的专业人士，而非一般金融消费者，主要原因是考虑到金融消费者的弱者属性，一般的金融消费者并不具备良好的金融知识与经验，对金融消费立法与监管层面的认知较少；大多数不具备海外投资经历，难以完成对外国金融消费方面的问卷调查；若仅对本国金融消费者保护水平进行评分又难以避免因调查群体的文化背景、认知程度等存在巨大差别导致数据出现重大差异的情况。因此，本文选择具有海外投资经验的专业人士作为调查对象以保证问卷调查数据的科学性、统一性。限于篇幅，本文未列出调查结果，若有需要，可向作者咨询。

事后补偿多个方面有具体而严格的规定。

欧盟 C_1得分4.6，被调查者将影响其打分的主要原因是《消费信用指令》《消费合同不公平条款指令》《消费者金融服务远程销售指令》等一系列法令赋予了金融领域消费者在格式合同、信息知晓、合同解除等方面的特殊权利；立法对投资者进行分类保护，对处在弱势地位的零售类客户保护最多。

中国台湾地区 C_1得分4.2。被调查者将影响其打分的主要原因归结为“金融消费者保护规定”，原则上规定了金融机构对金融消费者应负的义务，并对金融消费争议处理作了重点规定①。

2. 金融消费保护机构方面（C_2）。中国 C_2得分1.0，被调查者认为影响其打分的主要原因是原有的消费者协会对金融消费者保护不足；“一行三会”虽然各自设置了金融消费者保护的相关机构，但是没有一个机构将金融消费者保护放在首位；依据地方的行政规章和规范性文件成立的金融消费者保护机构，大都只是临时性设立，对于其具体的权限以及管辖范围都没有明确的规定。

美国 C_2得分4.5，被调查者认为影响其打分的主要原因是已经设立具有独立权限的金融消费者保护局可以自行制定消费者保护法规，对联邦消费者金融法所规定的金融商品和服务进行监管，开通免费投诉热线，方便消费者投诉，保证消费者在购买金融商品时，不受隐性费用、欺骗性条款和欺诈行为等侵害。

欧盟 C_2得分4.2，被调查者认为影响其打分的主要原因是以英国为代表的已经设立金融服务监管局（FSA）负责监管金融机构、保护金融消费者，还设立了单一申诉专员和赔偿计划框架提供进一步的保障。

中国台湾 C_2得分4.1，被调查者认为影响其打分的主要原因是以台湾地区金融消费者机关的设置体制与英国、美国的非常相似，均设有专门机构确保金融消费者保护机构的中立性、公正性②。

3. 业务程序规则方面（C_3）。中国 C_3得分1.3，被调查者将影响其打分的主要原因是金融机构仅是表面上遵循了程序规则——按照监管要求将金融产品所有可能出现的风险列在合同当中，让客户在销售合同中签署“我已经

①② 李婧：《我国台湾地区金融消费者保护制度的最新发展及启示》[J]，《政治与法律》，2011年第12期。

获得所有需要的信息”的声明；实际上对金融消费者进行消费金融产品所必要的教育；法律上也没有明确规定金融机构在销售金融产品时必须纠正金融消费者的认知偏差，金融机构有夸大产品的盈利，避而不谈或者淡化产品的风险的动机。

美国 C_3得分4.3，被调查者将影响其打分的主要原因是金融消费保护局不断地完善对金融机构履行信义义务，了解客户义务，以及相关业务操作程序方面的规范，在受理投诉、协助简化金融合同方面开展工作；互联网金融监管纳入审慎监管范畴，主要通过补充新的法律、法规使原有的监管规则适应网络电子环境，因而在监管政策、执照申请、金融消费保护等方面，与传统监管要求比较相似。

欧盟 C_3得分4.5，被调查者将影响其打分的主要原因是欧洲监管当局对互联网金融采取联合监管政策，致力于提供一个清晰、透明的法律环境，并坚持适度审慎和保护消费者的原则；欧盟的行业自律机制在保护金融消费者权益方面亦发挥着重要作用。如英国银行业公会等颁布了《银行业守则》，要求银行在处理业务时应遵守的基本服务标准，力求降低监管者和金融机构成本，为金融机构赢得了更大的消费者的认可与信任。

中国台湾 C_3得分3.5，被调查者认为影响其打分的主要原因是“金融消费者保护规定”，订立合同前，金融机构必须向金融消费者充分说明该商品、服务及合同之重要内容，充分揭露风险外，还应充分了解金融消费者以确保该商品或服务适合于金融消费者①。

4. 金融机构违规处罚方面（C_4）。中国 C_4得分1.6，被调查者将影响其打分的主要原因是对金融机构的违规行为查处不严，并且处罚低，大量违规案例仅采用责令改正、出具警示函等行政监管措施，并未实施罚款，造成金融机构违规收益远大于违规成本。

美国 C_4得分4.8，被调查者将影响其打分的主要原因是美国证券交易委员会，联邦住房金融局等司法部门对金融机构的违规行为提起诉讼，对他们处于天价处罚以赔偿消费者的损失；部分案件得到和解，不过这些和解只是在民事诉讼层面上，违规金融机构还将面临严格的刑事处罚②。

---

① 李婧：《我国台湾地区金融消费者保护制度的最新发展及启示》[J]，《政治与法律》，2011年第12期。

② 严湘君：《华尔街频收巨额罚单美监管机构“清算”开启》，《第一财经日报》，2013-10-22。

欧盟 C_4得分4.8，被调查者将影响其打分的主要原因归结为欧盟（*EU*）近年来显著增大了对涉嫌金融违规和欺诈的行为处罚力度。对蓄意合谋操纵利率的8家国际投资银行合谋操纵金融衍生品的利率行为处于严厉处罚，罚款金额最高达17亿欧元。

中国台湾地区 C_4得分2.1，被调查者将影响其打分的主要原因归结为已经推出理财专员销售金融商品的登记制度，没有通过公会登记获得销售资格的理财专员的销售行为属于违规行为，主管负连带责任；不过台湾对金融业违规案处罚力度不足，例如，国宝人寿介入龙邦兴业经营权之争，最终金管会处理结果仅是撤换投资长，引发投资者强烈不满。

5. 补偿救济与保障计划方面（C_5）。中国 C_5得分1，被调查者认为中国长期的民事救济、赔偿责任欠缺不仅造成了消费者权益受损，还影响到他们维权的意识与习惯；尚未建立存款保护制度，金融消费者欠缺应对系统性风险的最终保障。

美国 C_5得分4.5，被调查者将影响其打分的主要原因是新的监管规则规定，增强对大银行、存款机构的资本以及存款保险费用的要求，消费者应对系统性风险的能力加强。

欧盟 C_5得分4.3，被调查者认为影响其打分的主要原因是欧盟即将通过的《银行复苏和决算指令》要求银行承担更大责任，促使银行建立充足的资本缓冲池，具有避免银行倒闭影响整个国家金融稳定的作用。

中国台湾地区 C_5得分3.8，被调查者将影响其打分的主要原因归结为“金融消费者保护规定”依据归责原则订立，它规定除非金融机构能证明损害之发生非因其未充分了解金融消费者之商品或服务适合度或非因其未说明、说明不实、错误或未充分揭露风险之事项所致者，不然金融机构应承担赔偿责任①。

6. 产品、服务类型方面（C_6）。中国 C_6得分2.8分，被调查者认为影响其打分的主要原因是金融产品种类多，不过产品设计雷同问题突出；传统金融与互联网金融都存在信息披露严重不足问题。

美国 C_6得分4.8，被调查者认为影响其打分的主要原因是要求金融机构提供符合 *CFPB* 要求的“单纯性功能金融产品”，禁止向消费者提供那些未

---

① 李婧：《我国台湾地区金融消费者保护制度的最新发展及启示》，《政治与法律》，2011年第12期。

经批准的可能存有问题的金融产品；实施严厉的信息披露要求。

欧盟 C_6得分4.8，被调查者认为影响其打分的主要原因是欧洲监管局有权调查特定的金融机构、产品和金融活动，评估后可以临时禁止或限制这些金融活动或产品。

中国台湾地区 C_6得分4.4，被调查者认为影响其打分的主要原因是金融机构销售商品时，必须履行充分披露义务并且充分了解消费者情况以确保商品服务适合消费者；金融机构不得通过免责条款来推卸应承担的义务①。

7. 金融市场竞争程度方面（C_7）。中国 C_7得分2.8，被调查者认为影响其打分的主要原因是目前中国金融市场垄断程度高，市场竞争力不够充分，市场化程度差。四大国有商业银行市场占有率一直高达70%左右，新兴商业银行无法与其展开公平竞争。保险业、证券业也存在同样的问题。

美国 C_7得分4.1，被调查者将影响其打分的主要原因是形成市场竞争激烈的分散型组织结构的银行业，次贷危机后，股票市场和债券市场上集中度也出现下降。

欧盟 C_7得分3.8，被调查者将影响其打分的主要原因归结成欧盟虽然在股权交易和清算方面市场竞争激烈，但是在其他金融工具领域则缺少竞争，存在市场高度集中的问题。

中国台湾地区 C_7得分3.8，被调查者将影响其打分的主要原因归结为台湾当局开放金融市场，允许设立民营银行；信托投资公司、大型信用合作社及中小企业银行可申请改制为商业银行，岛内商业银行数量倍增。

8. 服务便利程度（C_8）。中国 C_8得分4.3，被调查者认为影响其打分的主要原因是传统金融机构营业网点特别多，网上交易逐渐普及，交易非常便利；互联网金融的崛起，大大改善低水平群体以及中小微企业获取金融服务的难度，实现金融的普惠功能。

美国 C_8得分4.1，被调查者将影响其打分的主要原因列举：不仅有大量的专门从事金融业务的互联网公司，传统商业银行也全面推出网络金融服务业务，成本低、服务快捷，基本实现了金融的普惠功能。

欧盟 C_8得分4.0，被调查者认为影响其打分的主要原因是拥有大量金融

---

① 李婧：《我国台湾地区金融消费者保护制度的最新发展及启示》，《政治与法律》，2011年第12期。

消费公司，他们不吸收存款、无担保、小额、分散、提供电子等耐用消费品贷款，大量中低端客户可以很方便进行消费；欧盟内部统一市场战略强调完善金融服务行动计划，力求形成消除壁垒的法律手段，从而使跨境提供服务和在国内提供服务同等便捷，在创建内部市场零售金融服务方面取得了进展。

中国台湾地区 C_8得分 4.0，被调查者认为影响其打分的主要原因是传统的小规模的银行占据市场主体，营业网点多，主要面向岛内各种类型的消费者，服务便利程度比较高。

9. 纠纷解决渠道（C_9）。中国 C_9得分 2.8，被调查者认为国内处理金融消费纠纷的主要途径包括媒体途径、政治途径、诉讼途径和信访途径，这些途径存在不足；行业自律组织在纠纷解决方面发挥的作用不充分。

美国 C_9得分 4.2 分，被调查者认为影响其打分的主要原因除传统的诉讼以外，还有多种纠纷解决渠道，比如通过建立完备的金融机构内部争议处理机制促进协商和解的达成；引入具有独立性的第三方进行纠纷解决的调解、公断等。

欧盟 C_9得分 4.8 分，被调查者认为影响其打分的主要原因是金融巡视员服务公司负责以非正式方法处理金融消费者纠纷，具有成本低、灵活的特点；行业自律机制在解决纠纷方面发挥着重要作用。

中国台湾地区 C_9得分 3.8 分，被调查者认为影响其打分的主要原因是台湾现已设立专门“评议委员会”，将包括信用卡、现金卡、各种贷款、基金、连动债、保单等金融产品引起的纠纷争议交由“评议委员会”处理，处理机构等同法庭功能，消费者如不满意，还可以向法院提出诉讼。

10. 金融消费教育与培训方面（C_{10}）。中国 C_{10}得分 2.1，被调查者将影响其打分的主要原因是金融消费者购买产品时，与金融机构签订格式合同中都有一句：我同意并且知晓投资风险。实际上金融机构并不关心消费者是否清楚哪些风险是自己需要的承担的。金融机构并没有承担起相应的教育职责，他们开展的讲座往往带有浓郁的推销目的，由于缺乏专门的金融消费者保护机构，相关培训远远不能满足消费者需要。

美国 C_{10}得分 4.2，被调查者认为影响其打分的主要原因是美联储、证券交易委员会及证券投资者保护基金、投资协会等非营利组织大力推行的投资者教育与培训活动[4]；金融消费者保护局专设金融教育办公室，负责协调与金融知识普及和教育工作，帮助普通家庭制定适当的理财计划。

欧盟 C_{10}得分 4.9，被调查者将影响其打分的主要原因是欧盟各国加强由政府主导的金融教育工作，英国金融服务局下成立了专门的消费者金融教育局独立、系统、全面地组织开展英国消费者教育工作，为消费者提供信息和指导意见。

中国台湾地区 C_{10} 得分4.0，被调查者认为影响其打分的主要原因是“金融消费者保护规定”，明确了金融机构在向金融消费者提供必要教育的时候，不得借机引荐个别金融商品或者服务以获取私利；已设立财团性质的消费争议处理机构。

四、数据分析

中国、美国、欧盟以及中国台湾金融消费者保护水平综合评分及排名如表7所示。其中，欧盟总分4.52，美国总分4.39、中国台湾总分3.82和中国总分1.45，表明欧盟、美国，以及中国台湾的金融消费者保护水平较高，中国金融消费者保护水平较低。

表7　中国、美国、欧盟以及中国台湾金融消费者保护水平综合得分表

指标	立法保护 B_1		监管力度 B_2			产品服务 B_3		消费满意度 B_4			A
	C_1	C_2	C_3	C_4	C_5	C_6	C_7	C_8	C_9	C_{10}	总分
权重	0.311	0.104	0.296	0.059	0.059	0.073	0.036	0.013	0.038	0.013	——
中国	1.1	1.0	1.3	1.6	1.0	2.8	2.8	4.3	2.0	2.1	1.45
美国	4.3	4.5	4.3	4.8	4.5	4.8	4.1	4.1	4.2	4.2	4.39
欧盟	4.6	4.2	4.5	4.8	4.3	4.8	3.8	4.0	4.8	4.9	4.52
中国台湾	4.2	4.1	3.5	2.1	3.8	4.4	3.8	4.0	3.8	4.0	3.82

由原始得分看，中国金融消费者保护评价的得分最高分别是消费服务便利程度（C_8）4.3；产品和服务类型（C_6）2.8；金融市场竞争程度（C_7）2.8，这三个指标来自产品服务（B_3）和消费满意度（B_4）准则层，反映出我国金融消费者保护中立法与监管滞后于金融产品和服务的问题。

结合权重考虑，影响金融消费者保护水平的最重要因素是 $C_1 \sim C_3$，他们3个指标所占权重均在10%以上，而中国在这3项方面的原始得分均处于最低水平（平均分均未超过1.5分），反映加强金融消费保护立法、设立专门金融消费保护机构以及进一步规范金融业务程序规则是今后政府加强金融消费者保护最迫切需要改进的地方。

C_4 ~ C_6是仅次于 C1 ~ C3 影响金融消费保护水平的相对重要因素。从权重来看，产品、服务类型（C_6）比金融机构违规处罚（C_4）与救济补偿与保障计划（C_5）更重要。比较而言，我国在产品、服务方面做得比对金融机构违规处罚与救济补偿与保障计划好。对金融机构违规处罚（C_4）与救济补偿与保障计划（C_5）这两个方面原始得分都低于 2，这两个方面都是当前我国金融消费者保护的薄弱环节。影响消费满意度（B_4）的最重要因素是纠纷解决渠道（C_9），原始平均分仅为 2.0，反映当前中国金融消费者保护方面缺乏有效的纠纷解决渠道。

五、结论与建议

中国的金融消费者保护水平与美国、欧盟以及中国台湾地区有相当大的差距，建议从以下六个方面着手加强对金融消费者保护。

1. 应当对金融消费者的立法保护不足问题给予充分的重视。以《消费者权益保护法》再次修订为契机，将金融消费者保护确立为消费者保护的重点；同时配合金融领域的《商业银行法》《证券法》《保险法》等相关立法调整实施覆盖金融消费全过程的有效监管。

2. 尽早设立专门金融消费保护机构。鉴于金融机构并没有对消费者进行教育的动力，持续的教育与消费者培训往往只能通过专门的保护机构进行。可以考虑在消费者保护协会中设立部门专门负责金融消费者保护，培养金融消费者投资与消费的基本技能；自我保护的意识。

3. 进一步规范金融业务服务程序规则。合格的金融服务程序规则除了确保金融消费者从合同中得到所需要的风险信息以外，还需要保证消费者基于合同关系获得必需的教育；必要的时间进行反省与思索，尤其对带有长期储蓄成分或者是高风险的金融产品需要设立一个冷静期，消费者在冷静期内，解除合同可以免受处罚，金融机构不能收取手续费。

4. 引导金融机构创新金融产品的同时提倡金融机构负责任的商业行为，鼓励其提供更多适合于广大金融消费者的金融产品和服务；引导金融机构合理设计薪酬结构，最大程度避免与金融消费者的利益冲突。当利益冲突无法解决或难于避免时，薪酬结构应向金融消费者予以披露。

5. 建立具有威慑力的违规处罚，避免恶性竞争损害金融消费者权益的行为。借鉴英国经验的做法，赋予监管机构更高的处罚权，不仅可以暂停或限制对金融机构的许可或审批，还可以对未经批准执行风险控制功能的个人处以罚金，同时禁止其从事相关行业的工作。

6. 推行金融督察服务（ADR），建立替代性的争议解决制度，为金融消费者提供快速、方便地解决纠纷或索赔的渠道。同时尽快建立存款保险制度以及各类保障基金，明确对金融保险和保障基金的保险覆盖的范围，保险基金的赔付的触发事件、赔付被保险人的存款的安排，做好对金融消费者保护的“最后防线”。

参考文献

[1] 孙天琦、袁静文：《国际金融消费者保护的改革进展与趋势》，《西安交通大学学报》（社会科学版），2012 年第 5 期，第 9 ~ 11 页。

[2] Pappalardo, Janis K. 2012 Product Literacy and the Economics of Consumer Protection Policy ACADEMIC JOURNAL ARTICLE The Journal of Consumer Affairs, Vol. 46, No. 2: 319 – 332.

[3] Tennyson, Sharon L., Analyzing the Role for a Consumer Financial Protection Agency2009, Networks Financial Institute Policy Brief 2009 – PB – 13, December 2009. Available at SSRN: http://ssrn.com/abstract = 1525603.

[4] Brix, Laura, Katharine McKee, September, 2010. Protecting Branchless Banking Consumers: Policy Objectives and Regulatory Options, Focus Note (9): 64.

[5] Calvet, Laurent E., John Y. Campbell, Paolo Sodini, 2009. Measuring the Financial Sophistication of House-holds, American Economic Review. Vol. 99, No. 2.

[6] Baily, Martin Neil, 2009. Consumer Financial Protection: Advantages, Dangers and Should It Be a New Agency? Pew Financial Reform Project. September 30.

[7] 李婧：《我国台湾地区金融消费者保护制度的最新发展及启示》，《政治与法律》，2011 年第 12 期。

[8] 严湘君：《华尔街频收巨额罚单美监管机构“清算”开启》，《第一财经日报》，2013 年 10 月 22 日。

信贷规划管理下利率市场化改革对企业融资约束的影响

梁 涛

一、引言

融资约束是指由于市场不完备而导致企业内、外部融资成本存在较大差异，过高的外部融资成本让企业难于承受，投资过于依赖企业内源资金。当内源资金积累不足时，投资低于最优水平（Fazzari 等，1988）。在一个不完美的资本市场里，受到信息不对称、委托代理和其他市场摩擦因素影响，企业内、外融资成本出现差异，内部融资成本低，企业的投资行为不仅取决于投资需求，还受限于所拥有的内部资金，投资无法达到最优水平。因此，通常认为融资约束是企业内部资金积累不足，外部融资渠道不畅、融资成本过高共同作用的结果。

受到金融发展水平、金融自由化以及信贷资金分配的市场化程度的影响，发展中国家企业普遍存在融资约束问题，正处于计划经济向市场化经济转轨阶段的中国也不例外。大多的研究认为利率市场化改革具有缓解企业融资约束的功效。自 1996 年开启利率市场化改革到今天已经 20 多年，企业融资难、融资成本高一直是中国悬而未决的难题。为何实践中的利率市场化改革并没有实现缓解企业融资约束的效果？本文从中国利率市场化改革的特殊性入手，基于信贷规划①视角运用信贷市场供求模型分析中国的利率市场化改革对企

① 信贷规划是指中央银行为实现一定时期货币政策目标而事先确定的、控制银行贷款规模的指标。它包括存量和流量两层含义，在货币政策调控实践中，所讲的信贷规模控制，主要是指后一层含义，是指为了实现一定时期内的货币政策目标而确定的新投放贷款的最高限额。本文将传统的信贷规模管理，贷款限额管理以及现行的合意贷款标准都归入信贷规划范畴。

业约束融资约束的影响。

二、文献回顾

Modigliani 和 Miller 指出完美资本市场中的企业投资与其财务结构、融资渠道无关，完全取决于技术偏好和产量需求（1958），这就是著名的 MM 理论。不过，完美的资本市场在现实中并不存在，信息不对称、代理问题以及市场摩擦都会导致企业外部融资成本高于内部融资成本（Greenwald，Stigliz 和 Weiss，1984；Myers 和 Majlu，1984；Bernanke 和 Gentler，1989 以及 Gentler，1992）。Fazzari 等（1988）通过制造企业股息支付高低来估计其融资约束的程度，发现融资约束高的企业对现金流非常敏感，企业投资决策受到内部融资可获得性的影响。Hoshi 等（1991）和 Calomiris（1994）采用不同的样本与模型也得到了类似的结论。

国外大量的研究支持利率市场化具有缓解企业融资约束的作用。Koo 和 Shin（2004）以及 Gelos 和 Werner（1999）以韩国、墨西哥的数据验证利率市场化降低了企业融资约束。Siregar（1992）通过研究印度尼西亚企业财务数据发现，金融自由化后小企业的杠杆比率有显著增加。还有的研究指出利率市场化缓解企业融资约束的影响具有不对称性。Jaramilo 等（1992）对厄瓜多尔企业的研究表明，自由化后所有企业的杠杆比率都减少了，小企业减少得尤其显著。Laeven（2003）对 13 个发展中国家研究发现，利率市场化只是缓解了小企业的融资约束；对大企业的融资约束的缓解没有作用，有的甚至是恶化了。总体上利率市场化对企业融资约束的影响不显著。

国内也有不少研究支持利率市场化改革缓解企业融资约束的观点。一些研究从宏观经济视角展开，朱红军等（2006），李斌等（2006）认为利率市场化改革可以促进金融发展，改善信息不对称，降低代理成本和市场摩擦，有助于缓解企业的融资约束；还有一些研究从微观主体视角展开，研究利率市场化对银行贷款偏好、企业融资行为的影响。巴曙松等（2004）认为利率市场化有利于促使银行改变贷款偏好，随着信贷市场竞争程度提高，银行发现对中小企业融资获得更高的利息收入可以弥补风险损失，对中小企业贷款偏好增强，有助于缓解中小企业的融资约束；寿玉琴（2002），许东江（2002）指出伴随着利率上升的利率市场化改革，企业更注意资金的使用成本，融资行为更趋于合理。王东静，张祥建（2007）用协方差模型证明取消贷款利率上限后，利率上涨遏制大企业对外部资金的过度需求，增加内部融资；相比小企业的负债水平有显著提高，融资约束得到缓解。

已有文献的研究大都忽略了中国利率市场化改革的特殊性：央行运用非常规的货币政策工具——信贷规划管理严格控制商业银行新增贷款规模，控制货币供应量的增长速度来解决流动性过剩问题。这种指令性工具在贷款利率市场化，仅实施存款利率上限管理的条件下，对企业的融资约束产生了重要的影响，所以可能会导致结论与现实情况的差异。

三、利率管制、利率市场化与央行的信贷规划管理

1. 利率管制时期，信贷规模控制下的信贷配给及其影响。1949～1978年，中国处于集中计划经济时期，政府包揽了一切利率的制定，金融机构没有任何利率自主权。30年时间官方利率仅调整了9次。1978年以后，严格的利率管制政策逐渐开始松动，官方利率调整频率有所增加（黄金老，2001），不过鉴于由中央银行确定商业银行存贷款利率并报国务院批准的利率决定的计划机制未变[①]，到1996年，中国仍然处于严格利率管制阶段。

利率管制时期由政府直接控制资本价格，官方管制的低存、贷款利率，对商业银行而言，意味着低的资金成本，银行扩大贷款规模就能获取更多“租金”。这对银行扩大存款规模具有明显的激励作用，银行通过增设分支机构，提供增值服务，甚至送礼品等方式吸纳新储户达到扩大存款的目的，供给曲线由 S 右移到 S'。另一方面，官方管制的低贷款利率无法真实反映资金的稀缺程度，与民间借贷相比有巨大的价差。《中国家庭金融调查报告》显示，我国民间平均借贷利率（包括有息部分和无息部分）和银行平均借贷利率分别为23.5%和7%。农村地区无论是民间借贷利率还是银行利率都会比城镇更高，分别为25.7%和7.3%[②]。巨大的价差激发了企业获取银行贷款的冲动，需求曲线由 D 右移到 D'。新的均衡点与原来均衡点相比，贷款规模的扩张（$Q_d > Q_0$）（见图1）。由于投资具有推动经济增长的作用，因此，低利

① 《商业银行法》第31条规定：“商业银行应当按照中国人民银行规定的存款利率上下限，确定存款利率，并予以公告。”第47条规定：“商业银行不得违反规定提高或者降低利率以及采用其他不正当手段，吸收存款，发放贷款”。

② 西南财经大学中国家庭金融调查与研究中心2014年发布的《中国家庭金融调查报告（2013年）》。

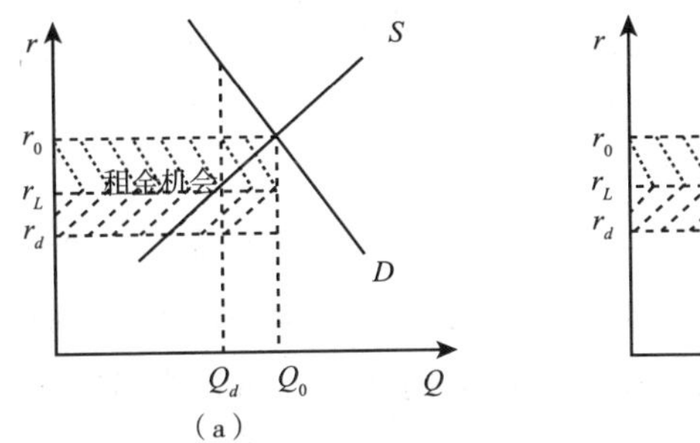

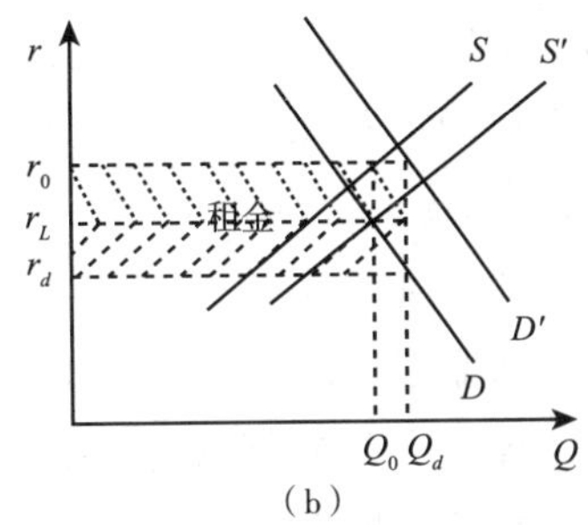

图 1　官方利率管制的"租金效应"

率管制具有"租金效应"，推动我国金融深化。

不过"租金效应"推动金融深化的同时，也可能带来流动性过剩的问题（$Q_d > Q_0$），可能会引发通货膨胀。中央银行主要通过严格控制信贷规模来解决流动性过剩，即采用数量控制工具调控信贷规模。如图 2 所示，市场上流动性过剩（$Q_1 > Q_0$），政府实施信贷规模控制将信贷供给控制在 Q^*，S_1变成弯折的 S'_1，与需求曲线 D_1相交，形成新的均衡利率 R_1远高于原有均衡利率 R^*（$R_1 \gg R^*$）。由于受到政府对贷款利率的严格管制，银行只能实施信贷配给，导致资金需求曲线 D_1左移到 D_2，控制贷款利率保持在 R^*。因此，在严格控制贷款规模的、控制利率水平的目标，银行只能满足部分贷款客户的需求。

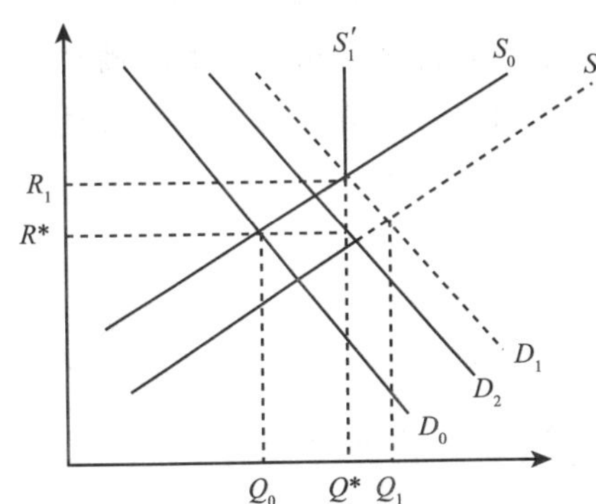

官方与民间融资巨大的价格差异：D_0右移到 D_1

银行信贷配给：D_1 左移到D_2

存款增加：S_0右移到 S_1

信贷规模控制：S_1 弯折成S'_1

图 2　信贷规模控制下的信贷配给及影响

2. 利率市场化改革与阶段性地取消信贷规模控制。1996 年中国开启利率市场化改革，先后放开了同业拆借利率、政策性银行金融债券发行利率、国债发行利率以及部分保险公司存款利率、外币存、贷款利率。尽管利率市场化程度尚处于较低层次，占据社会融资份额绝大比例的商业银行存、贷款率和规模由央行确定的计划机制未变，但是价格管制的放松为数量管制逐渐退出创造了条件。

1997 年亚洲金融危机爆发后，为了应对严峻的经济形势，1998 年央行取消了对国有商业银行的贷款规模控制，实施“计划指导，自求平衡，比例管理，间接调控为主”的贷款管理制度，国有商业银行可以根据需求自主发放贷款。放弃贷款规模管理意味着央行试图通过市场化手段，价格型的货币政策实施宏观调控。

放开贷款规模控制以后，市场程度低的利率依然无法真实反映资金的稀缺程度，存款利率偏低，贷款利率也偏低，国有商业银行在较长时间里贷款利率的“触底”和存款利率的“触顶”的现象，反映出其对央行赋予的部分“利率自主权”的运用并不充分。银行贷款利率相对民间利率有较大的价差激发了企业获得银行贷款的冲动，资金需求曲线由 D_0不断地增加到 D_1；另一方面偏高的利差激励银行有极大的动力增加贷款供给；由于居民可选择的投资工具有限，尽管存款利率偏低，存款规模仍然增长，供给曲线由 S_0 到 S_1，供给增加，新的均衡利率水平的高低取决于供给和需求增加的幅度谁大：若供给增加幅度小于需求增加幅度，新的均衡利率 R^* 高于原来的管制利率 R_0；或者当供给增加幅度大于需求增加幅度，新的均衡利率 R^* 低于原来的管制利率 R_0。通常情况下，较低的存、贷款利率管制，供给幅度增加比不比需求增加幅度，如图 3 所示，没有信贷规模数量控制条件下，市场新的均衡利率高于原来的均衡利率；新的均衡信贷规模扩大（$Q_1 > Q_0$），市场存在流动性过剩的风险。

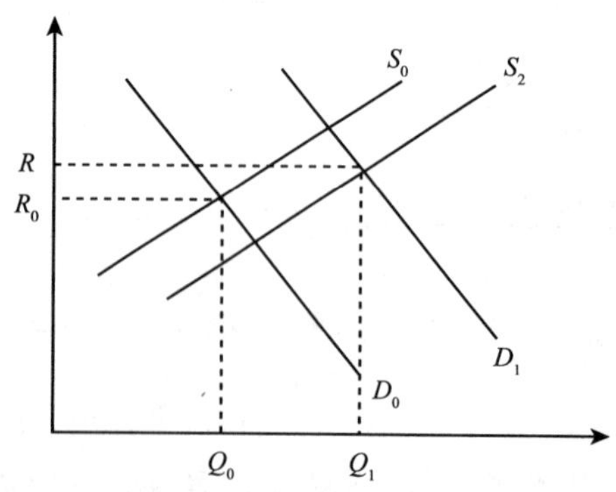

图 3　取消信贷规模控制对信贷市场均衡的影响

3. 贷款利率市场化，面对流动性过剩，央行重新引入信贷规划管理。2004 年央行开始放松对人民币存贷利率的价格管制，1 月贷款利率不分所有制和规模，可上浮 70%，下浮 10%；10 月取消贷款利率上限，可下浮 10%，取消存款利率下限管制，不能上浮，相当于实施贷款利率下限与存款利率上限管制。由于银行利率水平明显比市场利率偏低，所以存款利率上限管制是有约束力的（何东，2011）。2012 年 6 月存款利率可上浮 10%，存款利率上浮区间调整后，几乎所有的商业银行都很快将基准存款利率上浮到顶。与存款利率上限管制有约束力不同，贷款利率下限管制几乎无约束力。这点可从央行发布数据得到佐证：2004 年以来只有 5% ~33% 的贷款利率接近下限，其他贷款的利率均高于下限。2012 年 7 月取消贷款利率 0.7 倍的下限，2013 年 7 月，除按揭贷款以外，贷款利率上下限全部放开，由金融机构根据商业原则自主确定。

我们将 2004 年视为进入贷款利率市场化，实施存款利率管制阶段。存款利率受到上限约束，过低的存款利率减少了存款人的福利，增加了贷款人的福利。如图 4 所示，低存款利率，若存款人仍然决定继续把钱借给银行，他的境况会变坏，福利减少；贷款人的境况会变好，福利增加。

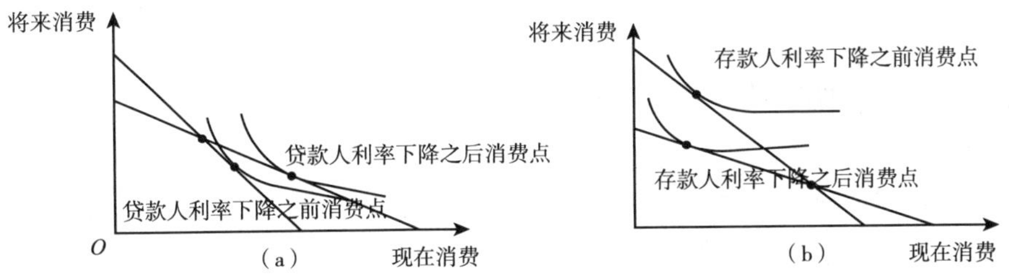

图 4　利率下降使贷款人的境况变好，存款人境况变坏

低的存款利率使得作为贷款人的银行有不断扩大贷款规模的冲动。不过存款能否增加，主要取决于存款人的选择：低存款利率上限固然损害了存款人的利益，降低了其存款积极性，但是当金融市场欠发达，存款人受到投资渠道的约束、现有的金融格局未被打破时银行存款仍然呈现增长趋势；当然如果银行信贷不再社会融资中占据绝对优势、存款人有更多可替代的投资渠道时，就会出现大规模的“存款搬家”，银行存款规模下降。

如图 3 所示，受到严格的存款利率上限管理，银行信贷增加幅度低于需求增加幅度，供给曲线右移幅度（由 S_0到 S_1）低于需求曲线右移幅度（D_0变

化到 D_1)，新的均衡利率 R^* 提高，均衡信贷规模扩大，市场存在流动性过剩的风险。2006～2007 年流动性过剩问题越演越烈，央行先后 14 次调升法定存款准备金率，8 次上调贷款基准利率，11 次定向发行债券，实施紧缩性货币政策。不过我国货币政策的利率传导机制并不通畅，加上外汇对冲占款机制的影响，市场的流动性过剩并没有得到有效的遏制，金融资产价格和房地产价格大幅上涨，2006 年、2007 年全国 70 个大城市房屋销售价格上涨幅度分别达到 5.5%、7.5%；上证综指由 1161.06 到 5261.56，涨幅达到 4.53 倍。

万般无奈之下，2007 年央行顶着"市场化改革的倒退"压力在"窗口指导"中引入了贷款限额管理，2007 年第四季度央行通过"道义劝告"对大型商业银行的信贷规模实行按季规模管理；2008 年要求各商业银行信贷增长不能超过 2007 年，事实上恢复了贷款限额控制。2008 年 11 月推出的 4 万亿元经济刺激计划很快让银行存贷比快速回升到警界水平，2009 年下半年央行对贷款规模的控制已经转向"窗口指导"为主，辅以惩罚性的央行票据、特种存款、差别准备金率等手段的信贷规划模式；2010 年开始，央行的信贷限额要求更为严格：商业银行在月中、季末，甚至要求日将存贷比控制在 75% 水平，对商业银行的理财产品也设立了相应的限额指标：规定理财资金投资非标准化债权资产的总额、余额控制在任何时点均以理财产品余额的 35% 与商业银行上一年度审计报告披露总资产的 4% 之间孰低者为上限①。2011 年，开始实施新的贷款规模约束机制——合意贷款，其核心内容是指金融机构适当的信贷投放应与其自身的资本水平以及经济增长的合理需要相匹配。很显然信贷规划管理与加息和惩罚性定向央票相比在控制信贷规模上更为快捷有效，效果也更具可预见性。严格的信贷规划控制下 2011 年 9 月 M2 和贷款速度降至的 13% 和 16%。

四、贷款利率市场化时期信贷规划管理对企业融资约束的影响

2012 年，央行进一步改革信贷规划管理模式，摒弃了简单的存贷比管理模式，采取合意新增信贷规划管理模式，结合最低资本充足率、资产规模、贷款增速、目标 GDP 增速、目标 CPI、最大资产规模、各月末贷款和

① 2012 年 3 月 25 日银监会公布《关于规范商业银行理财业务投资运作有关问题的通知》。

上年同期月末贷款余额等指标，控制新增贷款规模。不断地改革、调整控制信贷规模的细节，可以看出央行对信贷规划调控工具的重视程度。毫无疑问，信贷规划管理成为贷款利率市场化时期约束银行信贷扩张的主要因素，作用于贷款利率水平和银行贷款风险偏好两个渠道，加剧了企业的融资约束。

1. 提高贷款利率水平。信贷规模管理、贷款限额管理和合意贷款本质上都是央行通过指令性计划直接控制信贷规模，进行信贷规划管理。不过不同利率市场化背景下信贷规划管理对贷款利率水平影响不一样。如图 2 所示，利率管制时期，信贷规模控制加上贷款利率管制，银行实施信贷配给，需求曲线向左移，对均衡利率的影响是降低的；而在贷款利率市场化条件下，信贷规划管理对均衡利率的影响是提高的。如图 5 所示，在贷款利率市场化条件下，信贷规划管理使得银行信贷供给曲线弯折，供给曲线由 S_0 到 S_1，与不断右移的需求曲线 D_1 相交于 Q^*，新的均衡利率大幅提高，贷款利率由 R_0 上升到 R^*，这意味着企业获得贷款的成本大幅增加。

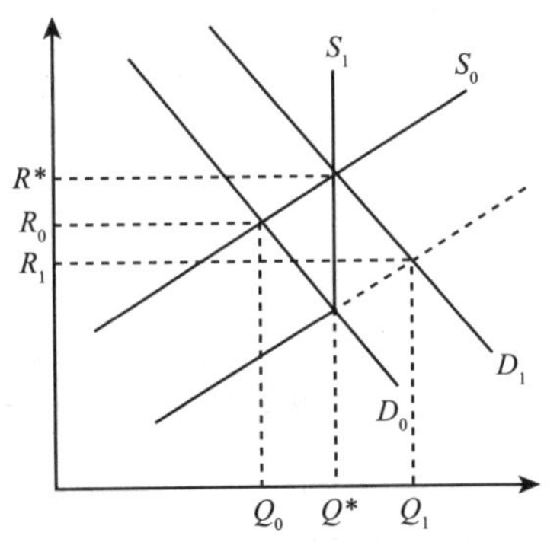

图 5 贷款利率市场化条件下信贷规划管理对贷款利率的影响

贷款利率市场化时期，信贷规划约束下银行资金供给不足问题更加突出，这是推高贷款利率的主要原因。重新实施信贷限额管理以来，除去 2008 年 4 万亿元经济刺激计划的短期影响，银行普遍感受到资金流动性压力，银行资金供给不足问题突出。信贷市场上超额的资金需求让银行贷款演变成为待价而沽的稀缺品，企业贷款难问题突出，一些调查数据也佐证了这个观点：在放开贷款利率上限后，认为贷款更为容易的企业占比 14%，认为贷款难易程度不变的企业占比 66%；申请贷款基本能满足的企业占比仅 40%；86% 的企业认为比贷款利率上升更值得关注的是能否取得贷款①。这样的情形下，信贷市场上银行作为资金供给一方强势明显，通过利率水平、抵押物等条件筛选贷款对象；企业作为资金需求一方与银行的资金议价上处于弱势。贷款利率浮动幅度多大并非是银企双方协商的结果，基本上由银行单方面决定，企业只是被动资金价格接收者。在贷款利率市场化条件下，供给不足必然推动贷款利率水平整体上行。2012 年，尽管经济进入新常态，经济增速放缓明显，贷款利率仍然高位徘徊，企业的外部融资成本非常高。

此外，信贷规划提高了银行获取资金的交易成本提高。由于存款利率上限管理，银行不断扩大存款规模来增加贷款规模不现实，银行不断通过变通规避合意贷款标准的监管，如要求企业将流动资金贷款存入银行再以票据的方法实现"表内转表外"，从事影子银行活动；信贷富余金融机构向信贷紧张金融机构"购买贷款"，以保住信贷规模额度等。地方金融机构规避合意贷款的方法更多，如通过票据买断转贴现；通过自营资金对接银信合作的信托受益权转让；通过同业存放资金对接银证合作的资管计划等。上述这些规避管制活动导致金融机构可贷资金的供给链条不断延长，交易成本上升。在资金供给不足，企业对银行信贷过度依赖的金融格局下，信贷市场需求缺乏弹性，金融机构这种成本很容易转嫁给企业，进一步提高企业外部融资成本。

2. 强化银行贷款风险偏好。利率管制时期，信贷规模约束下银行通过信贷配给分配稀缺信贷资源。在一个国有银行占据主导地位的融资体系里，信贷配给的决定因素往往是政治关系，而不是经济标准，银行用国有股比例、固定资产、企业规模等指标作为信贷配给标准，规避信贷风险，对国有大企业的贷款偏好明显（欧阳俊，秦宛顺，2002）。政府、国有银行和国有企业构成了天然政治联系，指令性贷款以及其他多方面的干预使得配给主要向国有企业倾斜，政策性贷款在 20 世纪 90 年代占国有银行贷款总量的 35% 左右（中科院经济所课题组，1998），国有企业投资对内部现金流的敏感性明显低于民营企业，民营企业融资约束非常明显（朱红军等，2006）。

贷款利率市场化改革以来，央行的信贷规划管理进一步强化银行对国有企业、地方政府融资平台的贷款偏好。实际上，在经济上行阶段，在存款利率管制、信贷规划控制双重作用下，银行只要依赖存贷利差收入就能实现规

① 中国人民银行赣州市中心支行课题组：《市场分割与信贷配给：利率市场化的体制及经济效应》，《金融研究》，2006 年第 1 期，第 127 ~ 138 页。

模和净利润的快速增长。2003～2013 年，银行业金融机构的规模从 27.7 万亿元提升到 151.4 万亿元；利润从 322.8 亿元增长至 1.74 万亿元。银行没有动力去改变高度依赖净利差的经营模式，也没有动力去开发适合于中小企业的金融产品，央行对银行不良贷款比率的考核更是强化银行对国有企业的贷款偏好，因此，贷款利率市场化条件下中小企业仍然被银行信贷市场所排斥，银行大量的信贷资产通过多种表外模式流入房地产和地方政府投融资平台，地方政府融资平台数量和融资规模的急剧膨胀，反映出银行对国有企业、政府信用不予区分的过度依赖；在国有银行信贷投放的主要区域（城镇地区）企业信贷满足率低，民间融资现象极为活跃，反映了我国当前利率“双轨”运行的现实。据《中国家庭金融调查报告》推算中国民间有息部分借贷资金规模已经达到7500 亿元；民间融资的利率水平也水涨船高，据《中国家庭金融调查报告》推算民间有息部分借贷资金平均利率高达 36.2%①；中国人民银行赣州市中心支行课题组（2006）估计我国民间利率一般在月息 10%～15%之间，一些金额较大，用于生产经营、商品贸易的企业和个体户借款利率更高，介于 15%～30%之间②。

五、当前可否取消信贷规划来缓解企业融资约束?

上述分析可见，贷款利率市场化时期，央行的信贷规划管理加剧银行资金供给不足，推高了贷款利率的同时强化了银行对国有企业的贷款偏好。当前中国经济已经进入新常态，经济增长持续放缓，民营企业和中小微企业抗风险能力偏弱，经济下行压力下银行的信贷资源必然会进一步向“大户”集聚。从 20 世纪 90 年代末的经验看，银行的“惜贷”、企业的融资约束加剧和经济增长持续放缓是联系在一起的。因此，促进银行向实体经济放贷、缓解企业融资约束、推动投资是新常态下宏观经济走出低迷的关键。

新常态中流动性过剩已经不再是经济生活中的突出问题、主要矛盾，央行是否可以通过取消信贷规划来缓解企业融资约束呢？答案是否定的，原因有两个，一是新常态下取消信贷规划管理缓解企业融资约束的作用不明显。

---

① 西南财经大学中国家庭金融调查与研究中心 2014 年发布的《中国家庭金融调查报告（2013年）》。

② 中国人民银行赣州市中心支行课题组：《市场分割与信贷配给：利率市场化的体制及经济效应》，《金融研究》，2006 年第 1 期，第 127～138 页。

经济上行期，银行有不断扩大信贷规模的冲动，约束银行信贷扩张的主要因素是信贷规划；经济放缓、下行压力持续期，银行“惜贷”，这时候影响信贷规模的主要因素不再是信贷规划而是银行的贷款风险偏好，风险厌恶偏好越明显贷款规模收缩越明显。因此，经济新常态下，取消信贷规划促进银行向实体经济放贷作用不大，应该从改变银行贷款风险偏好角度入手解决企业融资约束问题。

商业银行对国有企业的贷款偏好早在利率管制时期已经形成，贷款利率市场化后，央行的信贷规划约束进一步强化了银行对国有企业的贷款偏好，央行根据合意贷款标准确定的新增贷款规模，商业银行的不良贷款比例提高会影响新增贷款规模，因此，银行风险厌恶情绪明显，2014 年以来，华东、东南部分区域出现的民营企业逃废债现象进一步加剧银行风险厌恶的情绪，甚至连一些资质优良的民营企业和中小微企业也成为银行“惜贷”的对象。

央行频频“出手”试图引导金融机构增加对小微企业的信贷，给小微企业注入流动性。支农支小再贷款，定向降息、降准等措施应运出台，但是风险厌恶偏好下银行对无抵押、风险较高的小微企业“惜贷”，宁愿把这些定向的流动性“回购”给央行，也不愿增加对小微企业贷款。由此可以推测，当前即使央行放开信贷规划，如果银行的贷款偏好不发生改变的话，对大部分的企业，尤其是中小企业而言，根本达不到缓解融资约束的作用。

二是当前利率传导机制尚未健全，若取消数量控制的信贷规划管理可能难于控制信贷市场偏离均衡的大幅波动。如图 6（a）所示，信贷市场受到外界干扰偏离均衡的市场波动导致利率水平和贷款规模大起大落，剧烈的信贷市场波动无法重新达到均衡。由于利率传导机制尚未健全，外汇对冲机制的影响央行传统三件法宝：存贷款基准利率，法定存款准备金率，公开市场业

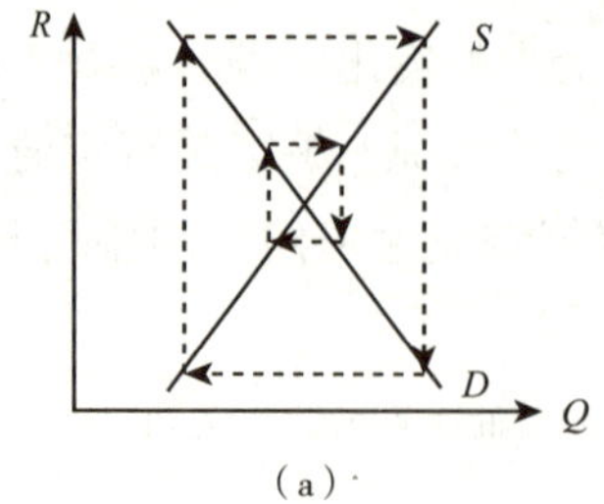

（a）

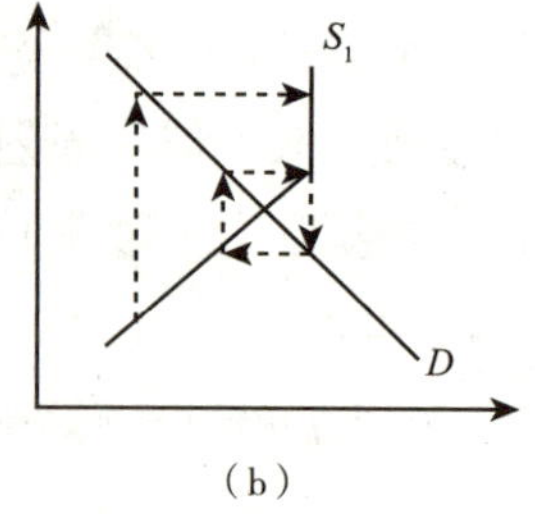

（b）

图 6　贷款利率市场化取消信贷规划管理对市场波动性的影响

务的调控效果并不显著，更多时候央行是通过信贷规划管理将 M2 作为中介实现其宏观调控目标。如图 6（b）所示，央行的信贷规约束可以使得信贷市场偏离均衡较远的波动被控制在一定范围内，减少利率水平和贷款规模的大幅起落。

上述分析可见，经济新常态下，利率传导机制不通畅情况下取消信贷规划管理来缓解企业融资约束的效果不明显，而且可能会无法控制信贷市场偏离均衡的波动。那么新常态下该如何缓解企业融资约束，推动企业投资，带动经济复苏呢？

六、存款利率市场化是缓解企业融资约束的有效途径

放开存款利率上限管制是中国存款利率市场化改革的最后一跳，也是最关键的一跳。利率市场化改革的核心是通过市场机制，由各家商业银行在竞争与合作以及市场对信贷资金需求共同作用形成存、贷款的市场利率。放开存款利率上限，商业银行拥有存款定价的自主性的同时居民也有“货比三家”的选择权，这意味着商业银行之间的竞争将更加“白热化”，银行亟须从提高存贷款定价能力、风险定价能力、优化业务结构等方面应对竞争和冲击，甚至会影响到盈利模式和经营模式的转变。

1. 存款利率市场化有利于增加银行信贷资金供给，降低贷款利率。如图 7 所示，存款利率市场化，存款利率水平的高低由银行自主确定，银行倾向于提高存款利率，吸引更多的存款。存款利率市场化后，存款对利率的敏感性增加，供给曲线变得更平坦由 S_0 右移到 S_1。由央行的合意贷款规模指标看，指标参考

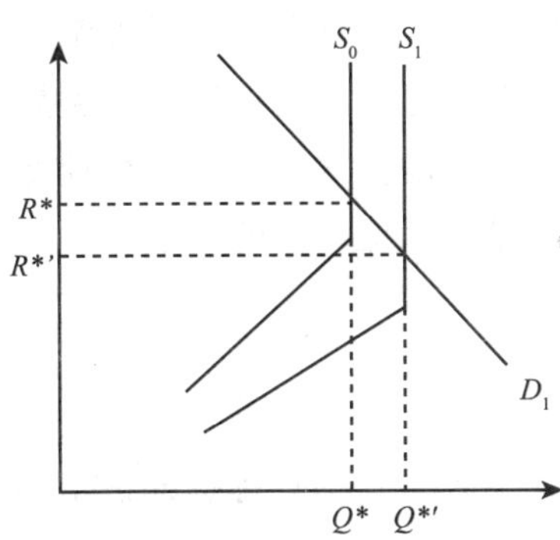

图 7　存款利率市场化后继续实施信贷规划管理的影响

了存贷比、资本充足率、不良率等数据，用模型针对每家银行综合测算并每日衡量评判的贷款规模[①]。在其他条件不变情况下，存款规模增加整体上央行计算的合意贷款规模也会增加。如图 6 所示，新的均衡点与原均衡点相比均衡利率下降（$R^{*\prime} < R^{*}$），信贷规模扩张（$Q^{*\prime} > Q^{*}$）。上述分析可见，存款利率市场化后，央行信贷规划管理对信贷市场均衡利率与均衡数量均产生影响，对企业而言，融资成本有下降的趋势，有助于缓解企业的融资约束。

2. 存款利率市场化改革有利于推动银行盈利模式、经营模式的转变、进而影响银行的贷款风险偏好。存款利率上限放开，由历史经验看初期存款利率会在高位区间运行，银行负债成本提高；从经济周期看，经济增速放缓、企业利润率下滑，贷款利率呈现下行趋势。存贷款利率的“双向夹击”下利差缩小成定局，银行过去赚取存贷利差为主的盈利模式难以维系。银行必须从提高存贷款定价能力、风险定价能力、优化业务结构等方面应对存款利率市场化带来的冲击，科学合理的定价能力是银行在控制风险条件下提高利润的唯一途径，这意味着资质优良的中小企业将可能成为商业银行抢夺的对象。

西方国家自 20 世纪 80 年代后期开始相继实行利率市场化改革，商业银行的激烈竞争使利差逐步缩小。为了谋求生存发展，90 年代各国商业银行纷纷加大创新力度，将金融服务向各个领域和各种业务浸透，形成多元化的资产结构，中间业务收入逐步增加弥补了利差空间压缩造成的利润减少，这也是今天我们看到欧美国家商业银行中间业务收入占比达 40% ~50% 的重要原因。可以预测存款利率市场化后，我国的商业银行在利差缩小压力下也会大力发展、完善中间业务，更多样化的中间业务可以更好地满足中小企业的融资需求。实际上一些商业银行已经借助中间业务，在央行信贷规划管理条件下实现对中小企业的信贷的风险与回报的平衡。

上述分析可见，存款利率市场化有利于增加银行资金供给，降低贷款利率；同时有助于推动银行市场化，改变银行贷款偏好，增加对中小企业的放贷。因此，取消存款利率上限是新常态下缓解企业融资约束的有效途径，这肯定比央行“一厢情愿”地注入流动性的效果好。

七、结论与建议

1. 贷款利率市场化改革在央行信贷规划约束下加剧了企业，尤其是中小

① 王国刚：《当前经济运行的难局和破解之策》一文对合意贷款的解释。

微企业融资约束。当前放开信贷规划约束可能会使得信贷市场偏离均衡的波动难于控制，加剧金融市场的波动性和脆弱性。当前央行需要更多关注信贷规划对中小微企业融资的不利影响，通过定向降准、定向流动性等措施，并且辅以其他微观审慎监管政策确保资金流入中小企业。

2. 推动存款利率市场化改革有助于缓解企业融资约束：存款利率市场化一方面增加信贷资金供给，降低贷款利率；另一方面有助于改变银行对国有大企业的贷款偏好，转变盈利模式和经营模式，真正实现银行市场化。建议在推动存款利率市场化改革过程中，健全、完善存款保险制度以及金融机构破产退出机制，化解存款利率市场化、推动银行市场化过程的金融风险。

参考文献

[1] Fazzari, S. M., Hubbard, R. G., Peterson, B. C., 1988, "Financial Constraints and Corporate Investment". Booking Papers on Economic Activity, 1, pp. 141 – 195.

[2] Modigliani, F., Miller, M., 1958, "The cost of capital, corporation finance, and the theory of investment", American Economic Review, 48 (3), pp. 261 – 297.

[3] Greenwald, Bruce, Joseph Stiglitz, Andrew Weiss 1984. Information in perfections and macroeconomic American Economic Review, 74 194 – 199.

[4] Myers Stew art C, Nicholas Majluf 1984. Corporate financing and investment decisions when firms have information that investors do not have Journal of Financial Economics, 13. pp. 187 – 221.

[5] Bemamke, Ben, and Mark Gertler 1989. Agency costs, net worth, and business fluctutions, American Economic Review, 79. pp. 14 – 31.

[6] Gertler, M., 1992, "Financial capacity and output fluctuation in and economy with multi-period financial relation-hip", Review of Economic Studies, 59 (3), pp. 455 – 472.

[7] Hoshi Kashyap Scharfstein 1991. Corprate structure liquidity and investment Evidence from Japanese panel data Quarterly Journal of Economics, 106, pp. 33 – 60.

[8] Calomiris, C. W., and B. G. Hubbard, 1995, "Internal finance and

investment; evidence from the undistributed profits tax of 1936 – 37". Journal of Business, 68, pp. 443 – 484.

[9] Jaewoon Koo and Sunwoo Shin, Financial Liberalization and Corporate Investments: Evidence from Korean Firm Data * Asian Economic Journal, 2004, Volume 18, Issue 3, pp. 277 – 292.

[10] Pajan, Phaguram, LuigiZingales 1998 Financial Dependence and Growth, American Economic Review, 88, pp. 559 – 587.

[11] Gaston Gelos & Alejandro M. Werner, 1999. "Financial Liberalization, Credit Constraints, and Collateral", IMF Working Papers 99/25, International Monetary Fund.

[12] Harris, J. R., F. Schiantarelli, and M. G. Siregar, 1994, "The Effect of Financial Liberalization on the Capital Structure and Investment Decisions of Indonesian Manufacturing Establishments", World Bank Economic Review 8, pp. 17 – 47.

[13] Jaramilo, F.; Schientarelli, F. and Weies, A. "The Effect of Financial Iiberalization on the Allocation of Credit; Panel Data Evidence for Ecuador" World Bank policy research working papers, 1992.

[14] Laeven, L. Does Financial Liberalization Reduce Financing Constraints?. Financial Management. 2003.

[15] 朱红军、何贤杰、陈信元:《金融发展、预算软约束与企业投资》,《会计研究》, 2006 年第 10 期, 第 64 ~ 71 页。

[16] 李斌、江伟:《金融发展、融资约束与企业成长》,《南开经济研究》, 2006 年第 3 期, 第 68 ~ 78 页。

[17] 巴曙松:《央行贷款利率上限取消的改革意义》, http: //www. people. com. cn/GB/jingji/1040/2983294. html。

[18] 寿玉琴:《利率市场化对中国企业融资影响的若干探析》,《数量经济技术经济研究》, 2002 年第 7 期, 第 33 ~ 36 页。

[19] 许东江:《中国居民、银行、企业对利率市场化的理性反应: 利率市场化发挥积极效应的一种思路》,《世界经济》, 2002 年第 5 期, 第 60 ~ 75 页。

[20] 王东静、张祥建:《利率市场化、企业融资与金融机构信贷行为研究》,《世界经济》, 2007 年第 2 期, 第 50 ~ 59 页。

[21] 黄金老：《利率市场化与商业银行风险控制》，《经济研究》，2001年第1期，第19~28，94页。

[22] 何东、王红林：《利率双轨制与中国货币政策实施》，《金融研究》，2011年第12期，第1~18页。

[23] 欧阳俊、秦宛顺：《利率管制对商业贷款市场均衡的影响分析》，《统计研究》，2002年第10期，第25~29页。

[24] 中国社会科学院经济研究所宏观学科课题组：《总量态势、金融风险和外部冲击——当前中国宏观经济分析》，《经济研究》，1998年第3期，第3~14页。

金融创新视角的金融消费者权益保护问题研究

梁　涛

一、引言

监管者担忧加强对金融消费者保护会阻碍金融创新，所以，尽管金融消费者保护也被纳入美国立法与监管的目标，但是却被他们以追求效率的理念所取代。市场竞争力的强弱成为判断金融监管效率高低的关键性指标，而鼓励金融创新是实现提高金融市场竞争力目标的主要手段。因此，在追求效率理念引导下，美国对金融创新的监管一再放松，其结果确实促进了美国金融机构的创新，提高了金融业的竞争力。像美林、高盛、花旗、摩根斯坦利等金融机构在世界的市场份额不断增加、影响力不断加强。不过这种放松对金融创新的监管的模式下，个别金融机构在盈利动机驱使下，甚至出现滥发信用卡业务推动的非理性消费；不惜向信用级别低的消费者提供虚假信息的方式鼓励其购买风险性极高的次贷产品，次贷产品规模过度扩张，当房价下跌时，这些信用级别低的消费者缺乏还款能力，导致出现次贷危机。可以说，这种放松监管下的过度创新是以破坏社会消费基础环节为代价，其结果不仅损害了金融消费者的权益，而且最终也影响了盲目创新、追求高额利润的金融机构的长期经营。

现在越来越多的学者认识到尽管加强对金融消费者保护可能会抑制创新，但是加强对金融消费者保护还是必不可少的，尤其在全球金融创新不断加速的背景下，这是确保一国金融安全与发展的需要。金融消费对推动创新以及经济和社会发展有着重要影响，金融消费者权益能否得到有效保护是影响金融消费的一个关键因素。加强金融消费者保护才能确保金融消费者在享受安全的金融创新产品后增加的消费信心，进而扩大金融消费，让金融创新机构会获取更多利润，鼓励他们进一步推动安全金融产品的创新。由此可见，加强对金融消费者权益保护不仅是必需的，而且是有益的，加强金融消费者保护最终会促进金融市场安全的、有效率的金融创新，进而促进金融市场的良性发展。

尽管从20世纪60年代开始，西方学者已经展开金融消费者保护方面的研究，但是从已有的研究成果看，对金融消费者的研究主要集中在金融监管与法律制度安排视角，从金融创新视角对金融消费者保护问题展开研究的不多见。我国作为体制改革转型的新兴国家，随着金融市场逐渐开放，大量的跨国金融机构涌入国内，推动国内金融创新加速。与金融消费的持续增长以及金融创新推动下金融产品日趋复杂化对应的是国内对金融消费者保护意识和手段相对缺乏，金融消费者保护不足的矛盾更加突出。在金融创新视角下研究金融消费者权益保护问题具有现实紧迫性，不仅关系到微观金融消费者的权益，还关系到国家金融体系的安全与发展。本文尝试从金融创新视角探讨如何加强金融消费者权益保护，寻找加强对我国金融消费者权益保护，促进我国金融市场良性发展的对策。

二、金融创新对金融消费者保护的影响分析

（一）结构性套利①的金融创新拔高了杠杆率

近年来金融机构大量运用金融创新产品，实现结构性套利，变相拔高了杠杆率。巴塞尔协议Ⅲ仍然将银行账户与交易账户区分计算资本要求，这为商业银行借助交易账户实现监管资本套利提供便利。通过对交易账户的灵活运用，银行实现了在不降低实际风险的同时虚增资本充足率或者在提高实际风险的同时无须相应扣减资本充足率。这样意味着银行获得以更低的资本成本追求更高风险收益的机会。

银行还可以利用巴塞尔协议Ⅲ对资本要求的漏洞通过直接增信达到以较少的监管资本“做大”资本充足率的目的。例如，尽管资本监管要求对保留部分追索权的金融衍生工具赋予1250%的风险权重，但是只要银行持有这种

① 属于监管套利一种模式，监管套利指提供相同产品的不同金融机构因受到不同监管者的监管，造成规则、标准和执法实践上的不一致，导致金融机构尝试改变其类属，以便将自己置于监管标准最宽松或者监管手段最平和的监管机构管辖之下。

保留部分追索权的衍生品在全部基础资产中的比例小于8%，银行就能利用直接增信减少资本支出。另外，银行还可以利用巴塞尔协议Ⅲ的流动性便利，提前偿还机制，快速垫付准备金和一些信用衍生产品等间接增信机制规避对证券化资产的资本金要求的监管。研究表明，2003～2007年，银行通过间接增信机制绕过资本监管，在降低监管资本要求的同时也带来了极大的风险（IMF，2008；Viral and Matthew，2009）。

还有一些以节约“资本税”为目的的结构套利型的金融创新隐蔽性更高，它利用分业监管模式下各个金融监管部门之间的监管要求差异或者监管缺位，通过创新产品漏计或者少计监管资本，从而拔高了杠杆率。这些实质上变相拔高金融机构财务杠杆率的结构性套利，增加了金融机构的脆弱性，其结果是让金融消费者在不知不觉的情况下成为最终承担风险的受害者。

（二）跨业创新造成对监管的“竞次”选择

金融机构业务多元化、跨区域甚至跨境的跨业创新，尤其是金融集团模式的跨业创新，模糊了业务的分界，导致在分业监管模式下出现监管机构间的“地盘之争①”“竞次”问题突出。众多的监管机构竞相降低监管标准以取悦利益集团、吸引更多潜在的监管对象，扩展自己的监管势力范围。一般来说，监管机构越多，结构越复杂，这种“竞次”的风险就越高。因此，无论是分业监管模式下的机构监管体制还是功能监管体制都难于解决监管机构间的“地盘之争”“竞次”问题。“竞次”的结果削弱了市场整体监管水平，加大金融机构经营风险以及系统性风险，更致命的是分业监管模式存在审慎监管不足缺陷，由于缺乏统一的机构充当“伞形监管者”从整体上把握金融集团的风险和清偿能力，发生系统性风险的概率提高，最终牺牲的是全体金融消费者的权益，破坏了社会消费的基础环节。

单一监管模式是否可以解决上述问题呢？理论上单一监管模式可以消除监管机构之间的“地盘之争”，防止“竞次”现象，但是实际上单一监管模式如果只是表现在部门边界在形式上消失，并未能真正实现监管规则统一、内部的情况下，金融集团仍然可以通过跨业创新达到对监管的“竞次”选择。以英国的“牵头监管”为例，英国虽然已经实现了以金融服务局

① “地盘之争”（turf war）是指不同金融监管机构总是倾向于尽力维持自己的监管范围，同时积极进入和消减其他监管机构的势力范围以争取监管权限和监管资源方面也有其特定利益的现象。

（FSA）为代表的单一监管模式，但是由于监管文化、理念的冲突以及庞大官僚机构设置产生的内部竞争，监管机构的统一并未能真正实现监管规则的统一，监管协调缺位导致目前统一监管仅表现在监管部门界限的消失，英国公平人寿公司倒闭、北岩银行危机一次又一次金融风险事件暗示这种“牵头监管”模式仍无法解决金融机构跨业创新对监管的“竞次”选择。

（三）透明度套利的金融创新加剧信息不对称

目前金融衍生工具的场外交易市场仅仅是被有限地监管——一些结构复杂的债券，投资者甚至无法获得包括发行者、抵押品、投资方向在内的基本的信息，更无法谈市场交易细节等信息的获取。事实上金融机构的创新加速与过度往往会导致监管的滞后，而这些设计复杂的金融衍生工具就成为金融机构“钻漏洞”，逃避监管的工具。如商业银行通过实施证券化，将信贷风险由信贷市场转移到资本市场，但是美国对信贷市场和资本市场的监管是彼此分割的，因而，很难充分识别和控制证券化的风险。被各类型影子银行机构广泛使用的 CDO（债务担保权证）和 CDS（信用违约掉期）成为引发金融海啸的重要推动力。如当前对银行业表外理财产品在交易前后的信息透明度以及信息披露持续性方面的监管存在明显缺陷，银行将大量理财产品表外化。这些透明度套利的金融创新加剧金融消费者面临的信息不对称，逆向选择加大了他们的投资风险。

（四）过度创新诱发“投资者逃离”

金融创新加速背景下，新的、繁杂的衍生工具和交易方式不断涌现，产生越来越多的新业务、新市场和新机构。由于缺乏专业知识导致理解与认知能力的局限，金融消费者可能置身其中却知之甚少。由于对真实投资风险不了解，当某种小概率的、预期之外的风险事件发生时，金融消费者难于作出理性的判断和正确的决策，为了避免最坏的情况发生，他们往往会选择逃离市场，当逃离市场成为群体行为时，称为“投资者逃离”。尽管仓促逃离也难以避免其持有资产的大量损失，并且当逃离市场成为群体行为时，市场正常的运行机制被彻底破坏，危机随之放大，直接导致市场崩溃，市场崩溃将会给金融消费者带来毁灭性的打击。历史上多次的金融危机事件，例如，20 世纪 70 年代美国的票据危机，90 年代的对冲基金危机以及此次的次贷危机都有“投资者逃离”的身影。

（五）金融创新推动监管创新，有助于加强对金融消费者的保护

金融产品创新推动包括监管在内的制度创新，而适应于产品创新的制度创新很多时候加强了对金融消费者权益的保护。以金融衍生工具为主要代表的金融创新作为资产价格、利率、汇率及金融市场反复易变性的产物，它反过来又进一步加剧资产价格和金融市场的易变性，由此产生的风险也越来越多，加大了金融监管的难度，金融产品创新甚至让传统的以资本充足率为主的监管制度失去了赖以存在的基础，危机的爆发促使监管当局进行金融监管改革，进行制度创新。如对源自金融产品创新产生的系统性风险进行宏观层面的审慎监管，美国、英国以及欧盟等重要国家和地区的金融改革建议和立法草案也纷纷将宏观审慎监管作为核心内容加以强调。如改革过去比较重视金融机构行为的合规性监管转向专门针对金融消费者权益保护职能配置，出现了金融消费者保护机构专门化的趋势。美国设立了金融消费者保护局，英国则于2012年设立消费者保护和市场监管局和消费者金融教育机构。

三、面对金融创新加速，国际社会加强对金融消费者保护的经验

（一）金融衍生工具的“去繁杂化”

金融衍生工具去繁杂化，让创新的金融衍生工具面向实体经济，估值合理、稳健适度。金融本质上是为实体经济服务的，如果脱离实体经济发展需要，过度强调金融的发展与创新，容易导致金融体系的脱节运行和积累金融泡沫，损害消费者的权益，反而会拖累实体经济的发展。以美国为例，1999年出台的《金融服务业现代化法案》拆除了银行与资本市场之间的防火墙，资产证券化催生了金融衍生工具的无节制的、过度的创新，它复杂隐秘的风险转移机制甚至连银行家们都不知道风险传递到了哪里，金融消费者根本没有能力弄清楚金融衍生工具的风险，消费者的权益保护无法得到保证，风险不断积聚，最终演变成次贷危机。事实证明，不能把金融产品创新单纯作为投机和逐利的工具。金融业的发展应始终以服务实体经济为基础，建立在满足实体经济需要的根基之上，金融创新应保证作为金融创新的基础资产的质量。不可以将高风险的、无保障的资产作为基础资产进行证券化，这是防范金融危机，切实保护金融消费者的前提。

从根本上讲，金融工具创新并不能消除风险，而只是将风险在不同承受能力以及不同风险偏好的消费者之间转移和分散，因此，市场的系统性风险也并未因金融创新产品出现而降低。当金融创新产品的估值不能反映其真实的风险和收益状况时，就会被金融机构所利用，将潜在的金融机构的金融风险不适当地转移到金融消费者身上，损害金融消费者的权益。所以，金融衍生工具的“去繁杂化”、正确估值是保护消费者权益的基础。

（二）规范信用评级，强制信息披露

规范信用评级机构对创新金融产品的评级，提高信息透明度有助于促进金融创新产品估值的合理性，有利于加强对金融消费者权益的保护。现代金融创新活动往往具有创新产品定价透明度低、繁杂难懂、流动性强、再证券化程度高的特点，透明度低、繁杂难懂加剧交易双方的信息不对称；流动性强使风险传播速度快、再证券化程度高使其波及影响范围大。因此，在鼓励金融机构开展适度金融创新的同时，更应该注重强制信息披露制度，提高透明度，加强信用评级让金融消费者对创新金融工具可能带来的风险有更加清晰的认识。同时，还应该加强市场中介机构对金融机构信息披露的激励与约束作用，提高金融机构无“度”创新、违规虚假信息披露的成本。

（三）推动金融监管创新，加强对金融消费者权益保护

面对不断加速的金融创新活动，世界各国的监管当局都在努力推动监管的创新。例如，在原有的资本充足率监管的基础上，引入杠杆率监管，这是对资本充足率为主的监管模式的补充，以防止金融机构的结构性套利行为造成的杠杆率过高，以及过度杠杆化累积后去杠杆化引发的信贷紧缩等问题。又例如，扩大存款保险保障的覆盖面。2009 年美国联邦存款保险公司（FDIC）和财政部联合推出了有毒资产计划，运用私人资本和政府资源共同购买银行持有的合格问题贷款，解救了部分受危机影响较深、经营困难的银行机构。再例如，保险业“犹豫期制度”的进一步推广，强制更多的从事高风险投资的行业与产品设立金融消费者犹豫期，让其有足够的时间作出谨慎的选择。此外，还加强了对金融创新工具内在结构与潜在风险的研究，要求金融机构在创新金融工具的过程中进行完整的风险揭示，开展充分的投资者教育进而降低金融消费者的不确定性。

（四）央行求助制度充当金融消费者的“保护神”

20 世纪 70 年代美国的票据危机，90 年代的对冲基金危机以及此次贷危机，中央银行作为金融危机救助的主体之一，对金融市场及问题金融机构展开了全面的求助。Cordella（2003）认为当本国遭受巨大贸易冲击或者出现国际利率水平大幅波动等恶劣宏观经济形势时，央行救助可以起到降低市场系统性风险的作用。他认为央行对出现清偿危机问题的金融机构实施救助带来降低整体市场风险的收益远大于此政策可能引发的道德风险。

一方面对于微观层面的问题金融机构的救助，央行主要通过出资购买问题资产；或者是担当最后贷款人的角色为金融机构提供融资便利；或者是向金融机构注入资本金以弥补资产损失的方式进行救助。另一方面通过宏观层面解决金融市场金融机构面临的共同问题，例如，降息减少借款人的付息压力，或者推出临时性政策工具，为短期融资市场、货币市场提供流动性。央行救助行为降低了金融消费者的不确定性，促使一部分金融消费者改变逃离市场的策略，至少避免了金融消费者逃离市场成为群体行为。

四、对我国加强金融消费者保护的启示

（一）完善金融立法，加强对金融创新的监管

我国作为体制改革转型的新兴国家，随着金融市场逐渐开放，大量的跨国金融机构涌入国内，推动国内金融创新加速。与金融消费的持续增长以及金融创新推动下金融产品日趋复杂化对应的是国内法律监管滞后以及对金融消费者保护意识和手段相对缺乏。例如，对银行结构性套利行为监管不足——目前国内大量的银信合作理财模式实际上将信贷资产转变为信托贷款，商业银行通过这些“类资产证券化”创新实现资本套利。现有的商业银行法并没有对银行证券化资产的资本金要求，银行上述的“类资产证券化”行为规避了相关法律监管。再例如，金融消费者至今仍不是一个法律概念。对于如何定义金融消费者，对哪些行为属于金融消费行为的问题上甚至连监管机构的态度也不甚明确，并没有形成统一的意见。

鉴于金融消费者保护的特殊性，应该对金融消费者保护进行专门立法，明确界定金融消费者，界定金融消费者保护的基本目标和原则，界定提供金融商品和服务的金融机构种类以及金融商品和服务的具体范围，界定金融消

费纠纷的范围和解决机制，以及金融监管部门在金融消费者保护中的职责等。同时逐步将国际通行的监管标准引入国内法中，加强对结构性套利、透明度套利以及跨业金融创新的监管，为金融消费者创造公平、公正的交易平台，切实维护金融消费者权益。

（二）设立专门的金融消费者保护机构

由于金融产品保护适用法律不足以及金融产品的复杂性、专业性特点使得各级消费者协会在保护金融消费者权益方面力不从心，目前他们侧重于普通商品和劳务消费的保护。已经存在的银监会、保监会以及证监会，主要侧重于对从业金融机构的规范性、风险性进行监管，缺乏对金融消费者权益的关注，尚缺乏未建立起有效的消费者保护机制。因此，需要考虑设立专门的金融消费者保护机构，规范金融消费者投诉处理机制与程序．应明确金融消费投诉受理范围。对于我国这种以银行为主体的金融市场结构，在设立专门的金融消费者保护机构前，可以考虑由央行牵头在省会城市设立金融消费者保护中心，开通消费者投诉热线，彻底解决金融消费者投诉无门的问题，并且注意加强对调查进展、调查结果方面的信息披露，鼓励更多金融消费者通过保护中心维护自己的权益。

（三）强制信息披露，扩大对创新产品的监管领域

建立完善信息披露机制，强制信息披露可以减少因信息不对称带来的逆向选择，降低金融消费者的投资风险，有助于加强对金融消费者权益的保护。不过，英国的监管部门发现过多指望通过信息披露达到保护消费者权益的做法是不理智的。在众多消费者权益被侵犯的案例中，消费者对披露信息要么采取忽视的态度，要么无法发现信息中的价值。因此，尽管在金融商品销售环节金融机构已经对消费者进行了公平的信息披露，然而消费者权益被侵犯的事件还是大规模发生，金融机构往往在了解消费者的行为特征的基础上，向其施加不当的引导促使其购买不适当的金融产品。因此，在强制信息披露的同时，我们可以借鉴英国监管机构的做法从产品生命周期的角度出发将监管范围由原来的销售环节提前到早期产品创造领域，采取措施去审核或过滤那些不适合普通金融消费者的产品。

（四）提高央行救助的效率

我国对金融消费者保护意识和手段相对缺乏，尚未建立起专门的金融消费者保护机构和立法，缺乏对金融消费者进行必要的教育，单纯依靠央行信誉保证与求助存在致命缺陷。金融消费者认为央行救助是理所当然的，央行为了制止金融危机进一步扩大，稳定市场，最后时刻一定会采取救助措施。这种想法可能会使他们忽视风险，盲目投资。实现上央行救助只是金融创新失败以后保护金融消费者权益的一种补救措施，不应该成为常态，要知道央行救助是需要付出巨大的成本的。Honohan（2000）研究了 40 个国家的金融业危机时央行求助平均成本占 GDP 的平均比例达到 12. 8%，并且他预测由于受到救助效率的影响，发展中国家央行救助成本占 GDP 比例可能会更高。因此，央行在对影响我国宏观经济的问题金融机构以及流动性匮乏的金融市场展开救助的时候，应该注意提高央行救助的效率，减少救助成本。要注意把握救助时点和方式，尽可能做到及时、有效地稳定市场，并且注意做好事后问题资产的出售和处置，从而达到提高救助效率，降低救助成本的目的。在提高央行救助效率的同时，推动金融机构通过金融创新提高对金融消费者的保护，例如，适时推出存款保险制度，区别从事低风险投资金融消费者与高风险投资者的金融消费者，加强对低风险储蓄者的保护，增加他们储蓄的信心；推广“犹豫期制度”，让更多从事高风险投资的金融消费者有足够时间了解产品，从而作出理智的选择。

参考文献

[1] Cordella, Tito and Levy-Yeyati, Eduardo Levy, 2003, Bank Bailouts: Moral Hazard vs. Value Effect. Journal of Financial Intermediation, Vol. 12, pp. 300 – 330. Available at SSRN: http: //ssrn. com/abstract = 539542.

[2] Honohan, Patrick & Klingebiel, Daniela, 2000. “Controlling the fiscal costs of banking crises,” Policy Research Working Paper Series 2441, The World Bank.

[3] Acharya, Viral V. and Richardson, Matthew P., Causes of the Financial Crisis (May 1, 2009). Critical Review, Vol. 21, Nos. 2 & 3, pp. 195 – 210, 2009. Available at SSRN: http: //ssrn. com/abstract = 1514984.

[4] 宋婷婷、杜春雷:《跨业创新对金融稳定冲突的两类解释——结构套利与“竞次”博弈》,《上海金融》,2011 年第 9 期,第 70 ~ 74 页。

[5] 毛菁、王玉:《金融创新、投资者逃离与央行危机救助》,《投资研究》,2011 年第 10 期,第 20 ~ 29 页。

[6] 梁涛:《加强金融消费者权益保护问题研究》,《经济与管理》,2011 年第 8 期,第 48 ~ 53 页。

[7] 宋永明:《监管资本套利和国际金融危机——对 2007 ~ 2009 年国际金融危机成因的分析》,《金融研究》,2009 年第 12 期,第 81 ~ 90 页。

第四部分
货币政策工具选择与宏观审慎监管

社会融资规模适合作为货币政策中介目标吗？

张春生　梁　涛

一、绪言

2010 年 12 月中央经济工作会议提出“保持合理的社会融资规模”。2011 年 1 月 30 日央行公布的《2010 年第四季度货币政策执行报告》提出“更加注重从社会融资总量的角度来衡量金融对经济的支持力度，要保持合理的社会融资规模”。2011 年 5 月 3 日《2011 年第一季度货币政策执行报告》正式公布了社会融资规模的统计数据，社会融资规模与原有的货币供应量、金融机构存款、金融机构贷款三个指标并列，正式纳入央行统计与监测范围，成为新的重要宏观经济监测指标。

对于社会融资规模这一指标，政策层与学术界都极为关注，除了对其产生背景、涵盖范围进行讨论外，更为关注的是这一指标的政策意义与应用前景，是否适合作为货币政策中介目标，以取代当前的货币供应量目标。尹继志（2011）认为监测社会融资规模具有充分的理论依据，这一指标适合作为货币政策中介目标；郭忠军（2011），杨秀萍（2001）认为社会融资规模基本具备作为货币政策中介目标的条件，以其作为中介目标可以提高货币政策的有效性；张嘉为，赵琳（2012）以 DSGE 模型考察了社会融资规模与货币政策传导，发现社会融资规模指标更能反映货币政策调整对资金供给的影响，其变动对宏观经济的影响要高于银行信贷变动的影响，社会融资规模作为货币政策中间目标是可行的，比银行信贷能更全面反映货币政策传导过程；而余永定（2011）则持相反观点为，他从金融机构资产负债表角度考察了货币总量与社会融资总量的变动，发现社会融资总量为内生变量且与通货膨胀无直接关系，并不适合作为央行的控制变量。

社会融资规模固然为一个重要经济指标，但以其作为货币政策中介，目前尚无国际先例可循，也缺乏理论模型的支撑，其是否适合作为货币政策中介，还值得进一步研究与观测。

二、社会融资规模的含义

社会融资规模是全面反映金融与经济关系、反映金融对实体经济资金支持的总量指标，是指一定时期内（每月、每季或每年）实体经济从金融体系获得的全部资金总额，是一个增量概念。这里的金融体系为整体金融的概念，从机构看，包括银行、证券、信托、保险等金融机构；从市场看，包括信贷市场、债券市场、股票市场、保险市场以及中间业务市场等①。

社会融资规模统计遵循四项原则：居民原则、金融原则、合并原则、增量统计与计值原则。

1. 居民原则。指资金借出单位与资金贷入单位都为国内居民，资金贷入单位为国内实体经济部门（即家庭或非金融性公司），资金借出单位为国内金融部门或实体经济部门（即家庭、非金融公司及金融公司）。按照居民原则，外商直接投资、外债和外汇占款均不计入社会融资规模，外商直接投资、外债的资金借出部门为非居民，外汇占款资金贷入方为金融部门且资金借出方为非居民，这三者均不符合居民原则。

2. 金融原则。指资金贷入单位应为国内实体经济部门，且所获资金来自国内金融体系。国债发行来源于国内金融体系，但政府不是实体经济单位，且所筹集的资金相当部分用于政府各项日常开支以及弥补财政赤字，而不直接进入实体经济生产领域。国债发行与兑付属于财政政策的范畴，按照金融原则，国债发行不计入社会融资规模。

3. 合并原则。指加总计算各种金融机构、金融市场以直接或间接方式向实体经济提供的资金支持，要合并处理金融机构相互间的债权和债务关系。金融机构之间的债权和所有权关系相互轧差，不重复计算，如金融机构之间相互持有的股权、相互持有的债券等等，都不应计入社会融资规模。

4. 增量统计与计值原则。指以账面价值计算一定时期内的融资增加额。

---

① 盛松成：《社会融资规模是符合金融宏观调控市场化方向的中间目标》，《中国金融家》，2011 年第 3 期，第 91 ~94 页。

社会融资规模是增量概念，即期末余额减去期初余额的差额，或当期发行或发生额扣除当期兑付或偿还额的差额。同时社会融资规模各项指标统计均采用发行价或账面价值进行计值，而非以市场价格计值，以避免股票、债券等金融资产的市场价格波动扭曲实体经济的真实筹资。

由此，社会融资规模 = 人民币各项贷款 + 外币各项贷款 + 委托贷款 + 信托贷款 + 银行承兑汇票 + 企业债券 + 非金融企业股票 + 保险公司赔偿 + 保险公司投资性房地产 + 其他（主要包括小额贷款公司贷款、贷款公司[①]贷款、产业基金投资等）。社会融资规模统计数据来源于人民银行、发改委、证监会、保监会、国债登记公司和银行间市场交易商协会等部门。2002 ~ 2011 年社会融资规模见图 1。

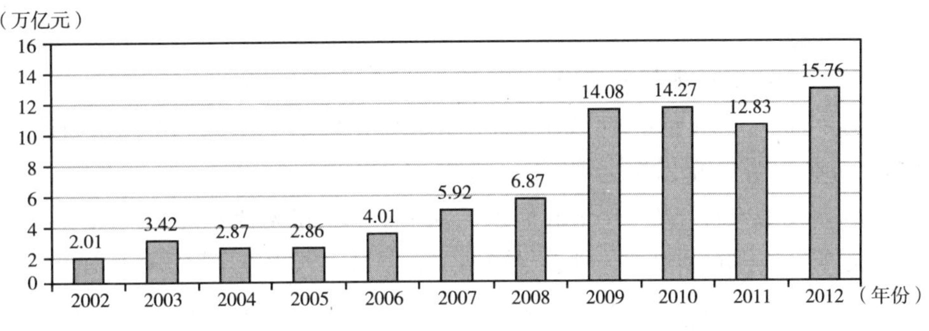

图 1　2002 ~ 2012 年社会融资规模

资料来源于人民银行网站。

三、作为货币政策中介目标的理论分析

《拉德克利夫报告》（1959）认为货币当局不应只控制货币供给，而是整个社会的流动性；Gurley 和 Shaw（1960）认为货币当局不仅应控制商业银行和货币，而且应同时控制其他金融机构及其发售的金融资产；Tobin（1963）认为银行与非银行金融机构都是从事资金借贷的中介，货币与其他金融资产均是信用工具，金融部门影响着实体部门，金融资产变动影响实物资产变动；货币政策的信贷传导渠道研究表明，银行贷款这个传导渠道的作用逐步下降，

① 贷款公司是指经中国银行业监督管理委员会依据有关法律、法规批准，由境内商业银行或农村合作银行在农村地区设立的专门为县域农民、农业和农村经济发展提供贷款服务的非银行业金融机构。贷款公司是由境内商业银行或农村合作银行全额出资的有限责任公司。

而非银行金融机构在货币政策传导的作用不断增强，中央银行应监测贷款以外的更广义的信贷活动。以上所指社会流动性、金融资产、广义信贷，其实就是指社会所有融资总量，理论表明社会融资规模对国民经济影响甚大，对其有监测的必要性，但并没有论及其作为货币政策中介这个问题。

1996 年起人民银行以货币供应量作为货币政策调控的中间目标，并沿用至今。如果放弃货币供应量而改用社会融资规模作为货币政策中介，需有一个前提条件：社会融资规模作为中介指标的效果更好，对经济增长、物价稳定、充分就业、国际收支平衡产生的积极影响更好，否则以社会融资规模替代货币供应量则没有优势与必要性。目前对社会融资规模这一指标作为政策中介尚缺乏相关讨论，在以在 IS－LM 模型框架比较社会融资规模与货币供应量两者作为政策中介的影响效果。

（一）IS－LM 曲线的变换

IS－LM 模型用于考察产品市场与货币市场的均衡，*IS* 表明产品市场达到均衡，*LM* 表明货币市场达到均衡。

IS 曲线由 $I(i)=S(y)$ 推导而来，利率下降，融资成本降低，原先无利可图的项目变得有利可图，社会投资增加，国民收入相应增加，整个过程为：$i\downarrow$—$y\uparrow$，利率与国民收入呈反向关系，*IS* 曲线向右下方倾斜。在利率下降引起国民收入增加的过程，可以加入社会融资规模这个变量，即如果利率下降，融资成本降低，企业增加从信贷市场、债券市场、股票市场等的融资，扩大生产与投资，同时居民也会增加借款（银行信贷或民间借贷），用于消费或其他用途，由此利率下降引起社会融资规模增加，而社会融资规模增加引起投资、消费的增加，从而引起国民收入增加。加入社会融资规模后，整个过程变为：$i\downarrow$—$SFS\uparrow$—$y\uparrow$（*SFS* 为社会融资规模 social financing scale 的缩写），社会融资规模与国民收入呈正向关系，2002～2011 年 *SFS* 与 *GDP* 的相关系数高达 0.915，这充分说明两者间的正向关系。在图 2（a）中，i 与 y 呈反向关系，$y=y(\overset{-}{i})$，*IS* 曲线向右下方倾斜，而在图 2（b）中，*SFS* 与 y 呈正向关系，$y=y(\overset{+}{SFS})$，*IS* 曲线向右上方倾斜。

LM 曲线由 $L=L_1(y)+L_2(i)$ 及 $L=M$ 推导而来，L_1 为交易性货币需求＋预防性货币需求，与 y 呈正向关系，L_2 为投机性货币需求，与利率 i 呈反向关系，当利率较低时，人们预期未来利率将提高，为了获得未来的高收益，人们

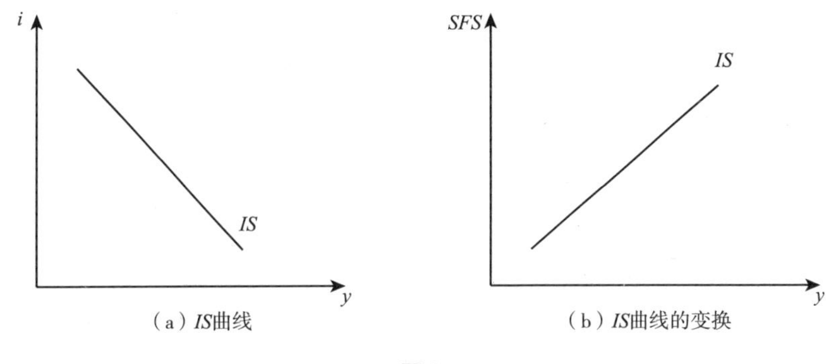

（a）IS曲线 （b）IS曲线的变换

图 2

增加货币持有，而减少债券持有以避免利率升高时的损失。在 $M = L_1(y) + L_2(i)$ 模型中，货币供应量 M 不变，如果 y 增加，L_1 随之增加，此时只有提高利率减少 L_2，才能保持货币市场均衡，由此 y 与 i 呈正向关系。从投机性货币需求角度看，如果当前利率较低，人们预期未来利率将提高，此时从市场上借入资金持有在手中，待利率升高时用其购买债券是有利可图的，理性的企业、居民都有此投机性货币需求动机，此时企业、居民都将增加资金借贷以获取利率上升时的高收益，社会融资规模由此增加；相反，如果当前利率较高，未来利率将下降，此时大家都将争相购买债券，而减少货币的持有，以高利率借入资金持有在手中，再进行投资无疑是亏损的，企业、居民将减少投机性融资，社会融资规模相应减少。由此可以看出 SFS 与 i 呈反向关系。在货币市场均衡中，i 与 y 呈正向关系，而 i 与 SFS 呈反向关系，由此 y 与 SFS 呈反向关系。在模型 $M = L_1(y) + L_2(SFS)$ 中，随着收入增加，交易性需求与预防性需求增加，在货币供应量 M 一定的情况下，只有减少投资性的社会融资需求，才能保持货币市场的均衡。

在图 3（a）中，y 与利率 i 呈正向关系，LM 曲线向右上方倾斜。在图（3b）中，y 与 SFS 呈反向关系，LM 曲线向右下方倾斜。

在 y 为横轴、SFS 为纵轴的坐标系内，IS 与 LM 的交点决定了均衡的国民收入及社会融资规模。在图 4 中，IS 与 LM 相交于 a 点，决定均衡的国民收入为 y_0，均衡社会融资规模为 SFS_0。当投资、消费、政府支出或出口增加时，IS 曲线右移，国民收入增加，社会融资规模减少（利率上升）；相反，IS 曲线左移，国民收入降低，社会融资规模增加（利率下降）。当实行扩张性货币政策时，LM 曲线右移，国民收入与社会融资规模都增加；而紧缩性货币政策使 LM 曲线左移，国民收入与社会融资规模都缩减。

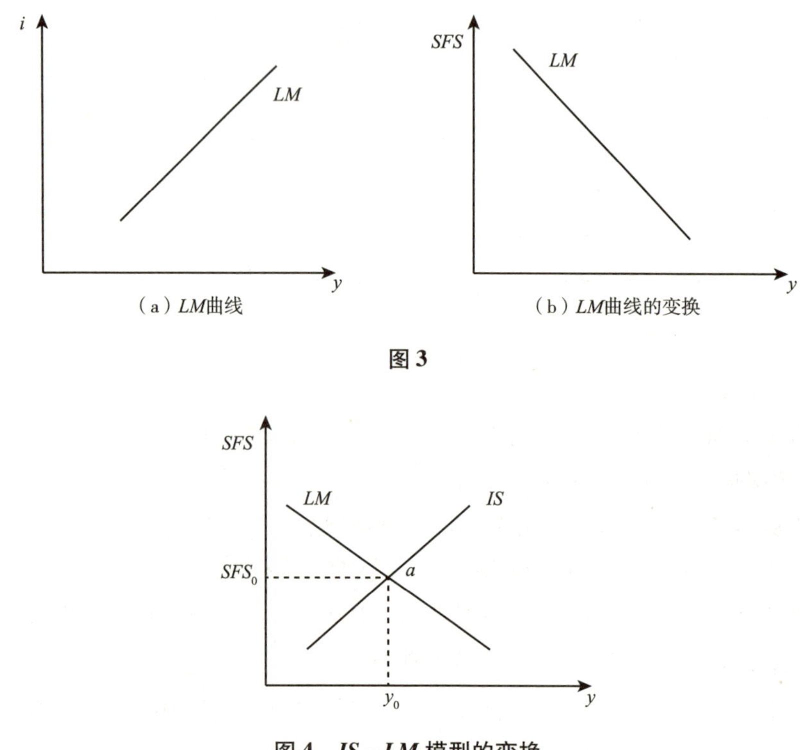

（a）*LM*曲线　　（b）*LM*曲线的变换

图3

图4　*IS*－*LM* 模型的变换

（二）商品市场冲击下的效果比较

假设外来冲击来自商品市场，而货币市场没有受到外在冲击，中央银行保持货币供应量的稳定，此时 *LM* 曲线位置保持不变。

首先分析以货币供应量作为政策中介目标的情形。假设商品市场出现一次正的冲击（见图5），*LM* 曲线保持不变，*IS* 曲线右移至 IS_1，国民收入由 y_0

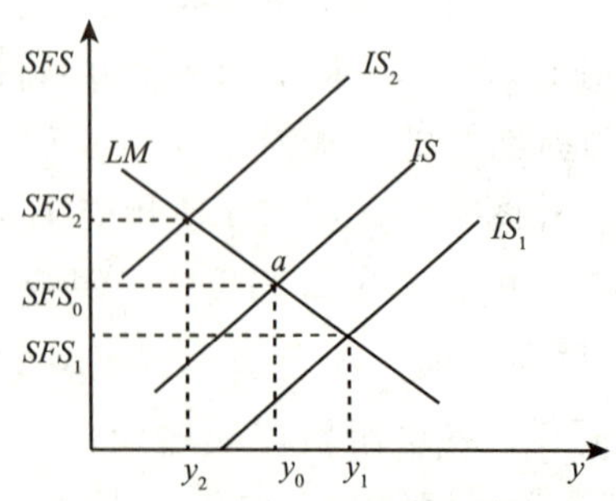

图5　以货币供应量作为政策中介目标时商品市场冲击的产出波动

增加到 y_1，社会融资规模由 SFS_0 下降到 SFS_1；相类似，如果商品市场发生负的冲击，IS 曲线左移至 IS_2，国民收入由 y_0 减少到 y_2，社会融资规模由 SFS_0 增长到 SFS_2。从正向冲击 IS_1 到负向冲击 IS_2，导致产出减少为 y_1-y_2。

接着分析以社会融资规模作为政策中介目标的情形（见图6）。在初始情况下，IS 曲线与 LM 曲线相交于 a 点，社会融资规模为 SFS_0，中央银行以社会融资规模为调控目标，需使其保持在 SFS_0 水平。当商品市场发生正向冲击时，IS 曲线右移到 IS_1，此时 SFS_0 下降到 SFS_1，为使社会融资规模保持在 SFS_0，则需配合扩张性货币政策，将使 LM 右移到 LM_1，与 IS_1 相交于 b 点，社会融资规模稳定在 SFS_0，国民收入增长到 Y_1。而当发生负向冲击时，IS 曲线左移到 IS_2，此时 SFS_0 上升到 SFS_2，为使社会融资规模保持在 SFS_0，则需配合紧缩性货币政策，将使 LM 左移到 LM_2，与 IS_2 相交于 c 点，社会融资规模稳定在 SFS_0，而国民收入降低到 Y_2。从正向冲击 IS_1 到负向冲击 IS_2，导致产出减少为 Y_1-Y_2。

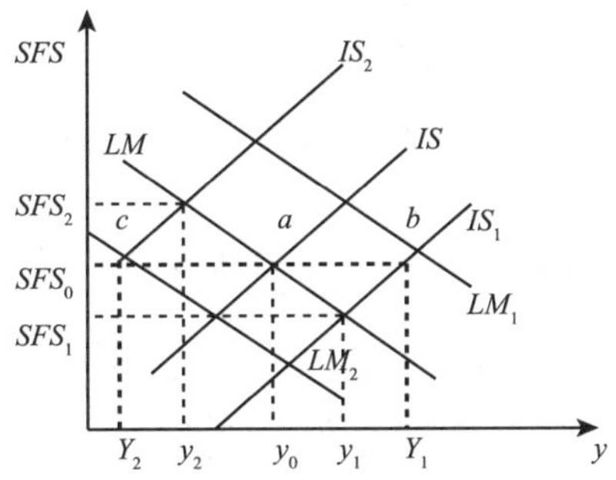

图6　以社会融资规模作为政策中介目标时商品市场冲击的波动

发生的冲击幅度都是一样的，由正向冲击 IS_1 到负向冲击 IS_2，但以不同变量作为货币政策中介目标，造成的产出波动不同。当以货币供应量作为政策中介目标时，冲击导致的产出缺口为 y_1-y_2，而当社会融资规模作为政策中介目标时，冲击导致的产出缺口为 Y_1-Y_2，很显然，$(Y_1-Y_2)>(y_1-y_2)$。这说明，如果外生冲击来自商品市场，以社会融资规模作为政策中介造成的产出波动要大于以货币供应量作为政策中介时的产出波动，这意味着应以货币供应量作为货币政策中介，而不宜采用社会融资规模。

（三）货币市场冲击下的效果比较

假设外生冲击来自货币市场，而商品市场没有受到外来冲击，则 IS 曲线保持不变，没有发生位移。这种外生冲击或影响货币需求，或影响货币供给。

首先分析以货币供应量作为政策中介的情形。中央银行可控制的是名义货币供应量，但不能控制现实中的货币需求，在名义货币供应不变的情况下，货币需求的变化使得实际货币供应相应发生变化。图 7 中，由于货币供应量保持不变，假设货币需求减少，使得 LM 右移到 LM_1，国民收入由 y_0增加到 y_1，社会融资规模由 SFS_0增长到 SFS_1。相反，假设货币需求增加，使得 LM 左移到 LM_2，国民收入由 y_0减少到 y_2，社会融资规模由 SFS_0减少到 SFS_2。外在冲击对货币需求的影响，导致产出波动范围为 y_1-y_2。

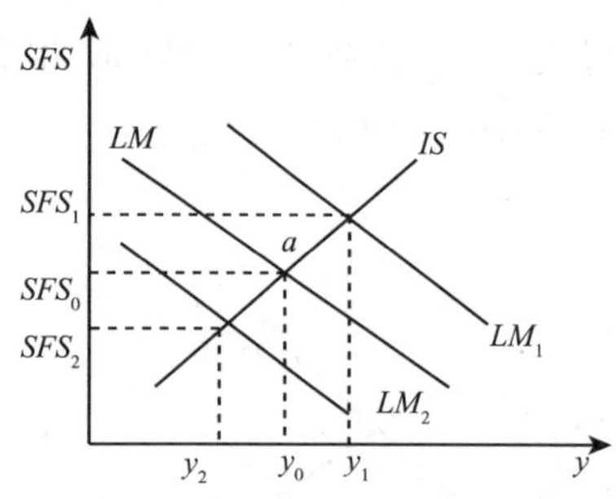

图 7　以货币供应量作为政策中介目标时货币市场冲击的产出波动

接着分析以社会融资规模作为政策中介的情形。图 8 中，当货币需求减少，LM 曲线右移使得 SFS、y 增加，为了使社会融资规模保持 SFS_0，中央银行可以适应性减少名义货币供给，使 LM_1左移恢复到 LM，至此国民收入与社会融资规模都恢复到原来的水平。相反，当货币需求增加，LM 曲线左移导致 SFS、y 减少，为了使社会融资规模保持 SFS_0，中央银行可以适应性增加名义

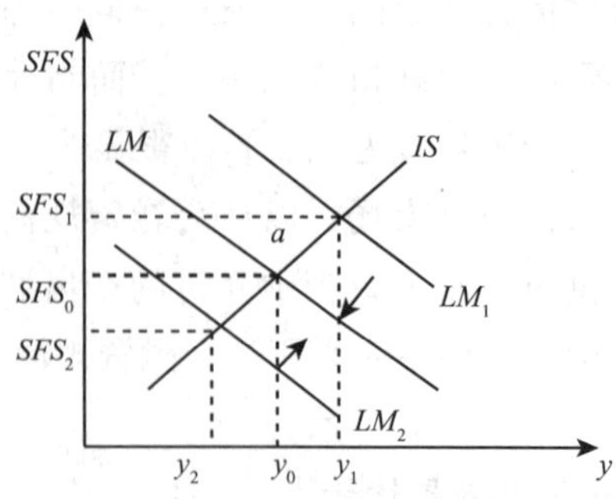

图 8　以社会融资规模作为政策中介目标时货币市场冲击的产出波动

货币供给，使 LM_2 右移恢复到 LM，使国民收入与社会融资规模都恢复到原来的水平。以社会融资规模作为政策中介时，货币市场的冲击对产出不产生影响，产出保持在原有水平。

可见，当外在冲击发生在货币市场时，以社会融资规模作为政策中介对产出波动没有影响，产出稳定在原有水平，而以货币供应量作为政策中介则导致产出较大幅度波动。因此，当货币市场发生外来冲击时，社会融资规模更适合作为货币政策中介目标。

由此，如果冲击来自商品市场，则应选择货币供应量作为货币政策中介目标；如果冲击来自货币市场，则选择社会融资规模作为政策目标。这为央行选择带来难题，首先，要预先辨别冲击产生于商品市场还是货币市场，才能正确选取政策中介目标，但货币当局很难事先判断冲击的潜在来源，而只能事后才加以判断。其次，如果外在冲击只来自商品市场或货币市场，则只需在货币供应量与社会融资规模之间选其一，但如果冲击同时出自两个市场，则无论选取何者都不是最佳选择，在减轻或消除某类冲击的影响时，无法消除另一类型冲击的影响。此外，货币政策中介是较长时期内盯住的目标，在选取后不宜频繁变动，如果根据冲击来源不断变换政策目标，显然是有悖货币政策中介目标选取的一贯性原则。

四、社会融资规模指标所存问题

（一）统计范围狭窄

目前民间借贷、典当、私募股权投资基金等融资未纳入社会融资规模统计范畴，原因是统计数据无法取得。但外债、外商直接投资、国债这三类融资排除在社会融资规模之外，值得商榷。

外商直接投资、外债的融资主体主要为国内非金融企业（外债融资主体还有国内金融企业、政府、财政部）①，外债资金、外商直接投资形成国内非金融企业的债务或注册资本，这部分资金主要流向生产与流通领域，这些资金除了区别非居民来源外，其运行方式及对国民经济影响与纳入统计范围的

---

① 外债举借主体有中国政府、财政部、国内商业银行、国内企业，但国家对各类外债和或有外债实行全口径管理，所有外债都由政府统一管理。

融资并没有任何差别。对于中央政府内债[①]来说（中央政府对外债务放在外债项目），其资金来源于国内居民（金融企业、家庭、企业），除去还本付息外，很大部分资金用于政府购买、社会福利、转移支付等项目，这些项目构成社会总需求，对国民经济直接或间接产生影响。

从表1看，2002～2011年中央政府内债、外债、外商直接投资的规模很大，三者总和与社会融资规模的平均比值高达27.76%，2007年时曾高达45%。货币政策目标是保持人民币币值的稳定，并以此促进经济增长，管理总需求、促进经济平稳增长是货币政策的最重要目标，中央政府内债、外债、外商直接投资形成社会总需求，对经济稳定与增长产出非常重要影响，并直接影响到币值的稳定（物价稳定与汇价稳定），社会融资规模却将它们完全排除在外，显然不合时宜。因此，至少要将外商直接投资的现汇投资部分（投入非金融企业的现汇部分）、非金融企业所借外债部分（包括由国家统一对外举借后再转贷国内企业的外债）、投入实体经济的国债部分计入社会融资规模。

表1　　2002～2011年政府内债融资、外债、外商直接投资与社会融资总量

单位：亿元

年份	社会融资规模①	政府内债融资②	外债③	外商直接投资④	(②+③+④)/①
2002	20100	3192.3	103.5	4365.5	38.1%
2003	34200	3152.7	1843.6	4428.6	27.6%
2004	28700	3183.9	2893.7	5018.2	38.7%
2005	28600	3044.4	4296.5	4941.6	42.9%
2006	40100	2531.7	4587.4	5023.9	30.3%
2007	59200	17087.2	3849.9	5685.4	45.0%
2008	68700	1331.9	65.3	6416.9	11.4%
2009	140800	6937.6	2629.3	6150.2	11.2%
2010	142700	7251.0	8143	7157.7	15.8%
2011	128300	4422.8	9437.4	7496	16.6%
平均值	69140	5213.55	3784.96	5668.4	27.76%

资料来源：（1）中央政府内债数据：2002～2005年数据以当年财政内债发行额减去当年财政内债还本付息额得出，2006～2011年的数据以当年中央政府国内债务余额减去上一年余额得出；（2）外债数据：以当年外债额减去上年外债额，再乘以年度平均汇率，得当年外债数据；（3）外商直接投资数据：以当年实际利用的外商直接投资，乘以年度平均汇率得出。

---

① 国债指中央政府对国内居民融资，《中国人民银行法》颁布后，政府从国内融资的途径只能发行国债，因此中央政府的国内债务就可视为国债融资。

（二）可控性不强

中央银行以相关性、可测性、可控性来选择合适的货币政策中介目标。从相关性看，社会融资规模是流量，国民产出也是流量，比起货币供应量这一存量指标，作为流量的社会融资规模与同为流量的国民产出似乎更为匹配，两者之间应具有高度相关性，2002～2012年社会融资规模与GDP的相关系数高达0.935也证实了这一点。从可测性看，虽然目前统计范围较窄受到诸多质疑，但随着统计制度的不断完善以及相关监管部门的协调合作，统计范围可随之拓宽，统计数据会不断精准。但与货币供应量相比，社会融资规模具有不可控性。

以货币供应量为调控目标时，中央银行只需盯住商业银行这一个对象，而不直接面对企业、居民的融资行为，央行只需运用政策工具使商业银行负债达到预定目标，就意味着达到调控目标，而不必考虑到中央银行——商业银行——实体经济这个环节中最下游的企业、居民的融资状况。而如果以社会融资规模作为调控目标，则是将监控目标从商业银行向后端下移，而越往下游，越受市场力量支配，政策力度越弱。

以社会融资规模作为货币政策中介涉及以下问题。（1）社会融资规模是一个数量指标，如果以社会融资规模代替货币供应量作为货币政策中介目标，则依然是数量调控，只不过以此数量代替彼数量而已，数量型调控向价格型调控是国际趋势，因此单纯变换一个数量调控指标意义不大。（2）社会融资规模涉及信贷、债券、股票、保险及中间市场等的融资，目前信贷融资依然受一定的额度管理，债券市场、股票市场融资一直受审批部门的核准管理，除了这三个市场融资外，保险市场（如理赔）、中间业务市场融资则基本不受监管当局的控制，而监管当局对民间金融、私募、典当则更是鞭长莫及，如为规避从紧货币政策的融资难问题，2011年发行理财产品16.99万亿元、集合信托计划8130.3亿元①，随着股票发行、债券发行由核准制逐步向注册制的转变，控制社会融资规模更不可能。（3）社会融资规模控制涉及人民银行、发改委、证监会、保监会等部门，如果以社会融资规模为控制指标，则需在各部门分配额度控制指标，这种向计划经济倒退的做法不说，就是如何

① 银行理财数据来自于西南财大信托与理财研究所和普益财富联合发布《2011年度银行理财能力排名报告》，集合信托数据来自于用益信托网。

确定各市场的融资量，以在各监管部门间分配控制指标，就是一件不可能的事情。

（三）缺乏理论支持

虽然一般流动性论、金融中介机构论、信贷传导渠道论等认同社会融资规模的重要性及监管的必要性，同时简单实证上社会融资规模与主要宏观经济指标之间确有较高相关性。但至目前为止，并没有相关理论模型支持其作为货币政策目标中介。

在经济增长理论中，商品货币、法定货币被融入经济增长理论以考察货币在促进产出增长的作用，货币增加与使用推动了国民产出的影响，这支持了货币与产出间的关系。虽然金融机构作为中间产品生产者被加入到新古典生产函数、内生技术进步增长模型，结论为：金融部门产出的增加，在金融中介生产的可观测范围内，推动了总产出增长及人均产出增加。金融部门在经济增长中发挥重要作用意味着融资广度、融资深度不断推进，社会融资规模不断扩大，社会融资规模增长与经济增长息息相关，但并不能就此表明其可作为货币政策中介目标的理论依据。

五、结语

社会融资规模指标的提出，表明监管层对金融体系所有机构所创造信用总量的重视，监控领域由信贷扩大到债券、股票、保险等市场的融资，这是货币政策调控范围扩大及思路转变，也是由微观审慎监管向宏观审慎管理转变的一个重要举措，但目前来说社会融资规模还不具备成为货币政策中介目标的条件。

1. 以 IS－LM 模型为框架分析表明，如果冲击来自商品市场，货币供应量作为货币政策中介目标的效果更好，而如果冲击来自货币市场，则社会融资规模作为政策目标的效果更好，由于难以事先辨别冲击来源，因此社会融资规模作为政策中介的效果并不优于现在正使用的货币供应量。

2. 社会融资规模依然是一个总量指标，且不具有可控性。社会融资规模由信贷市场、债券市场、股票市场、保险市场及中间市场的融资组成，监管当局可以控制某一市场的融资，但不可能通过额度计划控制所有市场的融资，融资行为由实体经济需求所决定，而不应由监管当局事先设定，以社会融资规模作为货币政策中介某种程度上意味着向计划经济的倒退。

3. 市场化条件下，社会融资规模主要受利率影响，社会融资规模是果而非因，以社会融资规模这个果作为调控目标显然没有抓住本质。数量型调控向价格型调控是国际发展趋势，当前我国正逐步推进存贷款利率市场化，今后货币政策目标应选择利率或通货膨胀率等价格型工具。因此社会融资总量在当前只是具备参考意义，而不是一个可量化的调控目标。

参考文献

[1] 陈涤非：《关于社会融资总量统计的几个问题》，《金融纵横》，2011年第3期，第8~11页。

[2] 郭忠军：《社会融资规模监测的早期实践：人行济南分行案例》，《金融发展研究》，2011年第8期，第45~50页。

[3] 杰格迪什·汉达：《货币经济学》，中国人民大学出版社，2005。

[4] 盛松成：《社会融资规模符合金融宏观调控市场化方面》，《中国金融家》，2011年第3期，第91~94页。

[5] 盛松成：《社会融资规模概念的理论基础与国际经验》，《中国金融》，2011年第8期，第41~43页。

[6] 杨秀萍：《从信贷总量控制到社会融资规模监测》，《特区经济》，2011年第12期，第65~68页。

[7] 尹继志：《社会融资总量与金融宏观调控新目标》，《上海金融》，2011年第9期，第36~41页。

[8] 余永定：《社会融资总量与货币政策的中间目标》，《国际金融研究》，2011年第9期，第4~8页。

[9] 张曼、罗晟：《货币政策谋变》，《财经》，2011年第9期，第59~65页。

[10] 张嘉为：《基于DSGE模型的社会融资规模与货币政策传导研究》，《财务与金融》，2012年第1期，第1~7页。

[11] 钟俊：《关于“社会融资总量”指标内涵的深度剖析》，《新金融》，2011年第11期，第9~12页。

新常态下中国货币政策调控工具的选择

梁　涛

一、引言

自1996年开启利率市场化改革以来，我国的渐进式的利率市场化改革近年来进入加速发展阶段，2013年7月取消贷款利率下限，实现了贷款利率全面放开；2015年3月金融机构存款利率浮动区间的上限由存款基准利率的1.2倍调整为1.3倍，逐步放宽存款利率上限管理意味着我们利率市场化改革已经进入最关键和最核心的环节。利率市场化改革的一个重要目标是让包含更多信息的利率成为资源配置和宏观调控的重要工具，通过利率传导机制，央行对经济的实施间接调控，从而实现经济增长和稳定币值的目标。

然而，利率市场化改革到今天并没有促使我国货币政策的直接调控模式发生本质变化，曾经取消的信贷规模管理（1998年）换成了信贷限额管理（2004年），直接数量控制信贷规模仍然是央行调控宏观经济运行中非常重要的中介目标。尽管理论上通常认为信贷规模控制作为货币政策调控的中介目标是存在一定缺陷的，应该只是在市场不成熟时政府调控经济的权宜之计，但是我国的利率市场化改革接近二十年，央行货币政策调控似乎还离不开信贷规模管理，调控经济的模式并没有发生根本性的改变。

二、文献综述

国内对货币政策工具的种类及其效应进行专门分析的文献相对较少。货币政策工具指央行为实现货币政策目标而采取的手段，包括数量和价格两类实质性调控工具、选择性信贷政策和窗口指导两类指导性政策工具（谢平，刘锡良，2001）。货币政策的传导机制伴随着中国货币政策目标和调控工具的变迁也发生了深刻的变迁，货币市场的发展为扩大公开市场操作提供了条件，存款准备金制度和再贴现机制的改革为中央银行提供了新的间接调控手段（戴根有等，2000，2001）。樊明太简要考察了中国金融结构转型中的货币政策机制，包括货币政策的工具、效率前沿和规则及相应的货币政策传导机制变迁轨迹，根据结构分割点原则，分析了金融结构变迁对货币政策的适用工具和反应函数的影响以及对货币传导的利率机制的影响，认为金融结构变迁深刻地影响着货币政策传导机制的性质和作用程度。从实践层来看，2001～2010年的10年间，备受关注的货币政策工具主要包括法定存款准备金率、人行债券、存贷款基准利率和新增贷款规模管制（王国刚，2012）。

三、利率市场化改革与信贷规模管理

（一）利率市场化改革，严格的信贷规模控制被取消

1949～1978年中国处于集中计划经济时期，政府包揽了一切利率的制定，金融机构没有任何利率自主权。30年里官方利率仅调整了9次。1978年以后，严格的利率管制政策逐渐开始松动，官方利率调整频率有所增加（黄金老，2001），利率管制时期由政府直接控制资本价格，官方管制的低存、贷款利率，对商业银行而言，意味着低的资金成本，银行扩大贷款规模就能获取更多“租金”。这对银行扩大存款规模具有明显的激励作用，银行通过增设分支机构，提供增值服务，甚至送礼品等方式吸纳新储户达到扩大存款的目的，另外，官方管制的低贷款利率无法真实反映资金的稀缺程度，激发了企业获取银行贷款的冲动，即管制的低利率促使贷款规模的扩张，容易引发流动性泛滥（$Q_d > Q_0$），诱发通货膨胀。严格利率管制时期央行主要通过严格控制信贷规模来解决流动性过剩，防止通货膨胀的。

如图1所示，严格利率管制下固定利差，银行有扩大信贷的冲动，供给曲线由S_0到右移到S_1；官方管制贷款利率与民间金融利率低得多，企业对银行贷款的需求增加，需求曲线由D到D_1，信贷供给与需求同时增加，导致市场上流动性过剩（$Q_d > Q^*$）。央行实施信贷规模控制下，银行供给曲线S_1变成弯折的S_1'，信贷供给控制在Q^*，这时候，弯折的供给曲线S_1'与需求曲线D_1相交市场形成新的均衡利率R_1，R_1远高于原有均衡利率R^*。由于央行规定银行利率在R^*水平，银行无法通过提高贷款利率筛选贷款对象，只能实施

信贷配给，银行贷款只能满足部分客户的需求，需求曲线由 D_1 左移到 D_2，利率由 R_1 下降 R^*，信贷规模控制在 Q^*。

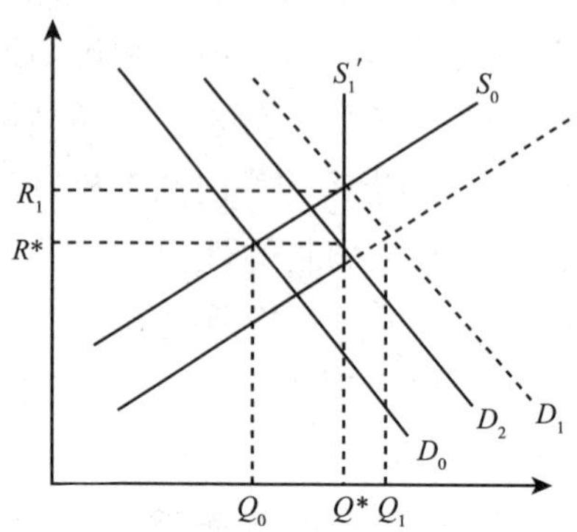

图 1　信贷规模管理效果

1996 年中国开启利率市场化改革，先后放开了同业拆借利率、政策性银行金融债券发行利率、国债发行利率以及部分保险公司存款利率、外币存、贷款利率。价格管制的放松为数量管制逐渐退出创造了条件，1998 年央行取消了信贷规模控制，在国有商业银行推行“计划指导，自求平衡，比例管理，间接调控为主”的贷款管理制度，银行可以根据需求自主发放贷款。

（二）流动性泛滥的失控与信贷限额管理的“回归”

取消了信贷规模控制在贷款利率尚未完全放开的情况下，银行贷款利率与市场利率仍然存在明显差价，上述流动性过剩问题依然存在。理论上解决流动性泛滥的问题，政府可以运用两类措施：一类是价格调节工具，如存款准备金率、公开市场操作、再贷款利率和再贴现率等；另一类是各种数量控制工具，如信贷规模管理等，将贷款供给强行减少，从而防止经济因太多的流动性而导致通胀。利率市场化改革后，1998 年对信贷规模计划管理的取消，标志着央行货币政策调控由数量型工具调控转向价格型工具。2005 年以来存差规模增长过快，央行试图通过紧缩性的货币政策调控，如提高法定存款准备金率，公开市场逆向操作，发行央行债券等工具来遏制流动性过剩问题。2006～2007 年短短两年时间，央行先后 14 次调升法定存款准备金率，8 次上调贷款基准利率，11 次定向发行央票，然而全国

70 个大城市房屋销售价格两年上涨幅度分别达到 5.5%，7.5%；上证综指由 1161.06 到 5261.56，涨幅达到 4.53 倍，金融资产价格和房地产价格大幅上涨预示货币政策的利率传导机制似乎并不通畅，市场的流动性泛滥并没有得到有效的遏制。

万般无奈之下，2007 年末的央行顶着“市场化改革的倒退”压力在窗口指导中引入了信贷限额管理①，并且按季度控制。信贷限额管理与原理的信贷规模控制本质上是一样的，不过在不同利率市场化背景下功效有差别。信贷规模控制加上贷款利率管制，银行实施信贷配给，需求曲线向左移，对利率的影响是降低的；而信贷限额管理造成银行信贷供给曲线弯折，与贷款利率市场化结合，均衡利率大幅提高。如图 2 所示，供给曲线由 S_0 到 S_1，与不断右移的需求曲线 D_2 相交于 Q^*，在贷款利率市场化情况下，银行贷款利率大幅上升到 R^*，企业获得贷款的成本大幅增加，在稳定信贷上比加息和惩罚性定向央票更快捷有效。

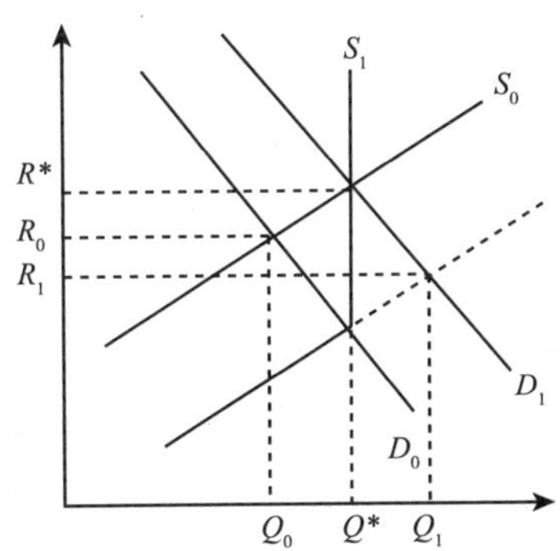

图 2　贷款利率市场化中引入信贷限额管理

统计数据显示央行严控新增贷款规模的做法有效地收紧了信贷投放和广义货币 M2，此后央行更加倚重于信贷规模管理这种数量型调控模式，而且程度有所加深（余辉和余剑，2013）。2008 年下半年在美国次贷危机影响下，央行基准利率下调了 5 次，但真正起作用的是 2008 年下半年央行通过 4 万亿元信贷投资刺激拉动经济，各大银行均大幅放贷，2009 年和 2010 年新增贷

---

① 实质就是控制信贷规模，信贷规模是中央银行为实现一定时期货币政策目标而事先确定的、控制银行贷款规模的指标。它包括存量和流量两层含义，在货币政策调控实践中，所讲的信贷规模控制，主要是指后一层含义，是指为了实现一定时期内的货币政策目标而确定的新投放贷款的最高限额。

款分别高达9.6万亿元和8万亿元；银行存贷比整体上升，并持续处于高位。为了遏制4万亿元信贷投资对流动性的影响，2010年开始，银监会要求商业银行在月中、季末符合存贷比75%的监管要求，甚至要求日均存贷比达到这一指标，甚至对银行理财产品设立了相应的限额管理，规定商业银行控制理财资金投资非标准化债权资产的总额，理财资金投资非标准化债权资产的余额在任何时点均以理财产品余额的35%与商业银行上一年度审计报告披露总资产的4%之间孰低者为上限①。严格的信贷额度控制使得*M2*和贷款速度降至2011年9月的13%和16%。

四、央行“三件宝”为何难于遏制流动性泛滥?

央行三件宝：提高存、贷款基准利率，法定存款准备金率，发行债券。理论上提高存贷利率提高法定存款准备金率，央行发行债券都具有收紧银根的作用，反之则放松银根，那么为什么2006～2007年两年时间，央行先后14次调高法定存款准备金率，8次上调贷款基准利率，11次定向发行央票都没有达到收紧银根，解决流动性泛滥的问题呢?

先来看看提高存贷款基准利率为何不具有紧缩银根的作用。央行提高利率，收紧了央行对商业银行等金融机构的银根，但是上调贷款基准利率受到信贷规模控制影响，企业面对稀缺贷款资源，贷款的可得性比贷款利率高低更重要；另一方面提高存款利率具有迫使金融机构增加贷款的效应。在中国金融市场中，可供对冲存款基准利率提高的产品和机制相当稀缺。这些条件决定了，金融机构应对存款基准利率提高的措施基本上只剩一个——加大发放贷款的力度。将这一选择与贷款基准利率提高效应相连接可以看到：提高贷款基准利率缺乏紧缩银根的效应，提高存款基准利率有着迫使金融机构增加贷款数量的效应，所以，提高金融机构的存贷款利率并不具有明显的抑制贷款需求和发放贷款的需求，从而不具有紧缩贷款增长的效应。

再从央行资产负债表（见表1）分析提高法定存款准备金率，发行债券两件宝是如何在超额外汇储备压力下“黯然失色”的。

---

① 2012年3月25日银监会公布《关于规范商业银行理财业务投资运作有关问题的通知》。

表 1　　央行资产负债简表

资产	负债
国外资产	储备货币
	货币发行
	金融性公司存款
外汇	发行债券

通常情况下，提高法定存款准备金率，意味着金融性公司存款增加，货币发行减少，央行保持资产负债的平衡；发行债券，意味着央行将发行在外的货币进行回笼，货币发行减少，央行保护资产负债的平衡。因此，理论上提高法定存款准备金率和发行债券都有收缩银根的作用，但是这是在央行资产负债规模不变的情况下的作用机理。

从资产负债表看，自 2006 年以来，人民币汇价升值预期下，外汇资金大量流入境内，外汇储备不断增加，随之而来的是我国央行的资产负债规模一直不断扩大。

占比一直居高不下，从央行资产负债表看，2011 年以来外汇储备占总资产中比重平均水平超过 80%。现行汇率制度下，人民银行若不加大购买外汇资产力度，将不利于金融机构的资金运行和外贸企业的经营发展，但通过发行货币来购买外汇资产又将严重加大通胀压力。中央银行为保证货币供应量不致出现大的波动，被迫采取法定存款准备金和发行债券的对冲机制解决外汇占款问题。

法定存款准备金率与外汇占款的对冲机制：央行提高法定存款准备金率——金融机构按规定向央行缴纳法定存款准备金——央行的“金融性公司存款”增加——央行使用这些资金向金融机构购买外汇资产（央行持有“外汇”增加）——金融机构按照法定存款准备金率要求缴纳给央行的人民币资金又回流到金融机构。

发行债券与外汇占款的对冲机制：人民银行向金融机构发行债券——金融机构购买人民银行债券并将对应资金交给人民银行——人民银行再使用这些资金向金融机构购买外汇资产——金融机构购买人行债券的人民币资金回流到金融机构。对央行来说，“发行债券”最初主要是为了增加公开市场业务操作所需证券，但随着需要对冲的外汇资产快速增加，“发行债券”的主要用途转向了调节对冲资金余缺。这些资金的循环与法定存款准备金相类似，对金融机构整体而言同样没有紧缩资金的效应。这样的对冲机制下，尽管法定存款准备金率屡屡提高，大量发行央行债券，但经济运行中的资金并没有明显的紧缩效应，即法定存款准备金这种货币政策工具的运用对于解决流动性泛滥问题作用不大。同样，央行还可以通过发行债券的方法对冲外汇占款，只要外汇占款问题没有解决，调整法定准备金率、发行债券以及其他公开市场操作等工具紧缩效应差。

实际上通过提高法定存款准备金率、发行债券来对冲外汇占款不仅没有对金融机构的整体关系上显出明显的紧缩效应，而且由于各家金融机构的外汇资产分布并不平衡，法定存款准备金率提高，发行央行债券会产生不对称的局部紧缩效应。对那些吸收外汇存款较少的金融机构来说，以法定存款准备金名义缴纳给央行的人民币资金并不会因央行购买外汇资产而流回，所以有着明显的资金紧缩效应。缺乏外汇存款的主要是中小金融机构，在法定存款准备金率屡屡提高的过程中，他们的可贷资金日益紧缩，从银行间拆借等路径虽然在一定程度上可以缓解资金紧张状况，但是利率成本将大幅上升，造成了这些中小金融机构向小微企业的放款力度明显降低，放款的利率水平明显上升的情况，甚至超过一部分小微企业的承受能力。这是导致2006年以后小微企业贷款难的另一个重要成因。宏观上提高法定存款准备金率并非完全没有资金紧缩的效应，也并非对经济运行走势毫无影响。这种情形也解释了长期困扰人们的一个实践反差现象——“宏观层而上资金相对过剩、微观层面上中小企业感到资金相当紧缺”的成因。

五、新常态下信贷规模管理的局限性

上述分析可见，在贷款利率市场化的今天受到外汇占款以及现行对冲机制的影响，央行仍然十分依赖信贷规模控制，但是这种数量型工具的长期使用，累积了越来越多的弊端，尤其是在宏观经济处在经济结构调整、增长速度放缓，下行压力较大的新常态中，这种货币政策调控模式的风险凸显：

1. 推高市场贷款利率，净利差效应下金融机构资产膨胀，实体经济，尤其民营、中小企业投资受阻。2010年开始，银监会要求商业银行在月中、季末符合存贷比75%的监管要求，甚至要求日均存贷比达到这一指标，甚至对银行理财产品设立了相应的限额管理，银行普遍面临资金流动性压力，影响了对企业的贷款投放，对企业的融资约束产生了巨大的影响：受到贷款限额管理以及贷款利率放开，存款利率上限管理共同作用，贷款成为稀缺资源，银行资金供给不足问题更加突出。除去2008年4万亿元经济刺激计划短期影响，银行普遍面临资金流动性压力，面对超额的资金需求，原有的银行间价格竞争演变成为待价而沽。在一个国有银行占据主导地位的融资体系里，能否获取信贷的决定因素往往是政治关系，而不是经济标准，信贷限额加贷款利率市场化银行为了规避风险，仍然沿用国有股比例、固定资产、企业规模等指标作为筛选的标准，对国有大企业的贷款偏好明显；中小企业融资约束非常明显（朱红军，何贤杰，陈信元，2006）。大量无法从正规金融渠道获得资金的中小企业只能求助于民间融资。民间融资利率被推高。据调查反映，在国有银行信贷投放的主要区域（城镇地区），由于企业信贷满足率低，民间融资现象极为活跃，民间利率一般在月息10%～15%之间，一些金额较大，用于生产经营、商品贸易的企业和个体户借款利率更高，介于15%～30%之间（中国人民银行赣州市中心支行课题组，2006），中小企业融资成本畸高。

2. 信贷规模控制随着影子银行等融资渠道的拓展，传统银行信贷在社会融资总量中的比重明显下降，表面上严格的贷款限额管理是一条国有商业银行无法突破的界线，但是随着存款搬家，影子银行，以及非银行金融机构理财产品的蓬勃发展，银行信贷萎缩，发挥的作用越来越小；由此，管控新增银行信贷规模的闸门对货币政策调控目标的实现，不仅难以起到立竿见影的效果，甚至可能引致对宏观经济运行状况作出不恰当的判断。随着我国金融市场的发展和金融脱媒程度的加深，货币政策传导中利率机制将越来越多地发挥作用，而银行信贷机制的作用则有所下降（宋旺，钟正生）。从货币政策传导的信用渠道理论来看，影响经济活动水平的是实体经济部门获得信贷的条件以及信贷数量，而不是货币数量本身。当前信贷规模控制主要考虑的是传统的银行信贷渠道之外，各种金融创新和影子银行体系信用创造以及公司债均未列入统计中；实际操作中央行也难以将这些渠道一一统计，利用利率机制来调控广义信用总量更具有可行性。

但是当前信贷规模控制遏制货币政策的利率传导机制作用。货币政策的利率传导机制发挥作用必须满足条件。然而信贷限额下，货币政策的信贷传导渠道遏制了利率传导渠道作用。货币政策的变化通过银行系统引起了信贷市场的系统性变化，从而影响实体经济。

六、存款利率全面市场化后应逐步淡化信贷规模控制

（一）过渡时期需要处理好几个关系

1. 国际收支趋于平衡以及汇率制度的改革的综合作用。外汇储备在央行总资产占比趋于下降，增强价格型货币政策工具操作空间。在留足需要作为储备的外汇资产后，通过设立外汇平准基金、鼓励并支持借贷资本输出和生产资本输出等措施，积极推进外汇资产“走出去”“藏汇于民”等机制，将多出的外汇资产部分从人民银行资产分离出来，逐步使人民银行资产的大部分集中用于国内的宏观金融调控，增强人民银行对金融机构和金融市场的资产调控能力。国际收支从双顺差转变为趋于平衡，为货币政策的体制机制调整提供了新的空间，在新常态下，货币调控的针对性、灵活性和前瞻性、稳健性等都将有所增强。

2. 人民币国际化。货币政策应在加快利率市场化进程的基础上构建央行基准利率体系，推进运用行政机制的直接调控向运用市场机制的间接调控转变，避免出现多重目标或政策效果的冲突。

从货币政策的实践来看，由于金融技术的发展和金融产品的创新，货币供应量的可控性越来越差，与实体经济的关联也日渐松散，世界各国央行自20世纪80年代以来已经普遍放弃其作为货币政策的中介目标。从信贷规模作为中介目标来看，由于对信贷规模的调控具有较强的行政色彩，将其作为货币政策中介目标只能是权宜之计。现行的货币政策模式必然而临调整、改革。从未来发展来看，随着存款利率全面市场化，应该逐步淡化信贷规模控制，逐步建立起以再贴现、公开市场操作，法定存款准备金率为主要工具的盯住通货膨胀的或以利率为中介目标的货币政策框架。

3. 大力发展公司债、国债，扩大央行公开市场操作空间。公司债是存贷款的替代品。“大力发展公司债券市场”的一个重要含义是，公司债券的发行规模应达到能够与贷款余额规模相匹配的程度。2010年底中国的贷款余额已达近48万亿元，如果公司债券余额仅有几万亿元是很难发挥其替代功能的，为此，需要按照《公司法》和《证券法》的规定，加大加快公司债券的发行。

（二）淡化信贷规模控制

防范价格型货币政策工具操作工具效应的不对称性。在依赖用提高法定

存款准备金率对冲外汇占款过程中，建议进一步放开民间融资、推动创业板发展，更多依靠资本市场缓解民营、小微企业的融资难问题。为缓解融资难融资贵问题，下一步仍需进行一系列的结构性改革。需要有效的金融监管政策和激励金融创新的法律法规加以配合。如扩大直接融资占比，发挥金融创新的作用，降低经济部门对短期宏观调控政策的过度依赖等。规范民间融资、推动创业板发展等解决民营、小微企业的融资难问题。期待由银行信贷解决不现实。

参考文献

［1］王国刚：《中国货币政策的调控工具的操作机理：2001～2010》，《中国社会科学》，2012 年第 4 期。

［2］利率市场化对货币政策有效性和经济结构调整的影响。

［3］李斌：《中国货币政策有效性的实证研究》，《金融研究》，2001 年第 7 期。

［4］周英章、蒋振声：《货币渠道、信用渠道与货币政策有效性》，《金融研究》，2002 年第 9 期。

［5］宋旺、钟正生：《我国金融脱媒对货币政策传导机制的影响：1978～2007》，《经济学家》，2010 年第 2 期。

［6］谢平、刘锡良：《从通货膨胀到通货紧缩：20 世纪 90 年代的中国货币政策》，成都：西南财经大学出版社 2001 年版。

［7］戴根有等：《关于当前货币政策的几个问题》，《中国金融》，2000 年第 6 期。

［8］戴根有：《中国稳健货币政策的实践与经验》，《管理世界》，2001 年第 6 期。

［9］樊明太：《金融结构及其对货币传导机制的影响》，《经济研究》，2004 年第 7 期。

［10］巴曙松、刘孝红、牛播坤：《转型时期中国金融体系中的地方治理与银行改革的互动研究》，《金融研究》，2005 年第 5 期。

［11］王东静、张祥建：《利率市场化、企业融资与金融机构信贷行为研究》，《世界经济》，2007 年第 2 期，第 50～59 页。

［12］黄金老：《利率市场化与商业银行风险控制》，《经济研究》，2001

年第1期，第19~28，94页。

［13］欧阳俊、秦宛顺：《利率管制对商业贷款市场均衡的影响分析》，《统计研究》，2002年第10期，第25~29页。

［14］中国社会科学院经济研究所宏观学科课题组：《1998：总量态势、金融风险和外部冲击——当前中国宏观经济分析》，《经济研究》，1998年第3期，第3~14页。

［15］朱红军、何贤杰：《陈信元：金融发展、预算软约束与企业投资》，《会计研究》，2006年第10期，第64~71页。

［16］何东、王红林：《利率双轨制与中国货币政策实施》，《金融研究》，2011年第12期，第1~18页。

［17］中国人民银行赣州市中心支行课题组：《市场分割与信贷配给：利率市场化的体制及经济效应》，《金融研究》，2006年第1期，第127~138页。

［18］Ben Beruauke，Credit in the Macro economy，Federal Reserve Bank of New York Quarterly Review（Springy 1993）：50－70.

［19］龚光明、孟澌：《货币政策调整、融资约束与公司投资》，《经济与管理研究》，2012年第12期，第95~104页。

［20］王连军：《金融危机背景下政府干预与银行信贷风险研究》，《财经研究》，2011年第5期，第112~122页。

［21］余辉、余剑：《我国金融状况指数构建及其对货币政策传导效应的启示——基于时变参数状态空间模型的研究》，《金融研究》，2013年第4期。

［22］王国刚：《货币政策调控改革构想中国金融杂志》，2015年第5期，http：//finance. sina. com. cn/money/bank/bank_hydt/20150518/102722203636. shtml。

分业监管模式下影子银行监管问题的进化博弈分析

梁　涛

影子银行（shadow banking）这一概念最早由 Mc Culley（2007）提出，意指游离于监管体系之外的，与正规受监管的传统商业银行系统相对应的类似银行功能的各类金融机构。尽管现在还有存在诸如“平行银行系统”① 或“准银行”② 等类似的称呼，不过目前国际社会广泛使用的还是影子银行或影子银行体系。由于金融结构、金融市场发展阶段以及监管制度不同，各国影子银行表现形式各不相同，目前美国的影子银行体系主要包括货币市场基金等投资基金、投资银行等围绕证券化进行风险分散和加大杠杆等展开的信用中介体系，而欧洲的影子银行体系则主要包括对冲基金在内的各种投资基金以及证券化交易活动。危机爆发揭示了长期潜伏在金融体系内的庞大体系游离于监管之外的影子银行对整个宏观经济运行以及金融市场稳定正产生着巨大的影响。

快速扩张的影子银行正在改变我国金融体系的格局与安全。虽然由于统计口径不一，对其规模的估算从金融稳定理事会（FSB）的 2 万亿元到摩根大通的 36 万亿元不等，但是无可置否的是影子银行已经成为金融体系不可忽视的力量，不过遗憾的是，我国的监管立法却未对金融体系的这一变化作出及时的回应。在分业经营模式下，继续沿用传统的微观审慎金融监管加宏观调控体系对影子银行监管存在致命缺陷，无法应对系统性风险。如何在分业经营模式下加强对影子银行监管，控制系统性风险是我们深化金融改革，维护我国金融安全必然面对和迫切需要解决的问题。

---

① 时任美国纽约联邦储备银行总裁的盖特纳在 2008 年的一次讲话中就使用了平行系统的概念。

② 国际货币基金组织在其 2008 年 10 月发布的《全球金融稳定报告》里面便是使用准银行实体的概念。

一、文献综述

鉴于影子银行机构及其活动的复杂性、多样性以及其伴随金融创新具有的多变性，目前并未形成对它统一、清晰的定义，较具代表性的定义都是以描述分析为主的。金融稳定理事会（FSB）对影子银行的定义：游离于银行监管体系之外、可能引发系统性风险和监管套利等问题的信用中介体系及其业务活动①。美联储则将影子银行表现形式定义为从事期限、信用和流动性转换，但未能获得央行提供的流动性担保或是公共部门提供信贷担保的金融中介。Paul Tucker（2011）将影子银行扩展为向企业、居民和其他金融机构提供流动性、期限配合和提高杠杆率等服务，从而在不同程度上替代商业银行核心功能的工具、结构、企业或者市场。这意味着将提供流动性，提供期限配合和提高杠杆率等服务的工具、结构、企业、市场、项目以及基金等都看成是影子银行的表现形式，影子银行的表现形式并不限于有形的机构。

一般认为，长期游离于银行监管体系外的影子银行具有期限错配、流动性转换、信用转换和高杠杆的特点，更容易引发系统性风险和监管套利等问题。Bernanker（2008）认为迅速膨胀的投资银行、担保机构、对冲基金以及私募基金等影子银行机构对传统商业银行生存与发展产生了巨大的压力，迫于压力传统商业银行突破业务边界，将资产游离在表运作，以规避监管，从而增加了整个金融体系的风险②。特纳（2010）指出目前多数的监管措施只针对银行机构，没有从系统的角度处理影子银行问题，导致影子银行不受监管是全球监管者的“根本性失败”③。Krugman（2009）建议所有做着类似商业银行业务，在危机中与商业银行一样被救助的组织都应该像银行一样被监管。特里谢（2009）建议将游离于金融监管之外的影子银行以及其他大型复杂的投资机构纳入其中。Roel Beetsma 和 Sylvester Eijffinger（2009）比较美国和欧洲现有的监管模式，建议设立一个全面监管的机构。GAO（2009）认为分散的监管体系对于影子银行的监管一定程度是低效的，需要建立与影子银

---

① 2011 年 4 月金融稳定理事会（FSB）发布的《影子银行：范围界定》的研究报告。

② Reducing Systemic Risk，Chairman Ben S. Bernanke At the Federal Reserve Bank of Kansas City's Annual Economic Symposium，Jackson Hole，Wyoming，August 22，2008.

③ 2011 年 11 月 17 日，英国《金融时报》对英国金融服务局主席特纳的专访。

行等大型机构崛起相互匹配的功能监管或者统一监管的标准和体系①。

到目前为止，我国对于商业银行理财产品以及民间融资是否应该归入影子银行范畴问题仍然存在意见分歧。由于对影子银行范畴界定不一，银行表外理财产品、信托业务、典当行、民间融资是否属于影子银行目前尚无统一定论，因此，对我国影子银行规模的估算有很大的差异，导致对其潜在风险的判断也有很大不同。巴曙松（2013）认为我国影子银行与欧美影子银行相比，无论是从规模、证券化程度以及表现形式看都有显著的差距，中国影子银行虽然也具有流动性转换和信用风险的特征，但是总体上已被纳入正规的监管体系内，不具备引发系统性风险的高杠杆和期限错配的特征，其规模和风险也尚未对系统性风险产生巨大的影响，我国影子银行的潜在风险是可控的。但是也有很多学者以及国内外的研究机构认为我国影子银行在快速扩张的同时带来的潜在信用风险远超传统商业银行，未来3~5年内，如果融资方仍然解决不了自身回报率过低的问题，影子银行就可能对我国整体金融体系的稳定造成实质性损害（易宪容，2011；刘利刚，2011；张化桥，2013；中金公司研究报告，2013；广发证券研究报告，2012；［英］金融时报，2011等）。

尽管国内外对我国影子银行潜在风险的判断存在分歧，但是对于需要加强影子银行的监管来控制系统性风险问题已经达成共识。张杰（2013）认为影子银行体系从理论上讲，最大的危害是放大了加总成集体非理性的速度和规模，应该对与影子银行相关的金融行为施以更严格的监管②。张晓朴（2013）认为对影子银行的监管应格外关注银行的非零售存款，注意银行体系与资本市场的适当隔离；巴曙松（2009）强调需要加强对影子银行及其体系的信息披露和适度的资本要求以作为对这种金融创新的风险控制，尤其需要严格控制银行资金流入到带有影子银行特点的机构放大杠杆率；泰岭（2009）认为监管重点应当在于控制其行为的个体风险性与系统风险性，对不同的影响程度和风险水平的影子银行实行动态比例监管；王刚，徐浩然（2011）建议将影子银行纳入宏观审慎管理框架。周莉萍（2011）建议通过设立证券最后贷款人加强对影子银行体系信用创造过程抵押品的管理，规避影子银行体系信用扩张带来的巨大风险。对于监管模式，李建军，田光宁

① http://www.gao.gov/highrisk/overview。

② 罗滢、何晓星：《“影子银行与宏观审慎政策”学术研讨会观点综述》，《金融评论》，2012年第1期。

(2011）认为可以形成传统机构监管与对影子银行功能监管的双元制模式；而蒋海，李赟宏（2009）则建议逐步从分业监管转向统一监管。

上述分析可以已有文献对影子银行监管问题做了大量的研究，不过从微观角度探讨造成当前对影子银行机构监管制度失衡成因的文献较少。本文试图在分业监管模式下构建多个监管者与影子银行机构的进化博弈模型，从微观视角剖析影响影子银行监管的关键因素，并在借鉴国际社会加强对影子银行监管的经验基础上立足我国的实际，对如何加强影子银行的监管提出意见和建议。

二、多个监管者与影子银行机构的进化博弈

（一）多个监管者之间的进化博弈分析

模型假设：（1）有两家监管者①，监管者有两种可选择的策略：监管与不监管，且他们单独监管的成本和收益相同；（2）影子银行机构也有两种可选择的策略：违规与不违规；（3）设监管者的监管收益为 M，当一家监管者对对影子银行机构进行查处所支付成本为 C_1，而两家共同进行查处时监管成本是 C_2，且 $M>\max\{C_1, C_2\}$；（4）当监管不查处、影子银行机构不违规时，影子银行机构获得正常收益 R，当监管机构不查处，影子银行机构违规时会获得额外的收益 r，此时获得总收益 $R+r$；（5）当监管者查处、影子银行机构违规时，监管者的损失为 V，而当监管者查处、影子银行机构违规时，影子银行机构受到的处罚为 T，且 $T>r$；（6）假设两家监管者在合作监管前的成本与收益不变，即 M，V，C_1 是固定值，影子银行机构违规监管获得的收益 r 也是固定值，而监管双方合作成本 C_2 是未知变量。

		监管者2	
		监管 y	不监管（$1-y$）
监管者1	监管 x	$M-C_2$，$M-C_2$	$\underline{M-C_1}$，$\underline{M}$
	不监管（$1-x$）	$\underline{M}$，$\underline{M-C_1}$	$-V$，$-V$

图1　监管者之间的博弈

① 两个监管者也可以理解成一个监管者（称作监管者1）与其他几个监管者（称作监管者2）之间的博弈。

由上述分析可见，此博弈的纯策略纳什均衡有两个，分别是（不监管，监管），（监管，不监管）。对于监管者1而言，他更倾向于（不监管，监管），因为他获得收益比在另一个纳什均衡多 $C_1 = M - (M - C_1)$；同理，对于监管者2而言，他更倾向于（监管，不监管）。不过对于完全理性的监管者来说，如果知晓对方已经选择不监管策略，其最优选择是监管，获得（$M - C_1$）收益大于（不监管，不监管）的策略组合，即出现监管真空时的收益（$-V$）。

若两家监管机构同时作出策略选择，他们也可能采用混合策略，假设监管者1以 x 的概率选择监管策略，（$1-x$）的概率选择不监管策略；假设监管者2以 y 的概率选择监管策略，（$1-y$）的概率选择不监管策略，可以算出混合策略纳什均衡。

上述分析是基于博弈双方均是完全理性的假设，现实中完全理性条件很难满足，很多时候监管者只能做到有限理性，下面我们采用进化博弈论方法构造两个监管者之间的复制动态方程，分析他们的进化稳定策略。假设监管者以 α 概率选择监管，以（$1-\alpha$）概率选择不监管，选择监管策略的博弈方的期望得益为 U_y，选择不监管策略的博弈方期望得益为 U_n，博弈双方的平均期望得益为 $\bar{U}$，那么 U_y，U_n 和 $\bar{U}$ 分别为：

$$U_y = (M - C_2)\alpha + (M - C_1)(1-\alpha) \tag{1}$$

$$U_n = M\alpha + (-V)(1-\alpha) \tag{2}$$

$$\bar{U} = \alpha U_y + (1-\alpha)U_n \tag{3}$$

根据（1）式、（2）式、（3）式，建立复制动态方程，

$$\begin{aligned} F(x) = d\alpha/dt = \alpha(U_y - \bar{U}) &= \alpha(1-\alpha)(U_y - U_n) \\ &= (2M - C_2)\alpha + (M - C_1 + V)(1-\alpha) \end{aligned} \tag{4}$$

复制动态方程的稳定状态是在复制动态过程中采用不同策略的博弈双方比例保持不变（用 α^* 表示）时的稳定状态，令 $F(x) = 0$，求解得到 $\alpha^* = 0$，$\alpha_2^* = 1$，$\alpha_3^* = \dfrac{M - C_1 + V}{M - C_1 + V + C_2}$。其中 $F(\alpha_1^*)$，$F(\alpha_2^*)$ 的导数大于0，而 $F(\alpha_3^*)$ 的导数小于0，因此 $\alpha_1^* = 0$，$\alpha_2^* = 1$ 不是进化稳定策略，只有 $\alpha_3^* = \dfrac{M - C_1 + V}{M - C_1 + V + C_2}$ 是该博弈的进化稳定策略（ESS）。

又因为 M，C_1，V 是固定值，所以 α_3^* 的取值取决于 C_2，C_2越小则 α^* 越大，代表监管者越倾向于监管策略，不监管的概率（$1-\alpha_3^*$）$=\frac{C_2}{M-C_1+V+C_2}$越小，从而出现监管真空的可能性$(1-\alpha_3^*)^2=\left(\frac{C_2}{M-C_1+V+C_2}\right)^2$越小。这意味着在分业监管模式下，监管合作的成本越小，出现监管真空的可能性越小；监管合作的成本越大，多头监管出现漏洞的可能性越大。

结论一：在分业监管模式下，多个监管机构之间监管合作成本过高是导致监管真空、监管漏洞的主要原因。

（二）监管者与影子银行机构之间的进化博弈分析

影子银行机构面对多个监管机构，为了获得更多的收益，他们会通过结构性套利型金融创新逃避监管，还可能会怀着侥幸心理，打擦边球甚至于违规操作。这里将多个监管者看成一个整体称为监管者，他的收益为 MS、成本为 CS，损失为 VS。下面是监管者与影子银行机构博弈的支付矩阵。

		影子银行机构	
		违规β	违规（$1-\beta$）
监管者	监管α	$\underline{M_S-C_S}$，$R+r-T$	M_S-C_S，$\underline{R}$
	不监管（$1-\alpha$）	$-Vs$，$\underline{R+r}$	$\underline{M_S}$，R

图 2　监管者与影子银行机构之间的博弈

由上述支付矩阵可知，此博弈不存在纯策略纳什均衡，只有混合策略纳什均衡，构建复制动态方程求解监管者与影子银行机构之间的进化稳定策略。假设影子银行机构选择违规的期望利益为 U_e，选择不违规策略的博弈方期望得益为 U_c，博弈双方的平均期望得益为$\overline{\overline{U}}$，那么 U_e，U_c 和$\overline{\overline{U}}$分别为：

$$U_e=(R+r-T)\alpha+(R+r)(1-\alpha)=(R+r)-\alpha T \tag{5}$$

$$U_c=R\alpha+R(1-\alpha)=R \tag{6}$$

$$\overline{\overline{U}}=\beta U_e+(1-\beta)U_C=r\beta+R-\alpha\beta T \tag{7}$$

根据（5）式、（6）式、（7）式，建立复制动态方程，

$$F(\beta)=d\beta/dt=\beta(U_e-\overline{\overline{U}})=\beta(1-\beta)(r-\alpha T) \tag{8}$$

令 $F(\beta)=0$，可得 $\beta_1^*=0$，$\beta_2^*=1$ 是复制动态方程的两个稳定状态，当 $\alpha=r/T$ 时，$\beta_1^*=0$，$\beta_2^*=1$ 都是该博弈的进化稳定策略；当 $\alpha>r/T$ 时，$\beta_1^*=0$ 是该博弈的进化稳定策略；当 $\alpha<r/T$ 时，$\beta_2^*=1$ 是该博弈的进化稳定策略。又 β 代表影子银行机构违规概率，因此 $\beta_1^*=0$ 是我们期望的稳定策略，即影子银行机构违规概率为 0，实现条件是 $\alpha>r/T$，而上面监管机构之间的博弈分析可知 $\alpha=1-\left(\frac{C_2}{M-C_1+V+C_2}\right)^2$，因此只要 $1-\left(\frac{C_2}{M-C_1+V+C_2}\right)^2>r/T$ 时，达到 $\beta_1^*=0$ 的进化稳定策略。又依据假设 M，V，C_1，r 都是固定值，所以，系统要达到稳定状态的关键因素是 T 和 C_2。

结论二：多个监管者与影子银行机构之间的进化稳定策略是由对影子银行机构的违规处罚（T）以及多个监管机构监管合作成本（C_2）的动态调整决定。

三、探讨影响我国影子银行监管的关键因素

上述分析可见，分业监管模式下多个监管机构之间监管合作成本高是出现监管真空与漏洞的主要原因；多个监管者与影子银行机构之间的进化稳定策略是由对影子银行机构违规处罚以及多个监管机构监管合作成本的动态调整决定。基于此结论，我们结合我国对影子银行的监管现状探讨影响我国影子银行监管的关键因素。

（一）“一行三会”监管合作成本高

在欧美发达国家影子银行体系中占据主导地位的对冲基金等机构在当前中国的金融体系中尚不广泛存在，可以说目前我国尚无没有完整意义上的影子银行体系，不过具有影子银行特性的金融机构与工具已经广泛存在，例如银行理财、委托贷款等表外业务和信托公司、财务公司、汽车金融公司、金融租赁公司、消费金融公司、融资担保公司、小额贷款公司和典当行等非银行金融机构。在分业经营模式下，我国对影子银行的监管主要依靠“一行三会”。例如，我国对于理财产品的监管依据《商业银行个人理财业务管理暂行办法》（2005 年）和《商业银行理财产品销售管理办法》（2012 年）实际上涉及“一行三会”——中国人民银行，银监会、证监会和保监会，理财产品运行及明细情况定期报送中国人民银行并纳入社会融资总量的口径；中国

银监会负责监管商业银行个人理财产品和信托投资产品；中国证监会负责监管证券公司客户资产管理、证券投资基金、基金专户理财；中国保监会则负责监管万能保险、分红保险、投资连结保险；而货币市场基金则由中国人民银行和中国证监会共同监管。各大监管机构各自为政，没有统一的数据系统和操作平台，信息交流渠道不畅导致各监管机构对调查信息和数据收集重复收集，不仅加大了影子银行机构的经营成本，同时也增加了监管机构间的合作成本。李成（2009，2011）指出我国的各方金融监管机构在监管过程中存在搭便车行为，监管者之间的合作监管成本高。陈文君（2009）认为监管合作要通过同行互律进一步提高无缝化效果。

（二）相关法律不健全、监管边界不清晰，监管漏洞多

信托公司、企业集团财务公司、金融租赁公司、货币经纪公司、汽车金融公司和消费金融公司一类的影子银行机构虽然名义上已经纳入银监会监管范围，但是监管依据的法律文件大部分以管理办法、暂行办法等形式出现，例如，《企业集团财务公司管理办法》《企业集团财务公司风险监管指标考核暂行办法》《非银行金融机构行政许可事项实施办法》《汽车金融公司管理办法》《消费金融公司试点管理办法》等，对相应市场准入、销售和投资的规范性要求，条文含糊，监管边界不清晰。

（三）对违规行为查处不严、处罚过低

对影子银行各项业务监管由于存在上述问题，导致对违规行为查处不严，违规处罚低。低廉违规成本使违规收益远大于违规成本。如对于国信证券上海北京东路营业部、招商银行上海分行的相关人员在销售基金产品过程中，违规使用了预期收益率等宣传用语以及万家基金公司宣传推介材料未按程序报备，证监局对以上 3 家机构和责任人仅采取了责令改正、出具警示函等行政监管措施，并未实施罚款。再看看保监会近日对《人身保险业务经营管理规定（征求意见稿）》公开征求意见，对违反人身保险业务经营管理规定的直接责任人、直接责任主管、业务员罚款最高限额均不超 1 万元。如中信银行、兴业银行和邮政储蓄银行擅自推迟取消人民币个人账户密码挂失费的时间的违规行为，发改委作出对其总行处于 180 万 ~ 200 万元之间的行政处罚，这些处罚金额与违规收益相比，似九牛一毛，根本不可能起到威慑效果。

四、加强对影子银行体系监管的国际动态与经验

次贷危机后，国际社会加大了对影子银行的关注。G20首尔峰会提出加强对影子银行体系的监管，FSB围绕影子银行的内涵与外延以及风险监管2011年发布了《影子银行：范围的界定》《影子银行：进展和下一步措施》《影子银行：强化监督和管理》三个研究报告，旨在指导各国加强对影子银行体系的监管。欧美等发达国家推动金融改革，通过实施更加严厉的监管措施来应对影子银行潜在高风险问题。

（一）将更多形式的影子银行纳入监管框架，加大监管力度

自2009年以来欧洲中央银行不断改进和完善欧盟范围内关于金融市场的相关法律制度，具体体现在2010年《另类投资基金经理指令》。其中主要包括以下两方面的措施：一是将另类投资基金纳入监管框架，并加大监管力度。另类投资基金涵盖了对冲基金、私募股权投资基金、房地产基金、商品基金，以及其他没有归于原欧盟可交易集合投资证券指令监管下的各类基金，对这些另类投资基金限定了最低资本金标准，要求其提供资质能力报告，提供内部治理、资产安全、估价方法等相关资料。二是《指令》规定投资基金经理必须领取“执照”后，才能合法地在欧盟金融市场经营；管理基金超过1亿欧元的对冲基金和超过5亿欧元的私募股权投资基金，需得到母国许可并向东道国披露其风险、业绩表现等情况。

（二）细化分类监管标准与边界，加强监管合作

对各类影子银行机构按业务、监管对象类型不同细化分类监管标准与边界。例如美国根据资本规模对私募基金和对冲基金投资顾问公司进行细分，资本总额超出1亿美元的，必须在证券交易委员会（SEC）注册登记；资本总额未达到1亿美元的，其必须接受所在州注册并接受监督，同时要求大型对冲基金和私募基金向监管机构披露有关资产和杠杆使用的信息。对于影子银行具体业务及其涉及工具进行功能型监管，控制风险特别高的金融衍生工具使用。

对于传统银行降低资本要求或流动性监管利用影子银行业务套利的行为进行更加严格的监管标准，力求通过监管减少影子银行体系对整个采取相应

措施规范传统银行与影子银行实体之间的互动，防止风险溢出效应对传统银行的影响。美国推行《多德－弗兰克法案》对银行业进行全面监管，在美联储下设立消费者金融保护局，保证消费者能够获得透明准确的信息的同时采纳“沃尔克规则”，限制银行业的投机性交易。

2012 年 6 月，美国联邦五大监管机构美联储（FED）、美国消费者金融保护局（CFPB）、美国联邦存款保险公司（FDIC）、美国信用合作社管理局（NCUA）以及美国货币监理署（OCC）联合签署谅解备忘录，旨在厘清这几大机构的监管职责，将无谓监管压力最小化，同时减少出现相互冲突的监管指令的风险，尤其强调对于金融衍生品和承销商行为的规范。

（三）“宏观＋微观”视角的风险监测

FSB 提倡应从宏观和微观视角，结合定量定性的方法加强对影子银行体系监督。利用来自资产负债表和现金流量表从宏观视角进行定量信息监测，评估影子银行体系金融资产的规模和增长速度以及非金融部门的融资脆弱性，尤其需要一个统一的监管者，最后贷款人从宏观视角把握控制影子银行过度信用创造。影子银行的信用创造机制与传统商业银行信用创造机制最大区别在于抵押品不同。商业银行的抵押品是具有很高的信用等级和流动性的现金或者活期存款，它们由中央银行作为最后贷款人为其提供风险保护；而金融衍生工具市场的抵押品主要是一些不同信用等级的基础金融资产或者是在其基础上衍生金融资产，不仅缺乏最后贷款人，而且杠杆比率畸高，信用创造规模大，放大了信用创造风险。从微观视角对相关金融产品的存、流量等市场数据以及交易对手信用敞口等数据测算影子银行金融交易衍生产品的市场规模、向传统金融体系风险溢出的相关情况，及时向相关监管机构提供相关的风险警示信息与数据。

（四）监管机构加大对违规行为的处罚力度

2010 年 4 月美国证券交易委员会起诉美国最大投资银行高盛销售了一种基于次贷业务的抵押债务债权，但未向投资者披露美大型对冲基金保尔森对冲基金公司对该产品做空的“关键性信息”。最后高盛将为误导投资者支付 5.5 亿美元，这是美国金融监管历史迄今最高的罚单。在 SEC 宣布对于高盛集团给予重罚的当天，美国参议院通过了《Dodd-Frank 华尔街改革与消费者保护法》，与 SEC 的罚款措施相呼应，表明了美国政府加大对违规行为处罚的决心与力度，对其他类型影子银行的投机与违规行为起到警示作用：当天花旗集团在披露的一份文件中首次公开具体解释了其粉饰财务状况并向公众不当隐瞒风险的手段。次日，美国俄亥俄州总检察长 Richard Cordray 宣布，已与美国国际集团（AIG）就一起证券欺诈指控达成和解，AIG 同意支付 7.25 亿美元罚金。

五、对我国影子银行监管的改革建议

（一）完善立法将影子银行机构纳入监管框架，加大对违规行为的处罚

将更多类型的影子银行机构纳入正规监管已经成为金融危机之后国际金融组织的共识与行动指南。近年来我国出台了不少规范影子银行业务的法律法规，但相关立法仍很不健全、监管边界不清晰问题，建议出台《资产证券化条例》《股权投资基金管理办法》，将资产证券化、股权投资等影子银行纳入监管框架，明确主管机构、业务规范，严格处罚，设立具有威慑效果的处罚，力争在规范的基础上，推动我国影子银行机构的健康发展。

（二）由央行承担证券最后贷款人与协调角色，降低“一行三会”监管合作成本

影子银行体系发挥着期限转换、信用转换、流动性转换等类似于商业银行的基本功能，但是由于缺乏最后证券贷款人专门管理抵押品，一方面影子银行业务的抵押品监管真空问题突出，隐藏着巨大的风险；另一方面它不能获得央行公开的流动性支持，导致它要承担流动性过剩的风险，并且游离于央行管理体制之外的影子银行体系削弱了央行宏观调控的实效，因此，应该将央行统计范畴由传统银行拓展至影子银行，由央行承担证券最后贷款人与协调角色，做好影子银行关联业务统计工作，力求统一各监管机构、交易所和各行业协会统计标准，完善信息共享机制，加大信息共享力度，为各大监管机构的监管合作提供便利条件，降低“一行三会”模式的监管合作成本。

（三）逐步引入功能监管模式，切实解决机构监管下的合作成本高问题

所谓功能监管，是指根据金融体系的功能以及金融机构的经营活动来设计金融监管制度，以实现对金融机构跨机构、跨行业、跨产品的协调监管。功能监管与分业监管模式下的机构监管不一样，它重点关注金融机构的经营

活动，而非金融机构本身它有利于克服仅以金融机构本身作为监管重心的弊端。以理财产品为例，当前银行的理财产品事实上已经模糊了银行、证券、保险和信托业务之间的界限，但是分业监管模式下，各个独立的金融监管部门有自己的金融监管规则，监管规则不统一不可避免地会出现合作成本高，监管重叠和监管套利等问题。建议在现有的监管框架的基础上，调整《商业银行法》《证券法》《保险法》等基础金融法律的相关内容，逐步引入功能监管的理念和措施，解决对跨业大型影子银行机构监管时出现的合作成本高问题。

参考文献

[1] 巴曙松:《应从金融结构演进角度客观评估影子银行》,《经济纵横》, 2013 年第 4 期。

[2] 李成:《基于进化博弈论对我国金融监管协调机制的解读》,《金融研究》, 2009 年第 5 期。

[3] 廖凡:《竞争、冲突与协调——金融混业监管模式的选择》,《北京大学学报》, 2008 年第 5 期。

[4] 陈文君、李虹、杨文云:《拼凑式金融混业监管模式的无缝化修正》,《财经论丛》, 2009 年第 6 期。

[5] 周莉萍:《影子银行体系的信用创造: 机制、效应和应对思路》,《金融评论》, 2011 年第 4 期。

[6] 李建军、田光宁:《影子银行体系监管改革的顶层设计问题手探析》,《宏观经济研究》, 2011 年第 8 期。

[7] 易宪容:《中国式影子银行的特征与风险》,《上海商报》, 2011 年 9 月 6 号。

[8] 何德旭、郑联盛:《影子银行体系与金融体系稳定性》,《经济管理》, 2009 年第 11 期。

[9] 龚明华、张晓朴、文竹:《影子银行的风险与监管》,《中国金融》, 2011 年第 3 期。

[10] 秦岭:《美国"影子银行"的风险与监管》,《金融法苑》, 2009 年第 2 期。

[11] 蒋海、李赟宏:《中国金融监管体制的变迁及改革路径选择》,《广

东金融学报》，2009 年第 5 期。

[12] 王刚、徐浩然：《影子银行体系：发展沿革、风险表现及国际监管动态》，《华北金融》，2011 年第 10 期。

[13] 刘利刚：《中国的影子银行威胁金融稳定》，[英]《金融时报》，2011 年 10 月 17 日。

[14] 汉妮·桑德尔：《中国的影子银行》，[英]《金融时报》，2011 年 4 月 8 日。

[15] 贾伟：《货币、金融与金融体制——一个新制度经济学的视角》，《广东金融学院学报》，2009 年第 4 期。

[16] Paul McCulley. The Shadow Banking System and Hyman Minsky's Economic Journey. Economic Theory and Philosophy, 2009 (5).

[17] Paul Krugman. Partying Like It's1929. New York Times. 2008.

[18] Tobias Adrian, Hyun Song Shin. The Shadow Banking System: Implications for Financial Regulation. Federal Reserve Bank of New York Staff Reports no. 382. 2009.

[19] Roel Beetsma, Sylvester Eijffinger, The restructuring of financial supervision in the EU, European View June 2009, Volume 8, Issue 1, pp 3 - 12.